Chengshi Guidao Jiaotong Xiangmu
Zongti Zongbao Guanli Zhinan

城市轨道交通项目总体总包管理指南

史海欧　廖　景　编著

内 容 提 要

本书共7章内容，着重介绍了总体总包管理模式中的总包管理，突出了对设计管理的体系建设、设计合同管理、计划管理、报建管理、信息管理、后勤管理、外部协调的重难点分析，并集中了近几年总包管理的经验，贯穿了设计综合管理的理念；总体管理则突出了质量管理、标准化、技术接口、变更、投资控制和设计服务等技术管理工作，贯穿了可靠性、可用性、维修性和保障性及投资协调的设计理念；工程勘察总体总包模式则糅合了技术和管理，从勘察工作的专业角度出发，突出了具有专业性的技术、质量、合同、进度、投资、信息管理。书中还提供了大量的实操性表格和模板等。

本书可为从事城市轨道交通工程设计、施工、管理方面的人员提供参考和应用指南，为各城市轨道交通公司的设计管理提供借鉴。

图书在版编目(CIP)数据

城市轨道交通项目总体总包管理指南/史海欧，廖景编著. —北京：人民交通出版社，2012.5

ISBN 978-7-114-09615-0

Ⅰ.①城… Ⅱ.①史… ②廖… Ⅲ.①城市铁路—项目管理—指南 Ⅳ.①F570.73-62

中国版本图书馆CIP数据核字(2012)第012025号

书　　名：城市轨道交通项目总体总包管理指南
著 作 者：史海欧　廖　景
责任编辑：刘彩云
出版发行：人民交通出版社
地　　址：(100011)北京市朝阳区安定门外外馆斜街3号
网　　址：http://www.ccpress.com.cn
销售电话：(010) 59757969，59757973
总 经 销：人民交通出版社发行部
经　　销：各地新华书店
印　　刷：中国电影出版社印刷厂
开　　本：787X1092 1/16
印　　张：19.25
字　　数：480千
版　　次：2012年5月 第1版
印　　次：2012年5月 第1次印刷
书　　号：ISBN 978-7-114-09615-0
定　　价：88.00元
(有印刷、装订质量问题的图书由本社负责调换)

作 者 简 介

史海欧 1964 年 4 月出生，江苏溧阳人，1989 年毕业于河海大学结构工程专业，获硕士学位。教授级高级工程师、国家一级注册结构工程师。现为广州地铁设计研究院有限公司副院长、总工程师，广州地铁设计研究院有限公司盾构技术研究所所长，广东省土木建筑学会常务理事兼地下工程专业委员会主任。侧重轨道交通工程、隧道和地下工程的设计、科研及技术管理工作，已发表论文 20 多篇，主编并出版著作 2 本，是我国城市轨道交通和地下工程领域的知名中青年专家。作为设计总体，全过程参与了广州地铁二号线首期工程的建设，广州地铁二号线先后荣获“首届全国十大建设科技成就”、“建设部综合技术科技示范工程”、“国家环境友好工程”、“全国优秀工程设计银质奖”、“国家科学技术进步二等奖”。

廖　景 1972 年 11 月出生，广西陆川人，1995 年毕业于天津大学土建结构工程专业，获学士学位；2007 年毕业于华南理工大学建筑与土木工程专业，获硕士学位。高级工程师，国家一级注册结构工程师、注册土木（岩土）工程师。现为广州地铁设计研究院有限公司院长助理、副总工程师。侧重轨道交通总体总包管理、地下结构和岩土工程方面的研究。一直从事轨道交通设计工作，参加了广州地铁三、五号线设计总体总包管理工作，并担任过广州地铁五号线设计总体，具有丰富的轨道交通设计和总体总包管理经验。主持设计的广州地铁五号线获 2011 年全国优秀勘察设计行业奖二等奖。

序

中国工程院院士　施仲衡 ▶

由广州地铁设计研究院有限公司史海欧总工程师等共同撰写的专著《城市轨道交通项目总体总包管理指南》即将付梓问世，承蒙广州地铁院的邀约，请我为本书作序推荐，我当乐以从命。

随着我国城镇化进程的加快，城市交通问题日益突出，优先发展以城市轨道交通为代表的绿色、环保、节能、高效、快捷的公共交通系统成了必然选择。

我国城市轨道交通即地铁工程于1965年在北京破土启动，1969年国庆30周年前夕北京地铁一号线正式开通运营。20世纪90年代后期进入了发展快车道，“十一五”期间，我国城市轨道交通建设凸显了世界城市轨道交通建设史上前所未有的发展规模和建设速度，国内先后有13座城市开通地铁，运营线路达到1504km。目前获得批准建设轨道交通的城市为28座，已经上报待批的城市有5座，已经发展和规划发展城市轨道交通的城市总数超过50座，全部规划线路超过300条，总里程超过10000km，其中“十二五”期间全国计划修建的轨道交通线路将达3500km，至2020年，规划建设线路将达6100km。良好的发展机遇，客观要求我们必须不断地从各方面对建设过程的各个环节进行整理、反思和总结，以指导行业建设，使技术上更节能、更环保、更人性、更安全、更完美，管理上更合理、更有序、更高效。

广州城市轨道交通工程项目虽然起步比北京、上海晚，但在其快速发展中，处处体现了创新精神。技术上，在国内首先采用屏蔽门、刚性接触网、非接触自动检票系统、集中供冷系统等技术；管理上，首先采用设计、建设、运营一体化管理模式，设计总体总包管理模式等，收到了良好的经济效益和管理绩效。

设计总体总包管理模式在广州地铁二号线由广州地铁设计研究院有限公司首先实施，并在以后的建设线路中延续。经过近10年的实践，证明这是一种能够较好适应业主专业化、精细化、综合化的管理理念和要求的管理模式。由于其管理具有高度的专业性、服务性、综合性，城市轨道交通工程设计总体总包的管理模式已经被业界所普遍接受。设计总体总包管理就是分别从技术、管理两个方面综合协调，控制工程的进度、质量和投资，保证设计成果的整体性，技术标准的统一性，专业接口的协调性，质量、进度、投资的平衡性。这种从设计源头控制工程的进度、质量和投资的思路，可以从根本上保证项目的总体协调和综合最优的要求，符合科学发展观。

现在市场上有关项目管理的著作很多，但是针对城市轨道交通项目，尤其是设计项目管理的著作，至今仍为空白。广州地铁设计研究院有限公司在认真分析了城市轨道交通设计管理特点的基础上，针对其专业多、过程多、接口多、审查多等特点，总结了广州地铁二、三、四、五、八、广佛等线路的总体总包管理经验，编制了本书，具有总体性、实用性、可操作性等特点，为城市轨道交通项目的设计管理提供了新思路和新方法。

本书各部分相对独立又相互呼应，浑然一体，保持了高度的统一性，书中还提供了大量的实操性表格，可为读者提供参考模板。本书虽是介绍技术管理方面的著作，但每一个细节都体现了广州地铁工程设计遵循“以人为本、效率优先、降低成本”的原则和思路，努力向“资源节约型、安全便捷型、环境友好型、技术创新型”的新兴城市轨道公共交通的目标奋进。

中国工程院院士

2012 年 3 月

前　言

城市轨道交通工程是十分复杂的系统工程，具有公益性、城市性、交通性、综合性、工程性和经济性的特点，它是集线路、限界、客流预测、行车组织、轨道、车辆段工艺、控制中心工艺、规划、车站建筑、车站结构、区间隧道、桥梁、道路、装修和导向、综合支吊架、疏散平台、车辆、通信、信号、供电、接触网、防迷流、变电所、低压配电与照明、通风空调、给排水、自动灭火、自动售检票、门禁、屏蔽门、防淹门、电扶梯、综合监控、BAS、FAS、SCADA、经济和概预算、消防、人防、节能、环境保护、综合管线等专业为一体，即专业多、接口复杂的综合性工程。设计要处理好各专业系统之间的“接口”，以实现安全、准时、快速和高效的现代化地铁运营功能。随着我国城市轨道交通行业突飞猛进的发展，工程设计管理模式也在不断优化，以适应行业发展的需要。

广州地铁一号线由铁道第二勘察设计院担任设计总承包和总体设计，并聘请了以北京城建设计研究总院有限责任公司为主的初步设计监理和法国索菲图工程顾问公司，自工程的设计开始便进行了全过程的设计咨询和项目管理，积累了大量设计管理的资料、信息和经验。广州地铁二号线由广州地铁设计研究院有限公司作为二号线工程设计的总包服务单位，为业主提供设计管理服务，并联合铁道第二勘察设计院、北京城建设计研究总院有限责任公司、中铁电气化勘测设计研究院有限公司成立了二号线工程设计总体组，为业主提供总体设计、设计成果总成和技术管理服务。二号线作为国家国产化政策执行后的第一个轨道交通项目，提出了通过技术创新全面提高运营的安全性和可靠性，且节省运营能耗、节约工程投资、缩短建设周期的目标。为促使设计水平和设计管理水平上台阶，广州地铁二号线的设计总体总包管理组首先建立和健全有关的管理制度。本书作者为广州地铁二号线总体总包管理组成员之一，牵头和参与制定了广州地铁二号线工程设计总体总包管理办法，在总结广州地铁一号线设计的经验和教训以及回访运营的基础上，收集整理各种信息资料，不断修改和逐步完善了设计总体总包管理指南。该设计管理模式在广州地铁二号线工程设计过程中成效显著。广州地铁二号线设计中进行了一系列的创新，全国首先采用刚性接触网、屏蔽门、非接触式 IC 卡、集中供冷、复合地层盾构工法、结构与防水设计新理念、标准化装修照明导向系统等新技术和新工艺，先后荣获“首届全国十大建设科技成就”、“建设部综合技术科技示范工程”、“国家环境友好工程”、“全国优秀工程设计银质奖”、“国家科学技术进步二等奖”等荣誉称号和重大奖励，是我国城市轨道交通建设的成功典范。之后,广州地铁设计研究院有限公司独立承担了广州地铁后续所有新建线路:三、四、五、八号线及机场线、广佛线、APM 线的设计总体总包任务,通过持续改进,提炼和完善了设计总体总包管理的精髓。广州地铁三号线是国内第一条速度达 120km/h 的轨道交通线,四号线是国内第一条采用直线电机车辆系统的轨道交通线,五号线是国际上第一条大容量直线电机系统的地铁线路,APM 线是国内第一条无人驾驶的胶轮系统线路。经过近 10 年的实践,证明这种管理模式能够适应业主专业化、精细化、科学化、标准化、创新发展的管理理念的要求,能有效保证新技术、新工艺、新材料的成功应用。城市轨道交通工程设计总体总包管理模式因具有高度的专业性、协调性、综合性,已经逐渐被业界所接受。

设计总体总包管理模式就是分别从技术、管理两个方面综合协调,控制工程的进度、质量和投资,保证了设计成果的整体性,技术标准的统一性,专业接口的协调性,质量、进度、投资的平衡性。可以说,只要有轨道交通工程项目的存在,无论管理形式如何变化,都应该坚持从设计源头控制工程的进度、质量和投资的思路,坚持设计的综合管控,即设计的总体总包管理的思路,以保证项目的总体协调和综合最优的要求。

本书总体管理部分突出了质量管理、标准化、技术接口、变更、投资控制和设计服务等技术管理工作,贯穿了可靠性、可用性、维修性和保障性(RAMS)和投资协调的设计理念;总包管理部分突出了设计管理的体系建设、设计合同管理、计划管理、报建管理、信息管理、后勤管理和外部协调,集中了近几年总包管理经验的重难点分析,贯穿了设计综合管理的理念;工程勘察管理部分突出了具有专业性的技术、质量、合同、进度、投资、信息管理。本书全面介绍了轨道交通工程设计和勘察阶段的总体总包管理工作,内容全面,系统性较好;提供了大量一手资料,特别是一些工作流程模板,可供从事城市轨道交通工程设计、施工、管理方面的人员参考借鉴。

本书是以广州地铁总体总包管理办法为主线,因此对曾经参与该办法制定、修订的所有设计和工作人员表示衷心的感谢。本书的成稿过程中,罗燕萍、韩瑶、张宋、阳彬武等做了很多辅助性工作,对此也谨致感谢。

在本书整理过程中,作者虽然力求使书中内容尽可能完整和系统化,但由于时间和水平有限,难免错漏,恳请广大读者、同行给予批评指正,共同为发展我国的轨道交通事业作出贡献。

编　者

2012 年 3 月

广州市城市轨道交通一号线列车

广州市城市轨道交通二号线列车

广州市城市轨道交通三号线列车

广州市城市轨道交通四号线列车

广州市城市轨道交通五号线列车

广州市珠江新城旅客自动输送系统列车

珠江三角洲城际快速轨道交通广佛线列车

地下岛式车站

地下侧式车站

矿山法区间

盾构法区间

车辆段

轨道和接触网

控制中心

集中供冷站

岩土勘察现场

以上图片由谢展程、麦伟樑等拍摄，阳彬武整理。

目 录

1 概　论

1.1 轨道交通投融资体制

城市轨道交通作为最主要的城市基础设施之一,具有部分公共产品和私人产品的特性,属于准公共产品。轨道交通的技术经济特征决定其具有明显的规模经济效应,而且会带来巨大的社会效应。

我国城市轨道交通建设从20世纪90年代后期才有较大发展,截至2010年底,国内城市已有13座城市拥有49条运营线路,总通车里程达到1425.5km;全国有29座城市总计96条线路(含续建段)正在建设中,总里程超过2200km。当前我国已批准建设轨道交通的城市为28座,正在报批的城市有5座,其中约15座城市又重新调整了轨道交通网络规划;目前已经发展和规划发展城市轨道交通的城市总数有52个,全部规划线路超过300条,总里程超过10000km。"十二五"期间,全国计划建成的轨道交通线路将增加至3500km,至2020年,规划建设线路将达到6100km,预计未来十年,我国城市轨道交通建设投资有望超过3万亿元。

在当今世界各大城市特别是特大城市中,轨道交通已在公共交通系统中处于骨干地位。一些大城市已提出目标,未来轨道交通承担的客运量要占全市公交客运量的30%~50%。在短时间内完成如此大规模的基础设施建设,必须首先建立科学合理的投融资体制、高效顺畅的管理模式,才能保证轨道交通工程投融资、建设、运营几项工作协调一致,相互促进。

总体总包的设计管理属于工程咨询的范畴,在不同的投融资体制中,反馈的咨询内容和要求具有很大差异。

由于轨道交通的建设投资巨大,很多国家都是通过立法来解决资金来源问题的,基本以政府财政投资和补贴为主。从国内外城市轨道交通建设实例来看,主要有4种投融资体制,现分述如下。

1.1.1 国有国营

"国有国营"是最普遍的投融资和管理体制,是由政府负责轨道交通投资建设,所有权归政府所有,运营由政府部门或国有企业负责。在投资巨大和社会效益占主要优势的轨道交通系统工程方面,注定了"国有国营"的模式占有主导地位。国外的纽约、柏林、巴黎、莫斯科、汉城,国内的北京、上海、广州、深圳等绝大多数城市都采用"国有国营"模式。主要原因在于轨道交通项目投资大,运营成本高,票价低廉,带有一定的社会福利性,项目盈利的可能性较小,私人和企业对投资轨道交通建设和运营的积极性不高。

“国有国营”模式可在较短时间内筹集大量资金用于轨道交通建设，有利于轨道交通的快速发展。但在“国有国营”模式下，轨道交通运营容易出现效率较低的情况，运营公司对政府财政补贴的依赖程度较高，政府负担较重。

1.1.2 公私合营

“公私合营”模式由政府与企业共同出资设立轨道交通公司，负责轨道交通的投资、建设、运营。近年来，“公私合营”模式（public private partnership，公共部门与私人企业合作，简称PPP模式）在国外基础设施领域成功运作，引起国内的广泛关注。将PPP模式引入中国轨道交通领域，实现投资多元化，引入市场竞争机制，提高基础设施运行效率，降低社会服务价格，将有力地促进国内轨道交通行业的健康发展。

PPP模式是公共基础设施建设中发展起来的一种优化的项目融资与实施模式，这是一种以参与方的“双赢”或“多赢”为合作理念的现代融资模式。典型的形式为政府部门或地方政府通过政府采购方式与中标单位成立的特殊目的公司签订特许合同（特殊目的公司一般为由中标的建筑公司、服务经营公司或对项目进行投资的第三方组成的股份有限公司），由特殊目的公司负责筹资、建设及经营。政府通常与提供贷款的金融机构达成一个直接协议，这个协议不对项目进行担保，仅承诺将按与特殊目的公司签订的合同支付有关费用。通过这个协议，特殊目的公司能比较顺利地获得金融机构的贷款。PPP公司通常自身并不具备开发能力，在项目开发过程中，广泛运用各种代理关系，且这种代理关系在投标书和合同中即加以明确。PPP模式体现了统一，私人部门资本目标明确，效率是其不懈的追求。私人部门会通过一切手段压缩生产成本，提高利润水平。在满足公共部门服务质量的前提下，实际上是提高了公共资源的配置效率。作为政府一方，处于交易的强者地位，得到满意服务后才付费，维护了公众的公平利益。

香港地铁2000年10月实行部分私有化，并在香港上市，77%的股份由特区政府持有，其余23%为公众持股，股票融资达94亿港元。

我国城市轨道交通建设已经尝试性地进行了PPP模式。2005年2月香港地铁公司与北京市政府签署北京地铁4号线项目《特许经营协议》，该协议规定地铁4号线的特许经营期为30年，项目总投资约为153亿元人民币，其中70%由北京市政府出资。PPP合作公司注册资本约为15亿元人民币，香港地铁公司和北京首创集团各占49%，北京市基础设施投资有限公司占2%。PPP合作公司大约2/3的资金将采用无追索权银行贷款。香港地铁公司的资金投入约为7.35亿元。

1.1.3 国有民营

“国有民营”是轨道交通线路完全由政府投资建设，建成后委托企业负责运营管理。采取这种方式的优点是，把轨道交通的资产以及运营业务委托私人企业管理，进行市场化运作，以降低成本，提高服务管理水平。

采取这种模式的必要条件是，轨道交通线路的建设投资完全由政府承担，以降低项目的财务费用与折旧成本。运营公司无资产所有权,只有使用管理权,承担专业化的运营职能,采取商业化的运营模式,实现公司盈利。政府具有资产所有权,不干涉其运营,对运营开支进行少量补贴甚至不补贴,只负责监督、规范公司的运营,以确保轨道交通的公共福利性质。新加坡轨道交通就是采用这种模式,由新加坡国土运输局建设完成后交付运营公司使用,建设资金全部来自财政支出。新加坡快速轨道交通公司负责新加坡轨道交通的运营,公司的第一大股东为一家私人企业。

1.1.4 民有民营

"民有民营"是完全由私人集团投资兴建轨道交通线路,并由私人集团经营。泰国曼谷轻轨采用了此种模式。根据后来的实际运作统计,泰国轻轨由于实际客流与预测客流差距较大,运营亏损严重,项目盈利前景黯淡,现处于重组阶段。从这个例子看,"民有民营"的模式取得成功将面临许多困难,但早期日本东京私营轨道交通却很成功。

1.2 轨道交通工程项目管理模式和发展趋势

1.2.1 设计-招标-施工项目管理模式

设计-招标-施工(design bid construction)项目管理模式在国际上最为通用,可以称之为传统模式。目前国内轨道交通的工程项目管理模式多采用此方式。由于这种模式长期的、广泛的为世界各地所采用,因而管理方法较成熟,各方对有关程序都很熟悉,业主可在国家法规的规定下选择咨询人员、设计人员、监理人员,可控制设计要求,可采用各方均熟悉的标准合同文本,有利于合同管理和风险管理。此种模式下,人员及组织机构如图 1-1 所示。

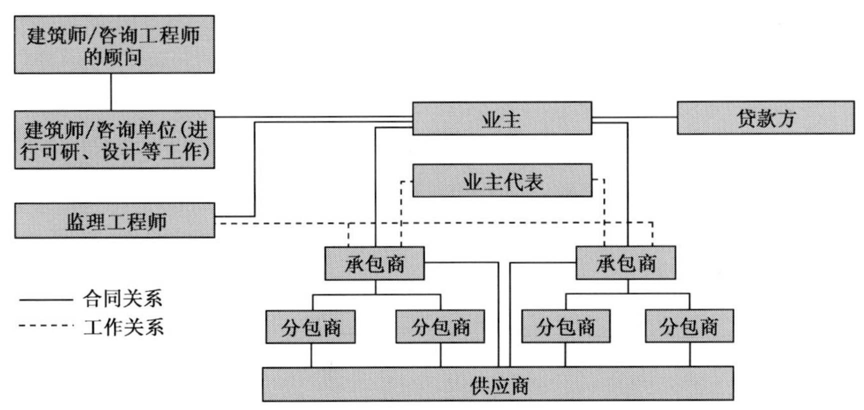

图 1-1 设计-招标-施工管理模式人员及组织机构

此种模式下,项目设计-招标-施工的周期较长,管理和协调工作较复杂,业主管理费较高,前期投入较高,总造价不易控制,变更时容易引起较多的索赔,出现质量事故时设计和施工双方互相推诿责任,承包商容易从咨询单位编制的大量文件中寻找差异,导致争端。

1.2.2 设计-建造模式

如图 1-2 所示，设计-建造(design build，简称 DB)模式由一个承包商对整个项目负责，有利于在项目设计阶段预先考虑施工因素，避免了设计和施工的矛盾，可减少由于设计错误引起的变更以及对设计文件解释引发的争端；在选定承包商时，把设计方案的优劣作为主要的评标因素，可保证业主得到高质量的工程设计；实行总价包干，业主可得到早期的成本保证；可对分包采用阶段发包方式，缩短了工期，项目可以提早投产，业主能节约费用，减少利息及价格上涨的影响；承包商对整个工程承担责任和风险。

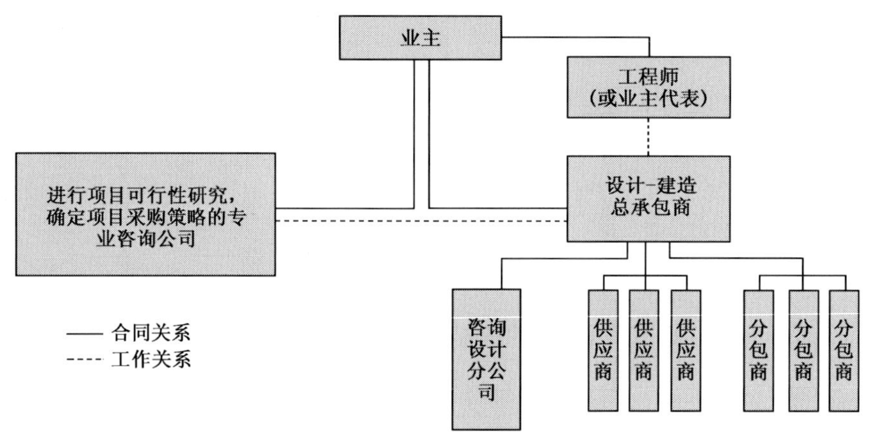

图 1-2 设计－建造管理模式人员及组织机构

DB 模式的缺点是，业主无法参与设计人员(单位)的选择，业主对最终设计和细节的控制能力降低，同时总价包干可能影响设计和质量。

DB 模式还派生了一些变通的子方式，如图 1-3 所示。业主在项目实施初期委托某一设计咨询公司进行项目的初步设计，一部分工作完成(达到全部设计要求的 30% ~80%)时，业主可开始招标选择承包商，承担全部未完成的设计与施工工作，规定承包商必须与原设计咨询公司或其他有相关资质的设计咨询公司签订设计合同，设计咨询公司成为设计分包商。这种方式既可以保证业主对项目的总体要求，又可以保持设计工作的连贯性，可以在施工图设计阶段吸收承包商的施工经验，有利于加快工程进度，提高施工质量，减少施工中设计的变更。

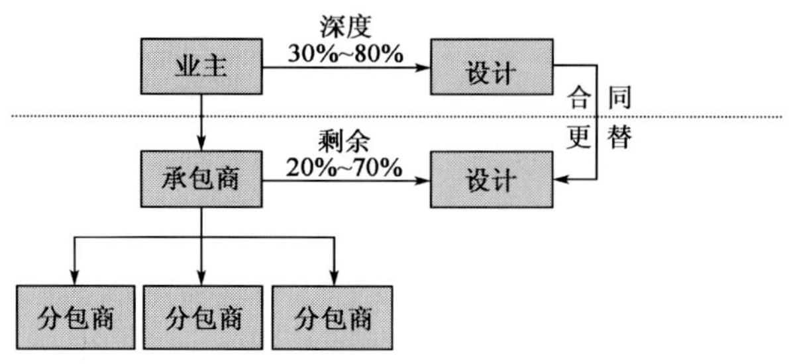

图 1-3 DB 派生模式工作流程

1.2.3 设计-采购-施工交钥匙模式

设计-采购-施工交钥匙(engineer procure construct,简称 EPC)模式的承包商可提供初始项目策划书、方案设计、市场调查、设备采购、施工、安装和调试,直至竣工移交的全套服务,具体工作流程如图 1-4 所示。

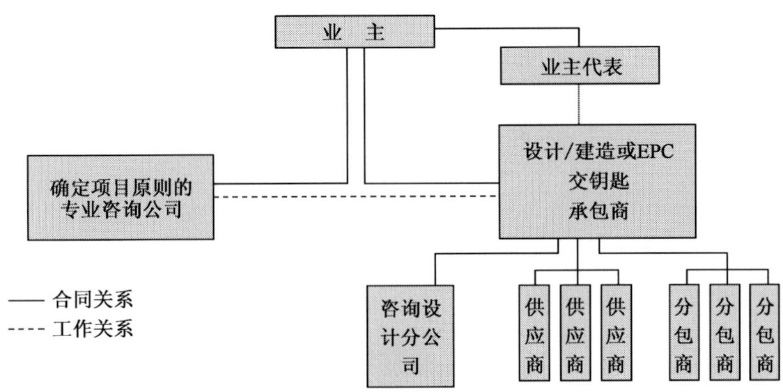

图 1-4 EPC 模式工作流程

该模式的优点是,由单个承包商对项目的设计、采购、施工全面负责,项目责任单一,简化了合同组织关系,有利于业主管理;项目属于总价包干,因此业主的投资成本在早期即可得到保证;可以采用阶段发包方式以缩短工程工期;能够较好地将工艺的设计与设备的采购及安装紧密结合起来,有利于项目综合效益的提升;业主方承担的风险较小。

但目前能够承担 EPC 大型项目的承包商数量较少,承包商承担的风险较大,因此工程项目的效益、质量完全取决于 EPC 项目承包商的经验及水平,而且工程的造价可能较高。

1.2.4 BOT 模式

BOT(build operate transfer)模式是政府或部门通过特许权协议,授权项目发起人(主要是民营/外商,也可是法人国企)联合其他公司/股东,针对某个项目(主要是自然资源开发和基础设施项目)成立专门的项目公司,负责该项目的融资、设计、建造、运营和维护,在规定的特许期内向该项目(产品/服务)的使用者收取适当的费用,由此回收项目的投资、经营和维护等成本,并获得合理的回报;特许期满后,项目公司将项目(一般免费)移交给政府。该模式的具体组织机构和工作流程如图 1-5 所示。

应用该模式,对政府而言,拓宽了资金来源,引进外资和利用本国民间资本,减少了政府的财政支出和债务负担,加快了发展基础设施和其他设施,降低了政府风险(基础设施项目周期长、投资大、风险大),政府无须承担融资、设计、建造和经营风险,大多转移给项目公司承担(后者再转移给他人)。应用该模式,可发挥外资和私营机构的能动性和创造性,提高建设、经营、维护和管理效率,引进先进的管理模式和技术,从而带动本国企业水平的提高,合理利用资源;因为还贷能力在于项目本身效益且大多采取国际招标,可行性论证较严谨,避免了无效益项目开工或重复建设,有利于国民经济和金融资本市场的发展。

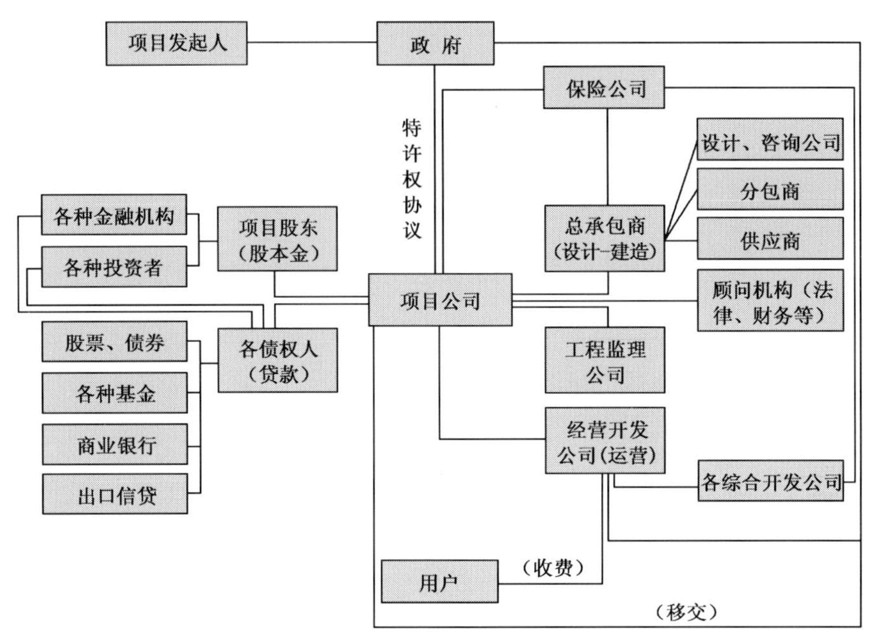

图 1-5　BOT 模式组织机构和工作流程

但此模式下，政府要承担政治和外汇等风险，可能还有税收流失。项目使用价格较高，造成国民不满；因为风险多和合同结构复杂，谈判难，项目耗时长；外商/私营公司还可能出现掠夺性经营。

BT 模式是 BOT 模式的子类之一，这种模式适合任何基础设施或开发项目，特别是出于安全和战略的需要必须由政府直接运营的关键设施。对于城市轨道交通、景观绿化、科教文卫等公益事业项目、行政事业项目和某些基础设施项目经济效益不明显，在经营期较难产生正的现金流，如果采用标准的 BOT 等模式很难吸引社会资本，但这类项目的社会效益和国民经济效益显著，非常适合采用 BT 模式进行投资、建设。

1.2.5　代建制项目管理模式

2004 年 7 月《国务院关于投资体制改革的决定》出台，要求“加强政府投资项目管理，改进建设实施方式，对非经营性政府投资项目加快推行‘代建制’，即通过招标等方式，选择专业化的项目管理单位负责建设实施，严格控制项目投资、质量和工期，竣工验收后移交给使用单位”。

代建制有多种形式成立代建管理机构。其一是由政府成立具有较强经济实力的代建管理机构，按事业单位管理，对所有政府投资项目进行代理建设；其二是由政府设立准入条件，按市场竞争原则，批准若干家具有较强经济和技术实力且有良好建设管理业绩并可承担投资风险的项目管理公司参与项目代建的竞争，由政府通过公开招标择优选取；其三是由政府指定若干家具备较强实力的国有建设公司、咨询公司或项目管理公司，对指定项目实行代理建设，按企业经营管理。

代建制适用于投资、建设、运营独立主体的轨道交通项目。

1.3　轨道交通设计管理模式

1.3.1　轨道交通工程设计的特点

在城市轨道交通项目建设中,设计作为前期工作中的一个复杂的子系统,是工程质量、进度、投资控制的重要环节,对项目的成功起着关键作用。

城市轨道交通项目设计工作有其独特的特点,主要表现在以下几个方面:

(1)工作界面复杂。涉及已建和在建项目之间、城市建设和城市规划之间、各系统设计之间、各工点设计之间、系统与工点之间的技术问题和接口处理。

(2)协调困难。设计单位在设计工作中不仅需要与规划、市政、供电、消防、交通、通信等部门进行协调,还需与业主、设计监理或设计咨询单位及各设计单位之间进行协调。

(3)专业系统多而复杂,接口问题多。城市轨道交通项目是涉及多个专业的系统工程,各专业既独立又存在接口关系,均需在设计过程中加以协调和解决。

(4)设计服务期长,不确定因素多,期间因设计边界条件改变、施工现场条件变化、不可抗力、设计缺陷等各种主客观因素需要进行设计变更和现场服务。

设计工作的以上特点显示了设计管理工作的难度和重要性。

在城市轨道交通项目中,目前主要的两种设计项目管理模式是设计总承包管理模式和设计总体管理模式。

1.3.2　设计总承包管理模式

业主将项目设计全权委托给设计总承包单位,由设计总承包单位直接进行设计分包的发包。设计总承包单位对项目设计向业主负全部责任。这种模式通过一个有经验的设计总承包单位,直接把参与项目设计的各分包单位有机地结合起来,形成一种自上而下的、严密的纵向合同管理体系。该模式组织系统如图 1-6 所示。

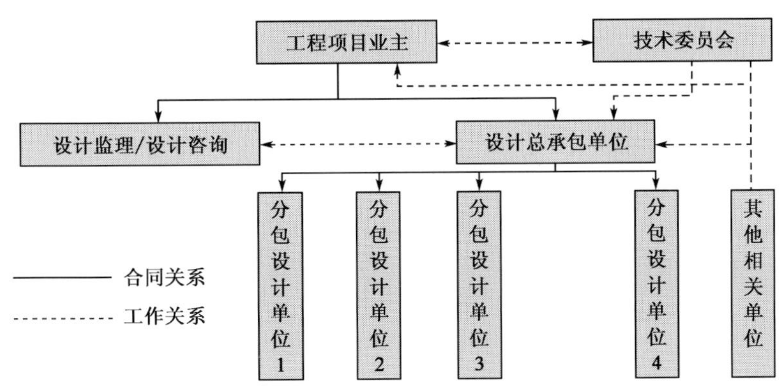

图 1-6　设计总承包管理模式组织系统

设计总承包管理模式的特点,在于设计总承包单位以总包方的身份全面负责整个项目的设计工作,并直接承担主要设计任务。总承包单位对参与设计的各分包单位的设计质量、设计进度、投资控制等项目目标实施全方位管理和调控,从而最大限度地确保设计工作的成果达到优质、高效、经济、合理的目标。

从目前国内很多工程的实践来看,设计总承包管理模式往往是轨道交通领域采用设计施工总承包的一个部分,采用工程总承包建设模式(包含设计总承包),最有利于降低工程造价。北京城建集团作为最大的分包商,参与了伊朗德黑兰地铁一、二号线工程建设,该工程是中方按国际工程总承包模式承建的,其造价指标与国内某些工程相比降低许多。作为一种有效手段,城市轨道交通项目将逐渐尝试采用工程总承包(包含设计总承包)建设模式。随着经济的发展、技术的进步、项目规模的扩大及业主对项目整体管理的需求,由工程公司实施工程总承包,已成为项目管理发展的必然趋势。工程总承包全功能工程公司,在国外已经有上百年历史。由工程公司实施工程总承包,也是目前国外所广泛采用的项目管理模式。我国已经正式加入 WTO,对城市轨道交通项目采用工程总承包建设模式,是向国际模式靠拢、与国际经济接轨的需要。

设计总承包管理模式对业主来说,合同体系简洁明畅。设计总承包单位必须对轨道交通设计的全过程具有丰富的经验和管理能力,相对于下述的设计总体管理模式减少了三方协调的工作量,总承包单位具有项目设计的高度控制权。这其中,总承包单位的选择是关键。

1.3.3 设计总体管理模式

业主将设计总体工作和总体管理工作委托给一设计单位(通常被称为设计总体单位),由业主(通过设计监理)和设计总体单位对参与设计的各单项设计单位的设计工作实施管理与协调。这是一种双轨制的纵向管理体制,单项设计单位和业主存在合同关系。该模式组织系统如图 1-7 所示。

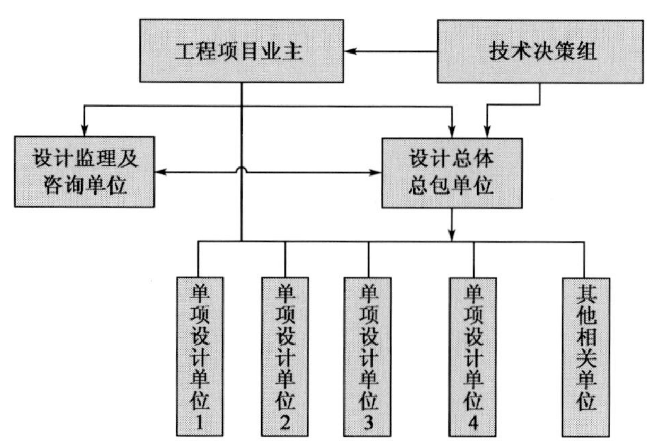

图 1-7 设计总体管理模式组织系统

设计总体管理模式的特点,在于业主直接对参与项目设计的各单项设计单位的设计工作和设计合同进行全面调控,同时,业主授权设计总体单位对各单项设计单位实施技术上的管理和总包管理,其中总包管理主要涉及合同管理、计划管理、质量管理、信息管理等方面。设计总体单位根据业主授权对单项设计单位进行管理,并承担责任。这样有利于业主根据自身的管理能力,对项目设计实行灵活的控制。

业主所有指令通过设计监理或直接传达到设计总体单位,设计总体单位再将指令传达到单项设计单位;反之,单项设计单位所有请求、报告等首先送达设计总体单位,设计总体单位根据合同规定在其权限范围内进行处理,对于需要请示业主的问题,由业主决策处理。这样保证了指令的唯一性,避免了多头指挥。

设计总体单位的工作主要包括设计总体工作和总包管理工作两方面。业主通过合同赋予设计总体单位对单项设计单位管理的权力,设计总体单位对项目设计三大目标控制和设计成果向业主负总责。第一,在投资控制方面,设计总体单位负责投资分解和投资控制工作,对超出投资指标的单项设计,有权责成单项设计单位进行技术方案优化,确保限额设计目标的完成。第二,在设计质量方面,负责监督单项设计单位贯彻执行设计总体单位下达的技术指令,通过设计例会、月检、巡检等方式检查单项设计单位的设计质量管理和控制。第三,在设计进度控制方面,设计总体单位负责制订总的设计进度计划,并将该进度计划下达到单项设计单位,总体单位有权检查和督促单项设计单位按进度计划开展设计。总体单位对单项设计单位的设计文件有审查的权利,审查不合格,可以退回。总体单位具有对单项设计单位设计费的签证权并可对设计变更费用进行统计申报。

1.4 广州轨道交通设计管理模式

轨道交通的设计管理模式与投融资体制、项目管理模式息息相关。随着轨道交通的建设及运营发展,多种多样的投融资体制和设计管理模式将应用在不同的城市轨道交通线路上。本书以广州多条线路的建设为基础,介绍广州轨道交通设计管理积累的经验,供今后的项目建设参考。

广州市是中国的特大型城市、五大国家中心城市之一,也是广东省省会和广东省政治、经济、科技、教育和文化的中心,市域总面积为7434.40km^2。2010年末,全市常住人口数为1270万人(其中户籍人口有794万人,常住的非广州户籍人口有476万人),与第五次全国人口普查时的994.30万人相比,10年共增加275.78万人。

广州地铁于1993年底开工建设地铁一号线,1999年6月28日一号线全线开通运营,至2011年,广州地铁共开通运营轨道交通8条线路,长约236km,146座车站,如图1-8所示。运营轨道交通线路的主要情况见表1-1。

广州市运营轨道交通线路主要情况 表1-1

线 路	长度(km)	站点数(个)	列车编组	最高运行速度(km/h)	备 注
一	18.5	16	6A	80	
二	31.75	24			
八	14.97	15			

续上表

线　　路	长度(km)	站点数(个)	列 车 编 组	最高运行速度(km/h)	备　　注
三	67.25	30	68	120	Y 线运营
四	46.65	16	4L	90	
五	31.9	24	6L	90	
APM 线	3.94	9	2(预留 3 节)	60	
广佛线	20.73	14	4B	80	城际线
合计	235.69	148			

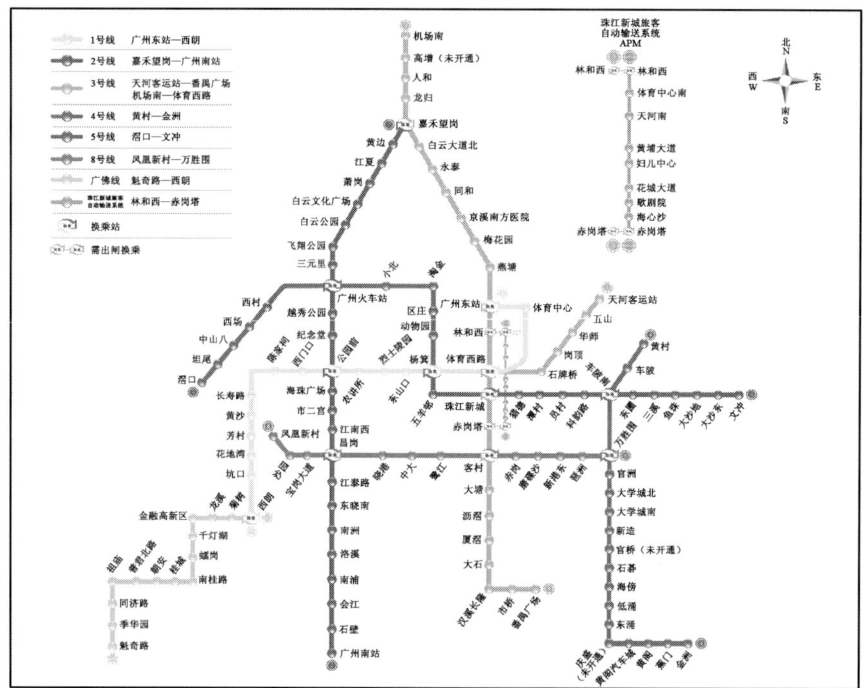

图 1-8　广州地铁运营线网图

根据统计，广州地铁 2010 年全年共运送旅客 11.8 亿人次，亚运会开幕前的免费日最高全线网日客运量达到 784 万人次。2011 年 5 月 1 日，广州线网总客运量达到 638.8 万人次，创下广州地铁新线网客流量收费日的历史新高，其中一、二、三号线日客运量均在 130 万人次以上。

广州地铁的线网发展基本经历了四个发展阶段。

(1)单线运营阶段：1999 ~ 2002 年，一号线单线运营，日客流稳定在 17 万人次。最高日客流在 2002 年“五一”长假期间，达到 35.6 万人次。

(2)“十”字线网阶段：2002 ~ 2006 年，二号线投入运营，在“十”字轨道网络构架下，全网日均客流以 34% 的年增长率稳步上升，至 2006 年轨道日均客运量达到 77 万人次；其中一号线客运量年均增长在 20% 以上。

(3)初步成网阶段：2006 ~ 2009 年 12 月，三号线、四号线投入运营，全网总客运量激增，2009 年全网日均客运量增至 185 万人次；三号线首期工程 2007 年全线开通运营，三号线的客运量由1月份日均15.45万人次增长到12月份的37.54万人次(相当于一号线开通7年后的客运量),一年增长了140%,同时也带动一号线增长37%,二号线增长41%,可见线网效应非常显著。

(4)网络化运营阶段:2010年1月~2010年末,全网8条线路共长236km,日均客运量超过400万人次,形成以一、二、三、五号线为骨干组成的放射线网。其中2009年12月28日,五号线首日运营10h,运客达28万人次,2010年1月日均客运量达42万人,基本上当日开通的客运量就达到了一号线开通7年后、三号线开通1年后的客流量。

从广州地铁线网及客流成长历程(图1-9)可以看出,在未成网的情况下,客流主要靠本线吸引,因此增长缓慢,成网后,网络覆盖面特别是网络化运营后,线路开通不久后客流量就达到预测的近期甚至远期的客运量。例如广州二号线原预测的各年限客运量最大为88.5万人次,而2010年的日客流量基本在90万人次以上。

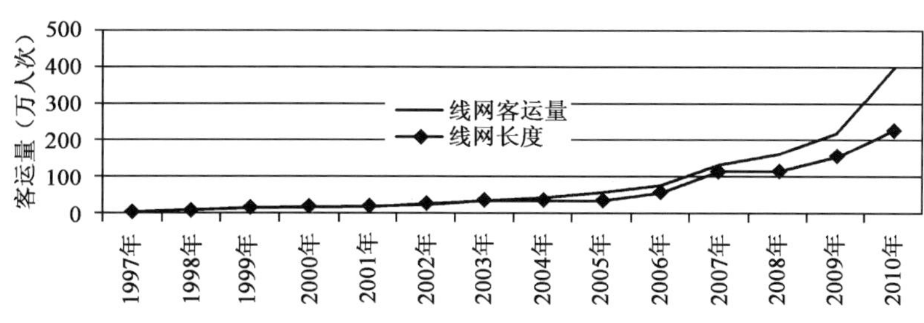

图1-9　广州地铁线网长度与客运量对比图

多年来广州地铁根据自身独有的地域特色、经济氛围、人文环境、市场条件,致力于一体化经营模式——建设、运营、资源开发三位一体,而轨道交通的建设流程也指引着广州轨道交通的设计管理模式,即设计总体管理模式。图1-10是目前轨道交通建设的流程和过程,总体组(即"总体技术管理组")的成立一般是在可行性研究报告批准后,由业主设计招标后组建。对于项目建议书和可行性研究这两个前期研究过程,由业主委托咨询单位完成。前期工作立项的时间比较长,多条线路存在着立项与准备工作并行的状态,相关的咨询单位也需要配合业主完成前期工作。

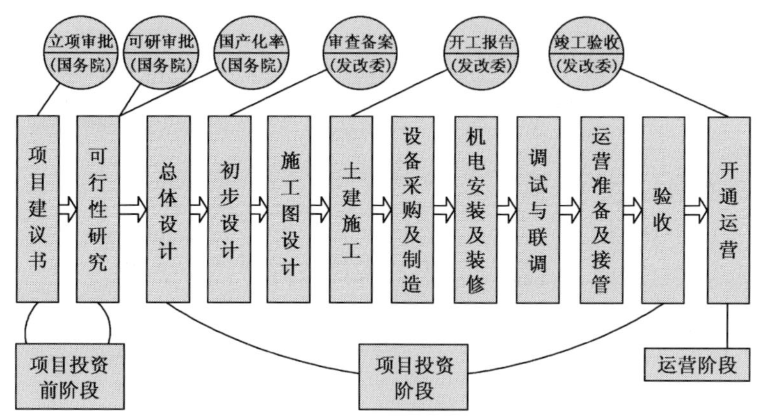

图1-10　广州市轨道交通建设流程

可行性研究报告是轨道工程建设项目决策的基础，它是对项目有关工程技术、经济等情况进行调查、研究和分析，对各种建设方案进行比较论证，对项目建成后的企业财务效益、社会经济效益、社会影响进行预测及评价并选择技术先进、实用，财务经济及社会效益可行，投资风险较低的工程建设方案，为项目进一步决策提供可靠依据。其工作的主要内容和深度包括：

(1)项目建设规模和主要技术标准；

(2)线站位、行车交路、重要换乘节点及土建工程研究；

(3)项目各系统配置的技术方案和设备数量、匡算用地及拆迁数量；

(4)项目的经济评价和风险分析；

(5)项目对环境影响的评估，阐明对环境影响程度及防治的初步方案；

(6)提出工期、估算、资金筹措方案以及建设和经营管理体制等建议；

(7)深入进行财务分析和国民经济评价；

(8)对工程的可行性和存在的风险作出评价。

可研阶段的工作内容及可行性研究报告的上报审批，需要建设单位协助提供以下支持文件：

(1)项目建议书及批文附件；

(2)编制工可的委托合同或计划任务书；

(3)与项目有关的意向书、协议、会议纪要和公文；

(4)规划、市政、工点、消防、人防、文物等部门对项目建设的意见；

(5)环保主管部门对环评报告的审批意见；

(6)客流预测专题报告；

(7)轨道交通线网规划报告；

(8)主要技术专题研究报告；

(9)国产化研究报告；

(10)银行等金融机构对项目贷款的意向书；

(11)项目资本金的承诺文件；

(12)项目利用外资的意向书；

(13)合资项目外方出资比例协议书；

(14)有关科研攻关新技术的签订证书；

(15)有关外部配套工程意向书；

(16)有关组织股份公司的协议书；

(17)股份公司的章程和协议；

(18)有关工程定额、指标、工程费用的分析等计算资料。

为了保证可研阶段工作的深度与内容，还需建设单位提供以下基础资料：

(1)城市总体规划；

(2)相关专项规划(土地、交通、分区规划等)；

(3)用地计划；

(4)拆迁方案;

(5)数字化地形图(1∶2000,1∶500);

(6)沿线控制测量资料;

(7)相关规划资料;

(8)地质勘察资料、地震安全评价、地质灾害评价;

(9)线路周围建(构)筑物基础资料、地下管线资料;

(10)水文资料(防洪、防涝条件调查)、气象资料;

(11)安全预评价、卫生防疫评价、职业病评价;

(12)航道、水文、河势等评估;

(13)车站站名报批。

此外,为了保证工程各项报批工作的顺利完成,还必须注重与政府部门联系,重点完成以下工作:

(1)研究经费落实、出资证明文件(市发改委);

(2)规划协调、规划批复、规划选址意见书、规划红线(规划局或委);

(3)用地预审报告、用地红线(国土局);

(4)咨询公司评估报告(预可报告、工可报告)(市咨询公司);

(5)项目建议书报批(市发改委、中咨公司、国家发改委);

(6)可行性研究报告报批(市计委、中咨公司、国家发改委);

(7)环境评估报告报批(市环保局、省环保局、住房和城乡建设部、国家环保总局);

(8)地震安全评估报告(省地震局安全委员会);

(9)地质灾害评价报告报批(省国土资源厅、国家国土资源厅);

(10)交通疏解方案(市交警大队);

(11)市政设施协调、市政建设协调(市建委);

(12)地下管线协调(有关管理部门);

(13)公交衔接方案(市规划局、市交委);

(14)消防审查(市消防局);

(15)治安监视系统(市公安局、安全局);

(16)劳动卫生(劳动局、卫生局、防疫站);

(17)人防工程审查(人防办公室)。

上述是可研阶段的主要工作内容,只有顺利地完成上述工作,才能保证可行性研究报告的编制和审批工作的顺利完成。

总体组成立后的第一个设计阶段是总体设计阶段。住房和城乡建设部颁布的《城市轨道工程项目建设标准》规定:城市轨道交通是特大型城市建设系统工程,应按设计程序做好总体设计、初步设计和施工图设计工作。对于工程复杂的项目,应做试验段工程,但必须在总体设计指导下进行。

在轨道交通设计工作中应引入价值工程理论,系统指导设计工作进行方案的比选和优化，有效控制设计标准和规模以及系统功能的平衡，使业主获取最佳的投资效益。价值工程（value engineering）是通过各相关领域的协作，对所研究对象的功能与费用进行系统分析，不断创新，旨在提高所研究对象价值的思想方法和管理技术。项目成本影响及价值工程应用如图1-11所示。价值工程的基本表达式为$V=F/C$。式中，V为价值系数；F为功能系数；C为费用系数。它有五种实现途径：①功能提高，费用降低；②功能不变，费用降低；③费用不变，提高功能；④费用略有提高，带来功能的大幅度提高；⑤功能略有下降，带来费用的大幅度降低。

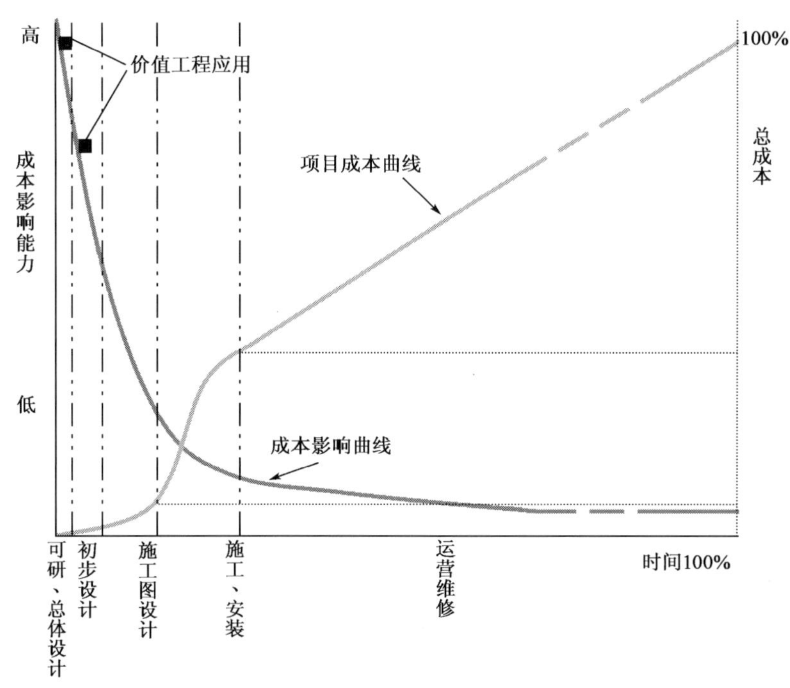

图1-11 项目成本影响曲线及价值工程应用曲线

而总体设计是“项目成本最小，价值工程应用效果最大”的设计阶段，故此阶段的设计工作很重要。

本阶段设计由总体设计单位独立承担。总体设计阶段的主要工作内容可以归纳为五句话：落实外部条件，稳定线位站位；明确功能定位，确定运营规模；理顺纵向系统，明确横向接口；统一技术标准，分割工程单元；筹划合理工期，控制投资总额。最终形成总体设计文件，指导各单项工程的初步设计，并为试验段工程提前实施提供依据。总体设计阶段主要完成以下工作：

（1）根据轨道交通网规划，找准线路的功能定位。

（2）收集前期资料，落实项目建议书和工程可行性研究报告及评审意见。

（3）在业主的协助下建立与市和区规划、国土、建设、环保、城管、交通、消防、安全监督管理、供电、水务、电信、防疫等公用事业部门直接沟通的渠道。

（4）确定运营规模，建立运营概念，特别是第一条线路，应进行广泛的调查和分析研究。

(5)根据运营需要,确定行车交路及配线方案。

(6)根据工程需要,完成重大技术方案比选的专题报告。

(7)根据各设备专业系统运行模式,确定设备选型的标准,并制定各系统主要接口要求。

(8)初步确定线路平、纵断面设计及车站站位,初步落实车站设计的城市规划条件,完成车站总平面布置和各层布置设计,初步确定车站和区间隧道的工法。

(9)初步确定系统设计方案,参与业主车辆、机电设备的选型调研,初步落实国产化方案。

(10)结合综合开发与资源共享的原则,进行车辆段方案研究,确定车辆段的功能与规模,初步完成车辆段与综合基地的工艺设计和总平面布置。

(11)初步落实枢纽站设计总体方案,特别是与规划、换乘、分期实施等相关关系。

(12)进行工程单元的划分,在总包管理的指导下提供业主单项工点和系统设计招标工作所需的技术文件。

(13)研究、吸收工点和系统设计投标方案精华,编制完成总体设计文件。

(14)编制全线统一的技术标准、专业接口方案、工程筹划安排、概算编制标准。

总体设计是在可行性研究报告通过专家评审,并结合专家评审意见进行补充、修改和完善的基础上提出的一个特殊的设计阶段。总体设计是轨道交通建设前期准备的重要工作,总体设计文件是开展初步设计和施工图设计的基础和指导性设计文件。总体设计应广泛征求市政府、规划、铁路、电业、市政等有关部门意见,经过现场调查、收集落实设计所需资料和边界条件,制定总体设计原则及主要技术标准,提出各专业工作要点和需要重点研究的问题,确定对线路方案、土建工法、车辆选型及列车编组、供电和通风空调系统方案进行专题研究,初步形成设计方案和推荐意见,进一步稳定线位、站位及机电设备系统方案,确定工程规模,保证各设备系统的系统性、完整性和统一性,避免在建设过程中因方案的反复造成浪费。总体设计的提出为下阶段设计以及尽快开工建设打下了坚实基础。总体设计的核心问题及重点内容如图1-12所示。

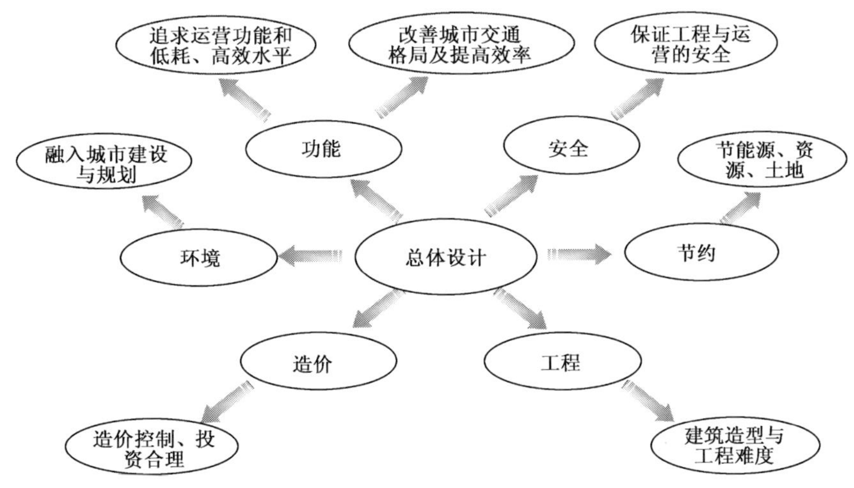

图1-12　总体设计的核心问题及重点内容

1.4.1 多级咨询管理的方式

设计多级咨询管理模式(multilevel consulting mode of design,简称 MCMD),是由建设单位公开招标确定的设计咨询单位,根据工程不同的标段划分,分别承担设计总体咨询和工点咨询任务,协助建设单位进行设计过程管理。设计咨询工作过程中的主要参与方为业主、总体咨询单位、工点咨询单位、总体单位和工点设计单位等。多级咨询管理中的总体咨询单位代表业主根据建设单位批准的设计工作计划及要求,执行合同所要求的“三控二管一协调”工作,向业主提交有深度的建设性意见,对全线设计的总体性、时效性和经济性负责,以及对工点间技术接口正确性进行咨询审查与协调。而工点咨询代表政府主管部门对工点设计进行审查与确认,在主要设计阶段成果审查前,对工点设计单位的文件进行咨询审查并提供相应的预审报告素材。

我国的轨道交通建设客观上要求从以前的基本由政府来确定和管理,转向由政府部门进行宏观控制和指导服务,具体工作由建设项目的投资单位和建设单位来负责,而这些单位管理职能的最大限度发挥有赖于依法建立且独立的机构提供工程建设管理的全过程咨询服务。市场经济和全球经济一体化趋势将使工程建设的分工更加精细,社会资源有效利用原则决定了建设项目全过程咨询服务的需求将会不断增长。在有限的资源下,有效的建设管理可避免资源浪费。因此项目咨询单位在工程建设的各个重要环节提供有效的咨询,将是对社会资源的良好使用。

广州轨道交通建设参考发达国家工程管理的先进模式,适时引入了多级咨询管理体制。同时多级咨询管理体制也是先进的轨道交通建设信息管理系统 PDM 项目管理的一部分,其目的是规范轨道交通建设工程中咨询管理及设计工作的开展,便于设计咨询单位对各阶段设计过程进行实时跟踪,更有效地节约人力和物力,争取设计质量的最优化以及建设进度的高效化。

1.4.2 组织架构

在多级咨询管理体制模式中,业主和设计咨询单位的关系是设计咨询委托方和被委托方的关系,设计咨询单位和设计单位的关系是设计咨询方和被咨询方的关系,业主的代表单位对设计咨询单位进行管理,并传达业主的意图和要求。

总体咨询单位与工点咨询单位作为合同上的平行关系,其工作范围和职责不尽相同。在业务关系方面,总体咨询单位具有对工点咨询单位协调、统一的管理职责。在设计咨询管理方面,总体咨询代表业主考核工点咨询的工作过程,而总体咨询的工作则由业主直接考核。咨询组织架构如图 1-13 所示。

1.4.3 工作界面

1)轨道交通工程技术审查委员会

轨道交通工程技术审查委员会为广东省政府正式批准成立的授权机构,代表政府对广州市轨道交通线路工程项目的设计前提、设计方案和设计成果进行审查，以确保在实现交通服务功能前提下，有效地控制工程规模、技术水平和投资规模。

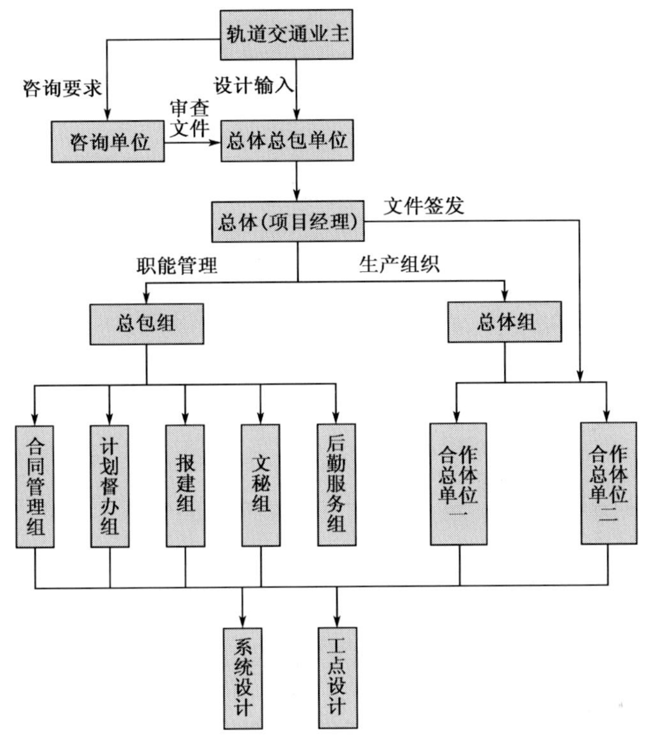

图 1-13 咨询组织架构图

2)业主

业主指广州地下铁道总公司，为广州市轨道交通线路工程项目建设的组织实施者和运营管理者。

3)总包方

总包方指轨道交通设计总包单位，为对线路总体设计、工点(包括车站和区间)设计和系统设计负责的总负责单位。

4)总体部

总体部由总包方根据设计工作的需要成立，在合同有效期内为业主提供总体设计、设计成果总成和技术管理服务。设计总体部在业主的授权下开展工作，为设计方提供技术指导和技术服务。

5)设计方

设计方指系统、工点项目设计承担单位，负责广州市轨道交通线路工程工点(包括车站和区间)设计、系统设计。设计方按合同(设计范围与合同界面)规定提供完整的设计服务，按照合同其他附件规定完成设计并提交设计成果。设计方应在技术上接受总体部的指导、审查并执行总体部有关技术管理规定。设计方应书面指定项目总体作为本项目设计的负责人，全面负责设计工作的执行。

6)设计咨询

设计咨询为受业主委托对合同设计阶段的设计文件进行审查的单位。

总之,各设计阶段,不同角色承担的职责不同,具体见表 1-2 ~ 表 1-7。

总体设计阶段各单位职责划分 表 1-2

总体设计阶段
1)业主职责
(1)检查设计合同内外条件、设计文件组成、设计深度要求、设计人员到位情况等。 (2)建立健全设计管理制度,建立信息资料传递、文件收发以及图纸档案管理等制度,保证工作各方信息交流顺畅,以标准化、程序化的模式开展各项工作。 (3)按合同附件(业主提供基础资料清单)提供基础资料,对提供资料的可靠性负责,其余资料由设计方自行搜集。 (4)做好对总体设计方案的组织评审工作,并根据工程进展和市政府要求,协调各车站/区间设计,协同总包方总体部提出方案设计总体优化要求
2)总包方职责
(1)协助业主完成设计管理的投资分解、合同结构划分。 (2)检查落实各设计方的设计人员到位情况。 (3)协助业主建立健全设计管理制度,建立信息资料传递、文件收发以及图纸档案资料管理等制度。 (4)对设计方提交的设计成果负全责
3)设计总体部职责
(1)完成总体设计的任务。 (2)提出全线初步设计的技术标准、功能要求、设计原则、接口清单等设计指导文件,稳定各专业接口、统一规范标准、制定设计评价体系与标准等,尽量减少设计的多边状态,使设计工作在一种稳定、有序的状况下开展。 (3)与设计方和有关部门一道,尽量稳定设计周边条件,包括线路条件、站位选址、风亭和出入口选址、落实规划要点、环保要求等工程外部条件
4)设计方职责
(1)设计方按合同附件提出初步的工作计划、图纸目录、设计深度要求、组织结构和人员名单,并向业主备案。 (2)针对项目设计的特点建立质量保证体系,确保设计工作有序进行。 (3)分析设计项目的特点、难点和重点,有针对性地提出设计创优规划

初步设计阶段单位职责划分 表 1-3

初步设计阶段——应稳定线路走向和车站位置方案,建设规模,主要技术标准和设计原则,主要设备类型和数量,主要工程数量和材料数量,用地及拆迁数量,以及施工组织设计方案和编制总概算。
1)业主职责
(1)对设计方提交的成果文件,组织设计汇报及审查。 ①初步设计总体及方案审查文件; ②初步设计中间检查文件; ③初步设计最终成果审查文件。 (2)组织设备国产化调研工作,为机电设备国产化的实施提供基础资料。 (3)对重大技术问题进行决策
2)总包方职责
(1)跟踪设计过程,控制设计进度,把好设计质量关。 (2)协调设计各方之间的关系。 (3)组织各设计方按时提交设计成果文件

续上表

3)设计总体部职责
(1)根据设计目标建立各系统、工点项目的设计成果评价指标体系,通过评价指标体系检查设计内容是否齐全,功能是否完整,接口能否衔接,标准是否统一,投资是否突破限额目标,方案是否考虑了工程实施条件、可操作性、方案合理性、技术成熟度等因素,并有针对性地提出相应的控制标准和措施,以规范设计行为,保证设计质量。 (2)编制各专业互提资料计划,审查各设计方提交的资料文件,确认各种技术参数、技术标准、设计规范、计算书等。在此基础上进一步统一全线的技术标准、设计原则、管线布置原则和标准化要求,平衡系统功能,形成指导文件提供给系统、工点设计方。 (3)保证设备系统的整体性、相容性和协调一致性,明确接口划分的标准和原则,指定相应责任人员监督、协调接口设计工作,包括接口清单、接口处理方案、接口技术要求和质量控制标准等。 (4)制订设计文件、图纸、资料的统一格式及标准,确保成果资料的共享,提高设计工作效率和设计质量,降低设计成本。 (5)在功能分析的基础上提出可进行标准化、模块化设计清单,如各种设备房标准布置、屏蔽门安装、电梯布置、AFC 布置、端子布置等,编制标准模块图集,在全线设计中推广运用,以减少重复设计,提高工作效率和设计质量
4)设计方职责
(1)按国家有关规定编制初步设计文件,同时要求初步设计文件必须达到配合业主进行工程招标、设备采购需要的深度,满足施工图设计和施工组织设计文件编制的需要,满足施工单位进行施工准备的需要,满足设计概算编制的需要。 (2)设计必须体现政府和业主意图,接受总体部的技术管理,避免因项目设计的欠缺而影响整条线系统的最优。 (3)必须对影响设计稳定的重大问题进行方案比选,分析设计不稳定因素。若推荐方案成立的因素可能变化,设计应在保证不影响全线功能要求的前提下考虑备选方案,避免因局部条件的改变导致方案的不可行。 (4)所有阶段成果应当包括投资估算,未进行技术经济比较的方案,业主和设计总体部不予接受,不进行审查。 (5)设计方应根据上述业主要求的方案审查、中间检查和最终审查时间编制具体的初步设计工作计划和进度计划(设计总体部预审查时间应包括在内)。 (6)在初步设计成果文件中应提出开展施工图设计的工期进度、设计深度、投资限额目标、质量控制等目标,并在设计过程中逐步完善。 (7)对涉及安全或对投资影响重大的有关计算,在业主提出特别要求时,设计方必须提供设计输入条件、基础数据、计算原理和方法以及计算成果,方便业主或设计总体部在必要时使用其他计算程序进行检算。设计方有解释的义务,不得以专利和知识产权为借口拒绝配合。 (8)设计方根据初步设计情况提出招标配合的工作建议,业主根据设计方建议和具体情况确定系统、工点项目招标配合的内容,设计方应与配合。 (9)设计方应根据工程进展的需要提供机电设备采购招标配合服务,指定具体设计配合招标责任人,要求设计配合招标责任人具有相应的经验和能力。在设备招标过程中,设计方应对技术问题负直接责任。外地设计单位的招标配合责任人应当常驻广州,办公条件由设计方负责。设计方应根据业主的招标计划提供设备招标用的系统用户需求书,派人参加设备采购的招标、评标、合同签订等工作

技术设计阶段单位职责划分　　表 1-4

技术设计阶段
(1)技术设计阶段,业主不需要设计方提交一个完整的设计阶段文件(需要设计方提交的设计文件见合同附件),仅根据设计需要和可能的工期要求等实际情况,针对初步设计中未解决而又需进一步研究的问题进行研究和设计修改,或是由于招投标、设备采购等前提条件改变而进行的设计变更。 (2)技术设计阶段主要涵盖初步设计所确定的实施方案和采用工艺过程存在的主要技术问题,校正设备选型及其数量,核实建设规模和一些主要技术经济指标,进行工程招投标后对方案的必要变更、技术说明修改、编制修正概算及因工程实施需要而进行的设计修改。 (3)设计方根据初步设计情况提出技术设计阶段的工作建议,业主根据设计方建议和具体情况确定系统、工点项目技术设计的内容

配合招标设计阶段单位职责划分 表 1-5

配合招标设计
1）业主职责
（1）对设计方提交以下的相应成果文件并组织设计汇报及审查： ①招标设计方案审查； ②招标设计中间检查； ③招标设计最终成果审查。 （2）对重大技术问题进行决策
2）总包方职责
（1）跟踪设计过程，控制设计进度，把好设计质量关。 （2）协调设计各方之间的关系。 （3）组织各设计方按时间提交设计成果文件。 （4）对设计方提交的设计成果负全责
3）设计总体部职责
根据业主要求配合招标： （1）根据工程的招标模式和要求制定招标设计的设计深度和文件组成，并检查各设计单位招标设计的深度。 （2）根据招标需要提交各专业的接口设计资料，检查各工点设计与承包商负责的设计部分的接口资料。 （3）提交设备技术规格书，配合完成用户需求书。 （4）配合和参加评标、澄清技术问题、设计联络
4）设计方职责
（1）按业主及总体组的有关规定编制招标设计文件，同时要求招标设计文件深度应能够配合业主进行工程招标和设备采购，满足施工图设计和施工组织设计文件编制的需要，满足施工单位进行施工准备的需要，满足设计概算编制的需要。 （2）所有阶段成果应当包括投资概算，未进行技术经济比较的方案，业主和设计总体部不予接受，不进行审查。 （3）设计方应根据上述业主要求的方案审查、中间检查和最终审查时间编制具体的招标设计工作计划和进度计划（设计总体部预审查时间应包括在内）。 （4）对涉及安全或对投资影响重大的有关计算，在业主提出特别要求时，设计方必须提供设计输入条件、基础数据、计算原理及方法和计算成果，方便业主或设计总体部在必要时使用其他计算程序进行检算。设计方有解释的义务，不得以专利和知识产权为借口拒绝配合

施工图设计阶段单位职责划分 表 1-6

施工图设计阶段及施工配合
1）业主职责
（1）对设计方提交的设计成果文件组织第三方设计审查。 （2）对重大问题进行决策

续上表

2)总包方职责
(1)参加施工现场各方协调会议,紧密了解施工进展,运用合同管理手段督促设计方编制符合各方要求的施工图设计计划并严格执行,要求施工图设计计划必须考虑施工单位进行工程准备和备料的需要。 (2)督促设计方根据工程进展的需要提供施工配合服务。 (3)负责信息系统的管理,保证工作各方信息交流顺畅,指令唯一。 (4)编写组织管理工作总结。 (5)参加业主组织的工程交工、竣工验收工作
3)设计总体部职责
(1)根据施工图设计阶段的深度要求,完善修改、补充上述初步设计阶段的各设计总体工作内容,检查初步设计的落实情况。 (2)完成各专业设备的选型,统一分类产品规格与型号及系统设计方案,负责引进设备技术参数与设计要求的一致性,协调全线工程各系统和工点设计技术接口。 (3)配合甲方主持的设备订货,参加设计联络,当厂家产品形成后出具通用图,并负责确认和协调设计接口。 (4)根据批准的初步设计,组织实施施工图设计,按计划保证质量完成施工图设计。 (5)严格控制工程规模及标准,控制变更。 (6)接口审查,以保证施工图符合总体设计要求。 (7)参加业主组织的深基坑及承包商负责设计部分(车站围护结构、暗挖车站及区间、盾构区间等)的审查。 (8)负责处理施工中的总体协调工作。 (9)参加施工现场各方协调会议,紧密了解施工进展,运用合同管理手段督促设计方编制符合各方要求的施工图设计计划并严格执行,要求施工图设计计划必须考虑施工单位进行工程准备和备料的需要。 (10)督促设计方根据工程进展的需要提供施工配合服务。 (11)负责信息系统的管理,保证工作各方信息交流顺畅,指令唯一。 (12)编写组织管理工作总结。 (13)参加业主组织的工程交工和竣工验收工作
4)设计方职责
(1)施工图设计要求进行详细计算和详细制图,达到能准确实现工程结构和设备安装的要求,提出准确的工程材料数量和设备品种规格数量,并能够满足编制准确的施工图预算的需要,设计需编制施工图预算。 (2)要求施工图设计计划必须考虑施工单位进行工程准备和备料的需要,在开工前3个月提交相应图纸给施工单位进行开工准备工作。 (3)设计方应根据工程进展的需要提供施工配合服务,指定具体设计配合施工责任人,要求设计配合施工责任人具有相应的经验和能力。外地设计单位的施工配合责任人应长驻现场,业主负责在施工合同中落实驻场办公条件。本地设计单位要求每周到现场不少于2次,每次半天。 (4)施工图设计开展之前,合同各方应对所有合同附件细化和补充有关施工图设计阶段的内容

设计咨询职责　　表1-7

设计咨询职责
在设计单位委托合同的工作范围内,业主授予设计咨询单位对设计全过程进行咨询的权利,咨询单位的主要责任为: (1)设计咨询起到各阶段设计监理的作用,肩负对设计承包商的"三控两管一协调"作用。 (2)核查各阶段设计所需要的设计依据文件、规范、标准以及工程资料是否齐全,包括总体、初步设计批文、建设单位签发的对各阶段的要求和条件、各主管部门批文、设计所选用的各种设备和材料的样本或说明书等。 (3)对各阶段设计的设计原则中的以下内容进行审查,并提出意见: ①设计原则中关于工程技术指导要点是否体现规划、总体、初步设计批文、建设单位及其上级主管部门的要求和批示;

续上表

②设计原则中关于施工图设计的内容和深度要求是否符合设计合同规定、住房和城乡建设部及地方的规定。 (4)对设计单位提交的正式设计文件的以下内容进行审查: ①有关设计文件的完整性和深度; ②有关设计依据(包括工程地质补充勘察报告)、采用的设计规范、标准等; ③有关使用功能、安全性和质量是否满足和符合批准的总体、初步设计; ④对典型的结构进行计算,必要时对设计计算书进行审核(计算原则、模型、程序、公式、参数的选用是否合适,是否符合规范要求,输入数据是否准确); ⑤对设计的平面和空间布置、主要尺寸、构造节点、设备选型和布置、管线直径确定、管线布置等进行审核; ⑥对初步设计较浅或直接由方案设计进入施工图设计时,应对具体的补充方案认证。 (5)在设计文件审核时需对下列内容重点审查: ①设计总说明; ②设计的安全性、经济性和合理性; ③抗震设计及抗震设防的构造措施; ④套用的标准图是否陈旧或已作废,是否按具体情况作必要的说明和修改。 (6)工程设计进度的检查、监督权,以及工程实际设计完工日期提前或超过工程设计合同规定的完工期限的审查权。 (7)工程设计文件的审查权。未经设计咨询工程师审查的工程设计文件不能施工,设计文件有重大质量问题,有权向业主提出拒绝或暂缓支付设计工程款(设计进度款、合同外设计费用)并提请业主视情况给予赔偿。 (8)设计完成的签认工作。设计已完工且要求支付设计费的工程,应首先由设计咨询工程师会签认可。未经设计咨询工程师认可的设计工作,业主不予支付设计工程款。 (9)设计文件审查时需对各专业设计图进行会审,包括但不限于:总图设计与各子项各专业设计在平面布置、开门方位、标高是否一致,结构等专业的平面图与建筑图的主要平面尺寸、标高和结构形式是否一致,结构图上设备及管线预埋件、预留孔洞的位置、尺寸是否与相关专业一致,与消防及系统专业是否协调,各有关专业的图纸会签是否齐全。 (10)对经审核合格的设计文件加盖设计咨询审核图章。 (11)在设计咨询过程中如发现设计单位工作不力,设计咨询可提出调换有关人员的建议。 (12)设计单位必须对设计咨询单位的咨询意见及时进行反馈,设计咨询单位有权要求设计单位按咨询意见(列出必改项目和建议项目)修改,如果设计单位对设计咨询单位的审查意见有分歧时,应提交业主协调解决。 (13)为了提高设计文件的设计质量,减少设计周期,要求设计咨询必须进行过程控制,设计单位在提交正式设计文件之前,先审查中间文件(图纸),总体总包及本合同设计单位要给予充分配合。 (14)设计单位须向咨询提交的过程资料包括但不限于: ①各专业互提接口要求的资料(系统之间、土建与设备之间等); ②关键的计算过程资料; ③咨询认为有必要的其他资料。 (15)各阶段咨询工作的具体内容按设计咨询管理办法实施

1.4.4 管理实施步骤

在项目实施过程中,推行"三控二管一协调"的科学管理方式,即质量控制、进度控制、投资控制、合同管理、信息管理和全面协调。通过严格的文件审查、会审和签发,广泛征求多方意见,集思广益,确保设计文件的质量;通过科学、严密的技术和过程管理,确保各项工作有序与高效进行。设计咨询与业主、总体设计、工点设计单位及时保持畅通的沟通渠道,明确设计工作的指导思想,保证工作思路的清晰;做好策划,密切关注影响工作的关键节点,切实保证工作目标的落实。依据 MCMD 管理模式来组织高效机构,重视过程评价与控制,高质量地完成咨询工作。这其中,设计总体(即"总体设计负责人")的主要管理工作内容如图 1-14 所示。

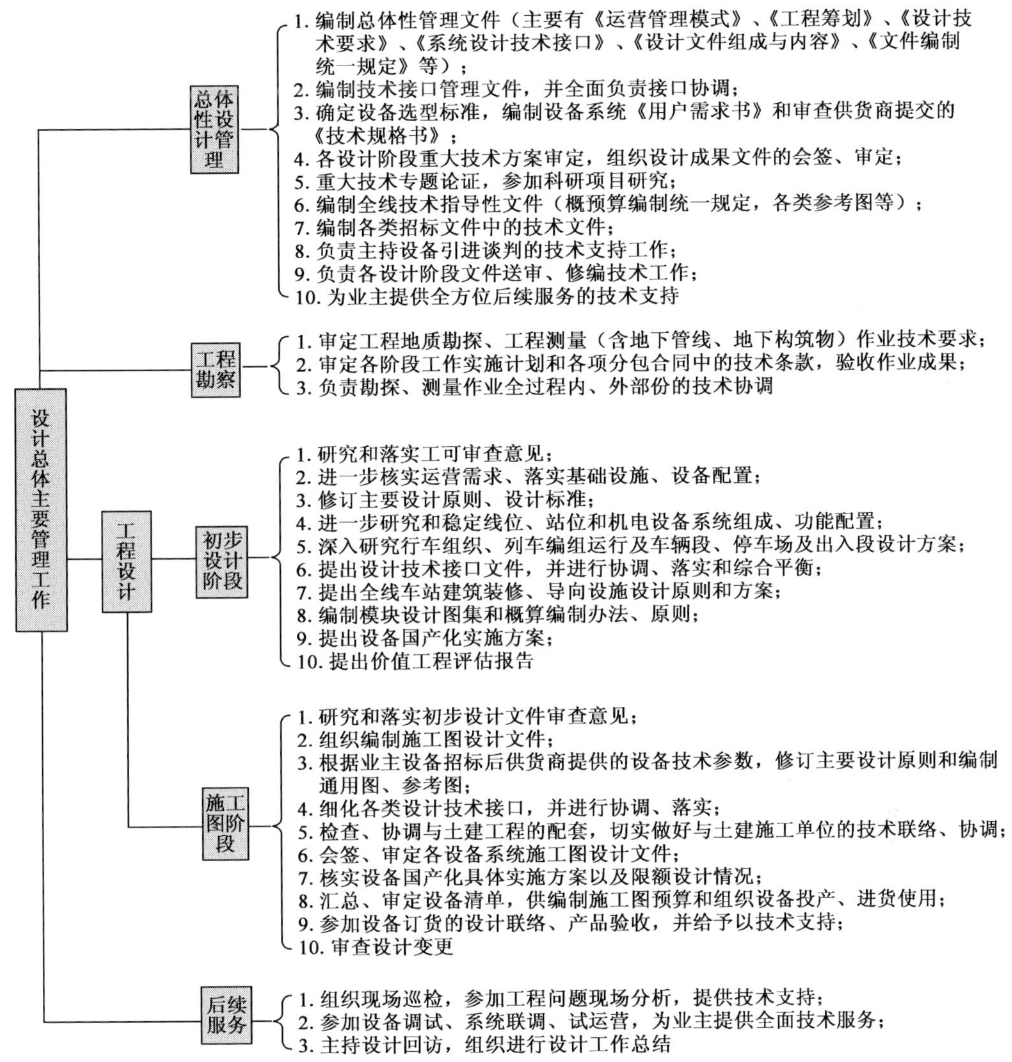

图 1-14　设计总体管理工作内容

2 轨道交通设计总包管理

2.1 概　　述

总包管理是轨道交通设计总体总包管理工作的重要组成部分。总包管理工作的核心思想是代工程项目业主进行工程设计的全面管理，在业主授权范围内代业主履行职责，其工作始终贯穿设计总体管理工作的各个阶段、各项任务和各个环节，涵盖整个设计管理的全过程，对影响管理质量的人员、设备、资料、流程、监视等所有因素加以控制，使其始终处于受控状态。总包管理工作的质量将直接影响设计总体管理工作的完成，与设计总体工作相互依存。

根据轨道交通工程建设过程中设计的特点，总包管理工作的主要工作内容包括对合同、计划、报建、信息和后勤等相关活动的管理，当业主提出其他特殊要求时还需要配置相应的对口工作小组。

2.1.1 组织机构设置

轨道交通总体总包项目根据工作特点设一位项目经理（即"总体设计负责人"，简称"总体"），下设总体技术管理组（简称"总体组"）和总包管理组（简称"总包组"）。总体组一般由3～4位副总体组成，重点负责技术管理工作；而总包组一般设组长一名，根据基本工作内容下设若干个小组并分别设置小组长，主要负责流程化管理制度的制定和按流程开展相关的服务工作。当然，在管理服务过程中不可避免地将涉及技术性管理工作，而这些均需要总体组的配合完成。典型的总体总包项目组织机构的设置如图2-1所示。

2.1.2 主要工作内容

1）合同管理小组

（1）负责制定编写前期工作、各工点、系统设计、外挂系统和工程设计及设计咨询的招标文件和合同文件，负责组织工程施工、设备采购与安装招标文件技术部分的编写工作。

（2）按业主的授权范围开展各工点、系统、外挂系统和工程的设计单位、设计咨询单位的合同谈判。

（3）负责对各工点、系统、外挂系统和工程设计单位合同及设计行为的管理；按业主要求提出阶段性的设计工作量清单（包括变更设计），并按实际完成的设计工作量（包括变更设计）向业主提出支付相应设计费用的申请。

（4）制定相应合同及设计行为管理的办法及细则，定期召开合同管理工作会，及时向业主通报各设计单位执行合同的情况，对执行合同较好或存在偏差及其他不良的设计单位，向业主提出处理意见。

(5)有关设计变更导致的设计费用增减详见业主制定的《设计变更管理办法》。

(6)制定合同执行情况综合考核办法、设计费用交付实施细则，并组织具体实施。

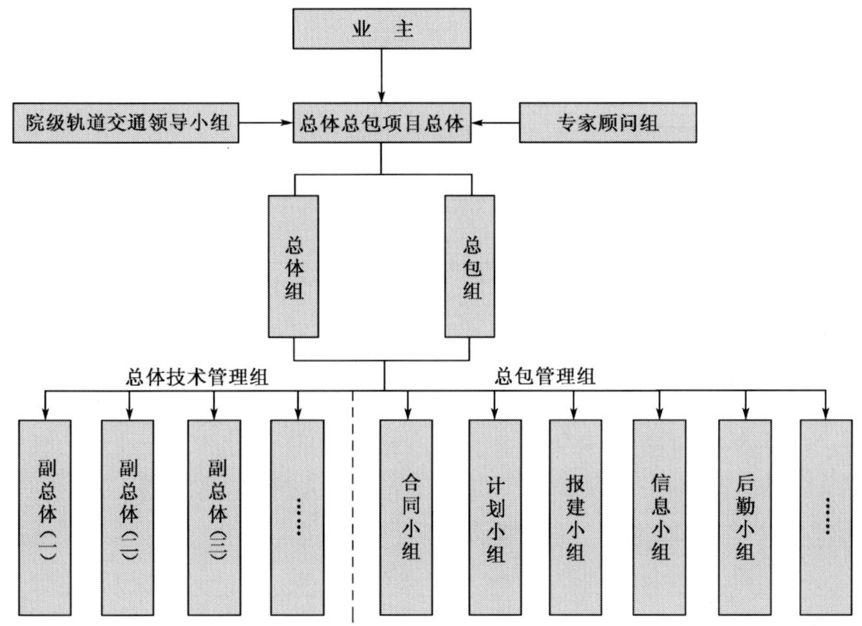

图 2-1　典型轨道交通总体总包组织的设置

2)计划管理小组

(1)负责设计进度计划(含综合设计进度计划和分段、分项及分系统设计进度计划)的制定，报经业主批准后作为目标计划予以执行。对批准的目标设计计划实施全程监控，确保按计划要求完成工程设计。

(2)对各工点和系统设计单位的资源配备情况及设计保障措施进行检查、管理。定期召开设计计划工作会，对照目标计划及控制性计划检查计划执行情况，对执行计划的偏差分析原因，提出纠偏措施并及时向业主及有关方面通报。按执行进度更新计划，并对计划在授权范围内进行修正，修正后的计划作为下一阶段控制性计划并通报业主及有关各方。对于授权范围外的计划调整，须报经业主批准后进行，调整后的计划作为新的目标计划予以执行。

(3)负责按计划、保质、保量地向业主提交各阶段、各设计单位所有的设计及成果文件。

(4)负责综合考核中涉及计划执行情况的具体考评工作。

3)报建管理小组

(1)制订报建计划、编制报建月报

①根据业主所拟订的总工期控制目标，编制拟建工程的报建计划，并报业主审批。

②根据业主所批复的报建计划，组织工点设计单位开展各阶段的报建工作。建立月报建工作情况汇总台账，并向业主汇报。

(2)编制、落实各阶段报建要求

①根据规划、业主等部门的要求,组织各工点设计单位执行各阶段的报建程序和要求。

②组织各设计单位按要求编制报建材料。

(3)整理、送审报建材料

校对、整理报建材料,呈报业主审查,并联络、协调规划部门,完成立案审批工作。

(4)资料归档

①跟踪报建材料的批复情况,及时领取批复文件。

②将批复文件的原件以及附图送交业主备案归档。

③抄送设计总体及相关工点设计项目组执行。

(5)工作考核

负责综合考核中报建任务完成情况的具体考核工作。

4)信息管理

(1)负责编制技术公文管理、文件发送管理、成果文件管理及资料管理的办法和细则,建立整套文件和资料的管理体系;按照制定的办法、细则对文件和资料进行统一的管理、归档,并协助业主进行文件和资料的归档和整理。

(2)负责归口发送与本工程设计有关的所有文函,并进行归档处理。

(3)制定设计文件图纸的统一标准和图纸编码系统。

(4)负责综合考核中信息管理方面的具体考核工作。

5)后勤服务管理

负责保证本工程设计正常推进的后勤服务工作,包括文件的文整、发送和到各部门接送资料等;负责制定文件会签管理流程并组织实施;负责制定在设计过程中对设计的中间巡检管理方案并组织实施;负责制定施工过程中设计的设计配合要求并督促落实;筹备与本工程设计有关的审查、评审会议,并负责会务工作;负责办理业主组织的与工程有关的出国(境)调研相关事宜和手续;集中设计期间负责组织各设计单位开展生产劳动竞赛。

(1)文件管理

文件管理是对在轨道交通工程总体总包管理服务过程中的和相关部门(政府部门、业主、咨询、工点、系统设计单位等)之间的文件往来处理流程、要求等进行过程控制,所有与之相关的活动均应纳入该程序进行控制。

(2)会签管理

会签是轨道交通总体总包设计总体管理服务过程中设计总体对各工点设计输出文件的系统综合审查确认过程,是设计总体对工点按审定方案完成的设计文件所进行的第一层次审查确认(后面还有咨询、业主,甚至是政府部门的各级审查),一般发生在工点设计单位交付文件阶段,该程序对工点图纸和设计文件的会签流程、要求及放行标准等进行了相关的规定,因此所有与之相关的活动均应纳入该程序进行控制。

(3)巡检管理

巡检是轨道交通总体总包管理服务过程中总体总包单位或业主、咨询单位组织总体总包单位参与的对工点设计情况进行检查的过程,始终贯穿初步设计及以后各阶段总体总包管理服务的全过程,该程序对巡检的相关要求进行了规定,因此与之相关的活动均应纳入该程序进行过程控制。

(4)施工配合

轨道交通总体总包施工配合是总体总包管理服务过程中总体总包参与并掌握全线施工及设计施工配合情况的过程,贯穿于工程实施过程直至试运营结束,因此与之相关的活动均应纳入该程序进行过程控制。

(5)其他

其他总包管理服务一般情况下是应业主的要求提供的服务,可能包括以下相关内容:

①筹备与本工程设计有关的审查、评审会议,并负责会务工作。

②负责办理业主组织的与工程有关的出国(境)调研相关事宜和手续。

③负责制定和组织各设计单位开展生产劳动竞赛。

2.1.3 主要工作思路

1)目标

结合国内外轨道交通项目管理经验及建设管理制度,认真贯彻业主确定的目标,制订及实施有效的项目管理策略、程序及措施,通过有意识的管理行为,达到最佳的系统功能、投资控制、设计管理、建设运营设定目标,为工程实施创造良好的条件,确保业主能够获得最具成本效益的方法,确保项目风险减至最低,确保轨道交通项目管理及时、准确、优质和高效,争创国内城市轨道交通领域总包管理标杆项目。

承担项目总的指导思想是建设和谐轨道交通、效益轨道交通;总包管理工作的指导思想是认真主动地执行业主的意图,对工程建设负责。树立管理即是服务的思想,把服务贯穿管理的始终,以先进的理念,现代化管理手段对工程实施全方位管理。贯彻技术先进、安全可靠、经济适用的建设方针,开拓进取、与时俱进、不断创新、打造精品工程,以稳步、求实、服务的精神,严肃的态度以及严格的制度做好总包管理。

2)工作原则

(1)建立完善的、科学的总包管理体系,加强服务意识、强化工作效率、严格遵守国家及地方的各项法律及法规。

(2)将本项目的管理纳入业主的管理体系,贯彻"一体化、分层次"管理思路,根据授权承担勘察设计总承包管理职责,为业主服好务,当好参谋。

(3)强化合同管理是落实责任制、实现共同目标的要求。合同管理是对合同的订立、合同的效力、合同的担保、合同的履行等进行检查、监督和协调,保证合同条款的有序实施。

(4)对设计的控制是从源头上落实功能水平,提高综合投资效益的重要环节,应对其进行科学、全面、有效、公正地考核,这是重要而难度很大的工作。设计总包管理应采取设计考核等激励机制,抓过程控制,发挥设计费支付管理的控制作用。

(5)加强计划管理,确保里程碑工期目标实现,根据里程碑工期,定期而及时地调整设计进度计划，加强过程控制，确保阶段目标和最终目标的实现。

(6)推行分阶段限额设计，鼓励设计优化，有效控制工程投资。运用价值工程理论，依靠新思路、新方法挖掘投资潜能，提高投资效益，有效控制工程投资。

(7)加强对内协调，实现接口协调与系统功能的平衡，达到乘客满意、业主(投资、建设、运营)满意的目标。

(8)加强对外协调，实现与城市规划和交通的衔接，努力达到政府(规划、环保、消防、交通)满意的目标。

(9)保证专业人员稳定，强化设计工作的连续性。

3)工作思路

城市轨道交通工程是城市重大的市政建设项目，具有建设投资规模大、技术接口复杂、业主对管理要求高、参战单位多、设计管理与协调难度较大等特点。因此，必须确保项目设计总体总包任务高质量地完成，以达到预定的高水平的质量目标和最具有成本效益的控制目标。

在对总体总包项目的总包管理工作中，严格按项目管理科学理论以及项目管理常用方法开展各项管理工作。为使项目建设的工期、质量、投资满足业主制定的目标，总包管理工作应围绕合同管理、计划管理、报建管理、信息管理、后勤管理及业主要求的内容等几大职能管理开展工作。在轨道交通总体总包项目总包管理中，规定的工作内容，除了采用当前常用的项目管理手段外，应按上述的几大职能管理要求开展全面的项目管理工作，确保总包管理工作内容完整翔实，过程控制及时有力，结果圆满。

因此，在总结城市轨道交通建设管理经验的基础上，轨道交通总包管理过程中应采取以下六大管理措施：

(1)目标化管理

为提高管理效率，增强管理活动的计划性和目标性，便于项目设计管理的检查、考评，保证设计管理活动在受控范围内高效有序运作，工程管理目标将按照项目设计活动所处阶段进行分解，每一管理活动都应落实其控制目标，便于对其管理成效进行检查考核。

(2)流程化管理

为提高设计总包管理效率，明确和规范设计管理活动，便于各分包单位理解和执行总包管理要求，工程所有设计总包管理活动均应以图表方式编制管理流程图，明确其管理要求、活动流程和各相关责任方。

(3)制度化管理

为克服管理活动中容易出现的个人主观性、随意性，提高总包管理效率，总包管理活动将全面纳入制度管理，由设计总包单位拟订设计总包管理制度体系文件并报业主审定后，将作为工程设计管理活动的基本指南，对工程设计服务与管理活动各参与方具有强制约束力。

(4)本地化管理

为使设计人员能对设计与施工管理情况有深入的了解，保证设计方案的针对性，提高服务的及时有效性，在既有设计力量的基础上，将进一步实施本地化战略，通过吸收本地优秀设计咨询单位加入项目团队，扩大本地化人员，提高总体设计服务水平。

(5)分层责任化管理

为进一步落实管理责任,便于设计管理活动的检查和考评,工程设计总包管理活动全部职能将按其权责分工,细化分解后落实到具体责任人,建立系统的技术岗位责任制,确保工程设计管理的全部活动事事有人负责,提高全体勘察设计人员的责任意识,保证管理的可追溯性。

(6)信息化管理

信息沟通的效率是制约管理的关键因素之一,为减少信息传递过程中的浪费、失真等损失,工程设计总包管理将从管理工作启动伊始,在项目 WBS(work breakdown structure,工作分解结构)结构分解的基础上,对全线各项设计内容分工和相关管理过程编制统一管理代码,将所有记录格式(如会议纪要、工作联系单、计划格式等)实现标准化和信息化,通过工程设计项目管理软件这一现代化网络管理平台,实现信息的实时传递、动态监控,为业主提供强大的信息管理手段。

2.2 合 同 管 理

合同管理的内容就是要负责组织总体总包合同(补充合同)的签订,协助业主提出划分分项招标合同界面,合理确定招标项目并提出工点设计费建议和设计费控制办法;通过合同条文明确业主、总体总包单位和工点设计单位的各自职责;负责进行合同执行情况的跟踪,及时掌握各设计单位履行合同的情况并向业主汇报;负责建立轨道交通项目合同管理台账(如合同签订台账、合同终止台账等),并进行台账管理;制定相应的合同管理的办法及细则,定期召开合同管理工作会,及时向业主通报各设计单位执行合同的情况,对执行合同较好或存在偏差及其他不良的设计单位,向业主提出处理意见;根据“轨道交通项目设计计划”的执行情况,组织各工点或系统设计单位进行设计费的请款。

2.2.1 合同管理程序

合同管理程序涉及合同管理工作流程、合同签订流程以及设计费支付流程等内容,具体如图 2-2 ~ 图 2-5 所示。

1)合同(补充合同)签订的管理

(1)工程项目设计总体或项目经理(负责人)接到中标通知书(委托书)后,根据合同范本完善合同文件(草稿);合同管理组组织相关部门对总体总包合同草稿进行会审,填写“合同草稿会审表”,送法定代表人审批;合同管理组汇总合同草稿交业主审查,并参加业主组织的合同谈判。

(2)合同管理组负责跟踪合同签订过程,取回总体总包单位合同,督促各设计单位自行到业主处取回(并签收)合同。

(3)在合同执行过程中,由于合同内容发生变化时,合同管理组组织督促设计单位办理补充合同,其流程和前四项同。

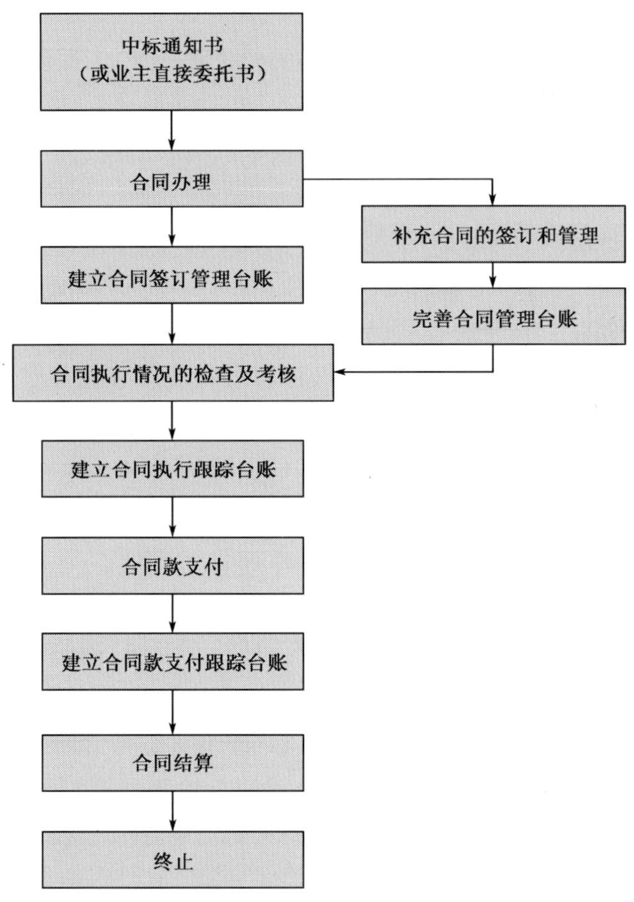

图2-2　合同管理工作流程

(4)建立“轨道交通工程总体总包工程总体总包合同签订台账”。

2)合同执行的管理

(1)合同管理组在计划管理组、设计总体的协助下及时掌握各设计单位履行合同的情况并做好备案;通过“轨道交通工程总体总包工点设计费支付情况与合同情况汇总表”对合同执行情况进行控制。

(2)与计划管理组一齐通过巡检、例会、定期和不定期的检查对合同执行情况进行检查督促,以“轨道交通工程总体总包工点设计费支付情况与合同情况汇总表”形式通报总体组和业主。

3)合同台账的管理

(1)合同管理组建立全线各设计单位签订合同管理台账,每条线设一台账;

(2)合同台账应按轨道交通工程项目编制,一般应有“轨道交通工程总体总包工程合同签订台账”、“轨道交通工程总体总包工点设计费支付情况与合同情况汇总表”以及“轨道交通工程总体总包合同终止台账”;

(3)定期向业主汇报“轨道交通工程总体总包工点设计费支付情况与合同情况汇总表”内容,遇到执行困难或违约情况时,应向上一级领导汇报;

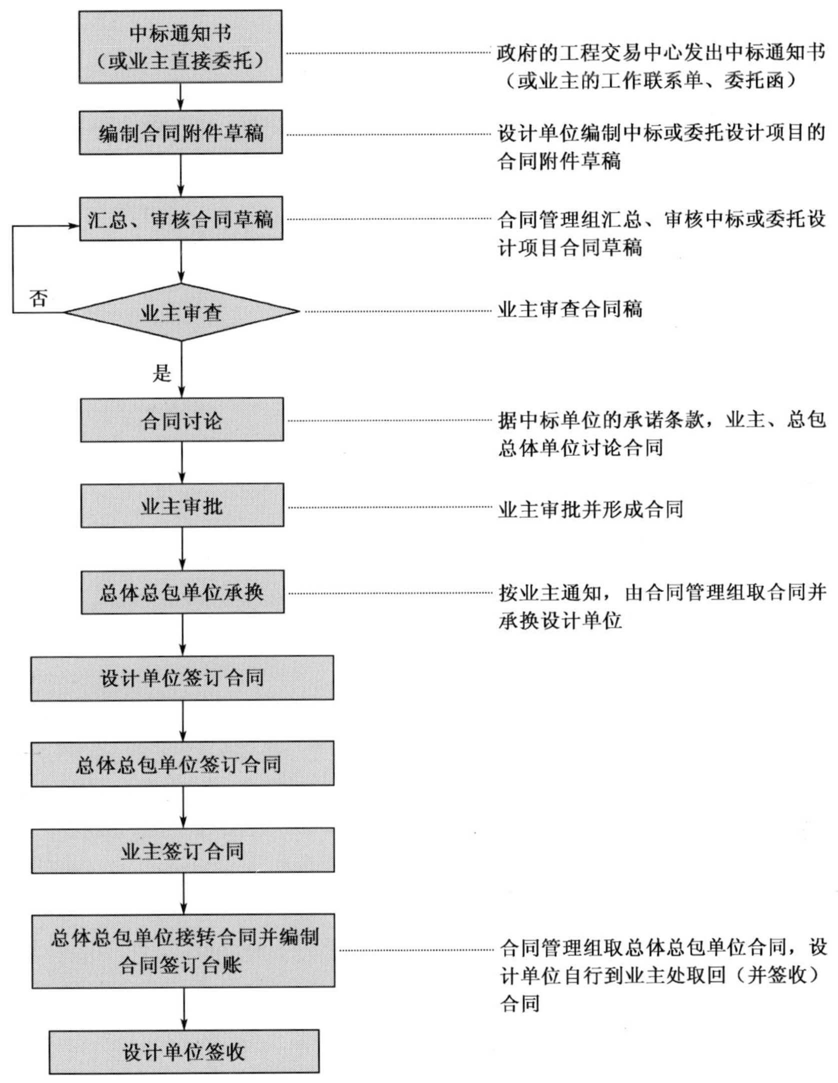

图 2-3 合同签订流程

(4)台账按合同执行进度进行更新,合同终止后应剔除,同时登记在合同终止汇总台账上,对已终止合同作简要总结,并知会总体或项目经理(负责人);

(5)台账定期按线路编册存档。

4)设计费支付的管理

(1)合同管理组专人负责设计费支付管理工作,以“轨道交通工程总体总包设计计划”为依据,按对应合同有关计划额编制“轨道交通工程总体总包年度设计费使用计划”,计划须经总体或项目经理(负责人)审核后上报业主;

(2)各设计单位根据合同及工程设计进度情况填写“轨道交通工程总体总包设计合同付款申请表”,合同管理组据此汇总审核并编制“轨道交通工程总体总包月度支付计划”,待咨询和业主审批发出通知后,合同管理组建立设计费支付管理台账;

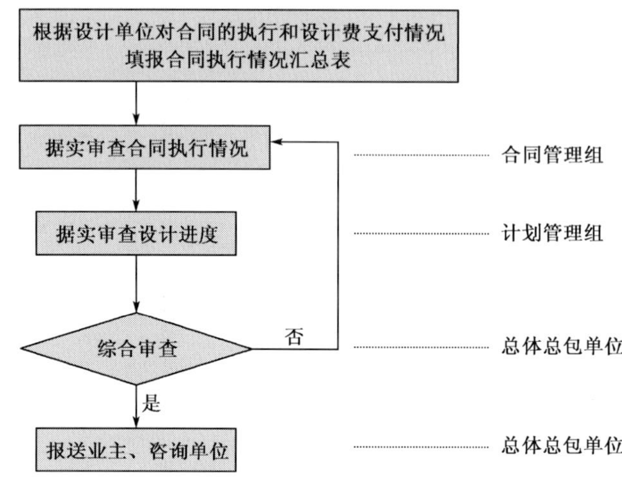

图 2-4　工点设计费支付情况与合同执行情况汇总流程

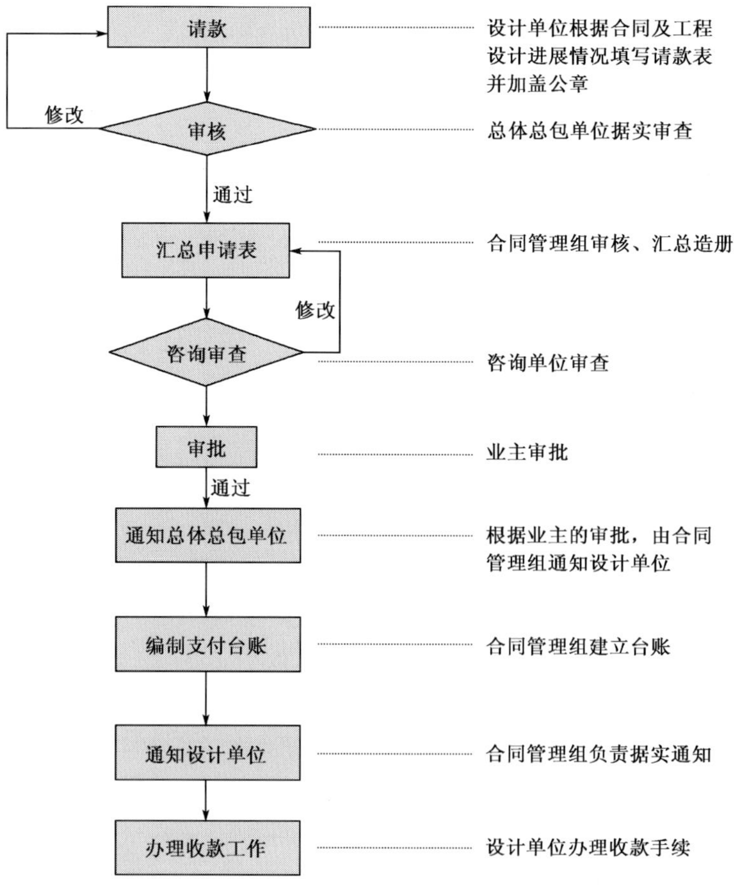

图 2-5　设计费支付工作流程

(3)在总体、计划管理组的协助下,合同管理组根据各设计单位合同执行完毕的资料,审批设计费结算申请,在设计费结算完毕后,编制合同终止台账,并按线路编制成册归档。

2.2.2 合同管理的重点、难点及对策

合同管理是总体总包管理中的一个重要部分,通过合同文本来确定业主、总体总包单位、工点设计单位的权利和义务;通过请款的规定来保证轨道交通项目的顺利进行,与计划管理工作相辅相成;通过合同来明确各专业、各工点之间的接口,保证项目不存在设计的遗漏和混乱。合同管理大致有以下一些重难点及应采用的对策:

(1)合同的签订需要经过双方或者三方的认可,在合同的签订之前就需经过合同谈判。因此,合同管理组要组织好协调沟通工作。为提高合同的签订效率,合同管理组可根据轨道交通的共性制定一些合同范本。

(2)轨道交通项目在实施过程中可能会发生变化,而这些变化却是在原合同范围以外,这时就需要补充合同。对于业主下达的超出合同规定的重大设计方案,与业主签订补充合同或补充协议,并与相应的工点设计单位签订相应的补充合同或补充协议;对于零散的合同外工作,与业主商定处理办法,并组织各工点设计单位认真做好工作量的计算及用工的统计,总体总包单位统一与业主清算。

(3)轨道交通项目是一个复杂的系统,涉及的工点设计单位较多,合同及合同的类型也繁多。为便于管理,合同管理组宜分线或分设计单位建立合同管理台账(含签订合同管理台账、终止合同管理台账)。

(4)设计费的付款是分段进行的,因此与项目的进度有着密切的联系。合同管理组应该根据计划管理组提供的项目进度资料组织工点设计单位付款,并编制设计费支付计划或付款计划。

(5)合同管理组宜建立“各工点设计费支付情况与合同情况汇总表”,以便清晰地记录合同的执行情况。

2.3 计 划 管 理

计划管理是贯穿设计总包管理全过程的关键环节,必须要在工作开展时清楚界定每个重要环节,经过周密考虑,为项目勘测、设计建立一个合理及实际可行的进度计划。进度计划上的关键工作将由多个工作环节紧密相扣,计划的安排应结合风险管理适当留有弹性,使策划的进度能顺利进行,并能在业主或工程需要时可以容易修改且不会对工程项目的整体进度有不良的影响。其主要内容包括:

(1)负责设计进度计划(含综合设计进度计划和分段、分项及分系统设计进度计划)的制订,报经业主批准后作为目标计划予以执行、跟踪。

(2)对批准的目标计划实施全过程监控,对于关键点计划进行重点控制,确保按计划要求完成本工程的设计工作。

(3)通过设计巡检、设计例会等措施对各工点及系统设计单位的资源配备情况及设计保障措施进行检查、管理,以保证各工点、系统能够按目标计划顺利推进。

(4)定期或不定期召开设计计划工作会,对照目标计划及控制性计划,检查计划执行情况,对执行计划的偏差分析原因,提出纠偏措施并及时向业主及有关方面通报。按执行进度更新计划,并对计划进行授权范围内修正,修正后的计划作为下一阶段控制性计划并通报业主及有关各方。对于授权范围外的计划调整,须报经业主批准后进行,调整后的计划作为新的目标计划予以执行。

(5)对涉及设计计划中的事宜进行追踪检查。

2.3.1 计划管理程序

为保证计划管理按时高效执行,必须建立完善的工作流程,具体流程如图 2-6 所示。

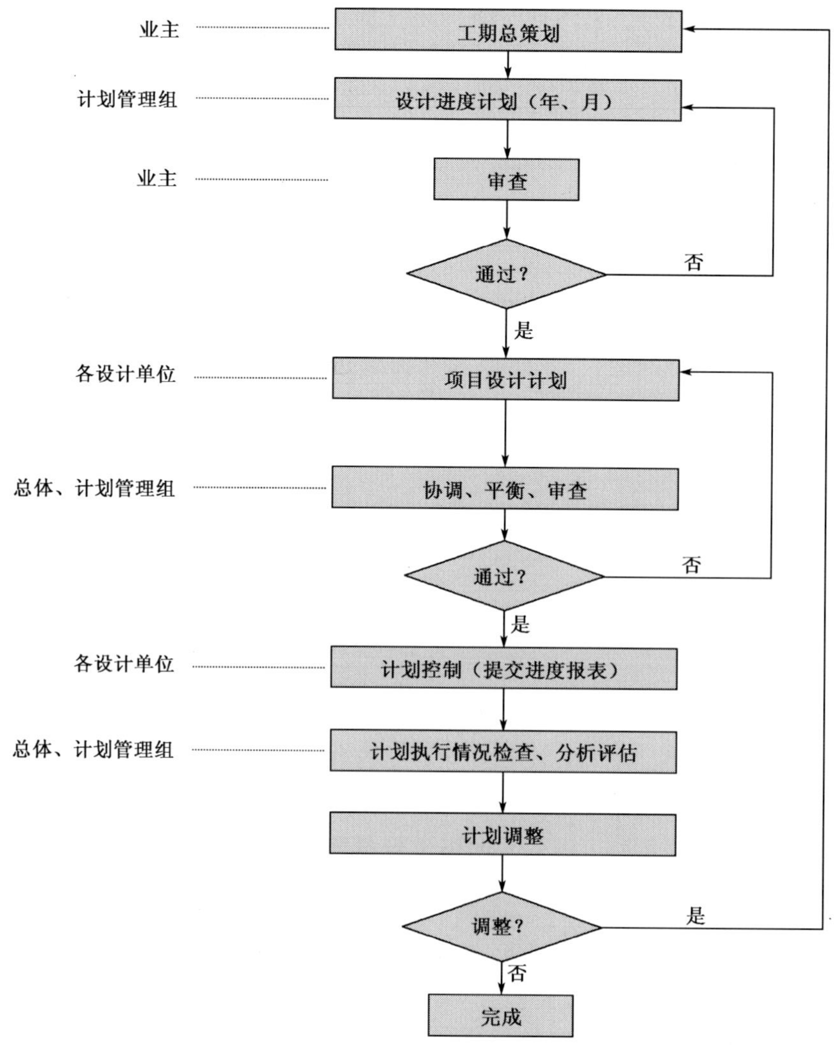

图 2-6 计划管理流程

1)计划制订

(1)各线总计划的制订

根据业主发出的“工程总策划”,计划管理工程师负责编制全线“轨道交通工程总体总包设计总计划”,经总体或副总体审核,主管副院长审批,然后将全线“轨道交通工程总体总包设计总计划”上报业主审批。

将业主批复的全线“轨道交通工程总体总包设计总计划”以工作联系单的形式下发各工点设计单位执行,并抄送业主、咨询单位备案。

(2)各线年度计划的制订

计划管理工程师每年年末组织总体组相关人员与业主协调来年设计计划后并根据全线“轨道交通工程总体总包设计总计划”编制全线来年“年度设计计划”,经总体或副总体审核,主管领导审批,然后将全线“年度设计计划”上报业主,同时下发工点设计单位执行。

2)进度控制

(1)计划管理工程师每月月底根据“年度设计计划”检查每月设计计划的执行情况,形成“每月设计计划执行情况通报”,经总体或副总体审核、审批后以工作联系单的形式下发各工点设计单位,并抄送业主、咨询单位备案,作为工点、系统设计单位考核的依据之一。

(2)各工点设计单位每月按总体组的要求提交“工点设计月报”,计划管理工程师对其进行定期统计,对进度计划执行情况进行分析和评估,形成“总体总包管理月报”,经总体审核、总体总包部审定、主管领导签发后发至相关部门。

3)关键点控制

针对全线设计计划的关键点(如初步设计正式审查、专项审查等),计划管理工程师编制关键点的详细计划(如初步设计正式审查计划、专项审查计划等),经总体或副总体审核、审批后发至相关部门执行。

4)计划的调整

(1)由于业主调整或外部客观原因导致部分工点设计计划的调整,计划管理工程师撰写工点设计计划的调整情况,经总体或副总体审核、审批后发至相关部门执行,同时计划管理工程师根据工点设计计划的调整情况调整“年度设计计划”。

(2)工点单位若要申请计划调整,则需要由工点设计单位向总体组提出工点设计计划调整申请。当影响到业主工期控制点或总体计划推进时,经总体审查后报业主审批;对于非控制点工期的计划调整,设计单位自行调整,报计划管理工程师并经总体确认备案。同时,计划管理工程师根据确认后的工点设计调整计划调整“年度设计计划”。

5)计划的追踪检查

为加强设计过程控制,所有设计例会、设计巡检或设计技术协调会决定的落实事项,都应由计划工程师纳入表2-1进行动态管理,追踪检查直至落实,从每一工作细节入手确保计划目标的顺利实现。

议定事项追踪检查表 表2-1

编　号	追踪状态	工作内容	依　据	责任单位	要求完成日期	检查记录	检查人
001	□	××××	如××期设计例会	××单位	××××年××月××日	进行中	
…			……				
028	□	××××	如××期设计巡检	××单位	××××年××月××日	已落实	×××
			……				

6)PROJECT软件在计划管理中的应用

大量事实证明了PROJECT是比较理想的项目管理软件,PROJECT软件提供了用甘特图、项目评审技术表等工具以图形化展示项目的功能,还为项目提供了一个很好的撰写报告的功能。除此之外,PROJECT软件在计划管理中也得到了广泛的应用。

项目设计计划说到底就是工程流程的时间化,工程推进中工序的前后关系、时间关系都要在项目设计计划表中予以反映,而PROJECT软件最大的好处就是可以控制、调整和图形化展示项目进程,能够很直观地反映项目的推进情况、多个工序之间的关系、每道工序持续的时间以及关键工序等,并能让项目经理较快地了解项目进展情况。当遇到客观因素或主观因素需要调整项目计划的时候,由于很多工序存在紧前、紧后关系,调整一个点时需要相应调整其他的点,而PROJECT软件能够适应这种"牵一发而动全身"的变化,快速地帮助计划管理工程师完成项目设计计划的调整。

同时,工作分解结构中每项任务的数据都可以按规定的数字格式输入到PROJECT软件中,一旦项目经理向PROJECT软件中输入一个工作分解结构、任务前后顺序关系、任务历时、资源需求和资源成本以及项目中的固定时间,PROJECT软件就可以制作出一整套报告,供项目经理分析、决策。在甘特图中,所有用到的资源都可以在表中线条上做标注,任务的顺序关系在表中也可用箭头直观表示。

另外,PROJECT软件可以把进度覆盖到日历表上,可以让计划管理工程师直观了解每个时间点或者时间段需要完成哪些工作,便于跟踪和检查落实。

2.3.2 计划管理的重点及对策

计划管理是总包管理中较为重要的工作,计划管理的好坏直接关系到整个项目是否能顺利推进。计划管理是艰辛、困难和持久的,需要全面了解整个工程的进展情况,协调面比较大,项目计划的监控也是全过程的。计划管理大概有以下一些重难点及对策:

(1)要切实以业主发出的"工程总策划"为依据制订项目计划(如总设计计划、年度计划等),同时要与业主进行密切的协调沟通,以便使制订的项目计划更具有实际性和可操作性。

(2)设计管理中最难的、最持久的就是进度控制,需要全过程跟踪。计划管理工程师应时刻了解项目在任何一个时间段或时间点中正在进行的工作以及下一阶段将要开展的工作。因此,计划管理工程师应每月对照项目的目标计划检查项目计划的实际执行情况;对于滞后的项目计划要分析其原因,然后形成相应的报告通报相关的部门。

(3)轨道交通项目专业较多、系统复杂,涉及的接口也较多,需要通过一些会议(如总体例会、专题会议、审查会、协调会等)来明确一些事情或布置一些工作,因此,计划管理工程师可以建立"议定事情跟踪检查表"帮助检查落实。

(4)计划管理就是保证整个项目能够有条不紊地进行,其计划性较强,计划管理工程师可以制定"每周计划工作表",以检查上周工作的完成情况并布置下周的工作计划,同时通报至项目组成员,让每个成员都能清晰了解每个时间段或时间点应该完成的工作。

(5)为了维护项目计划的严肃性,制订后的项目计划不能轻易地更改,但有的时候"计划不如变化",一些边界条件的改变就导致项目计划的更改。当工点需要发生计划调整时,工点单位可向总体组提出计划调整申请,待总体组给予回复后方可实行计划的调整。

(6)项目的关键点是计划管理中需要重点关注的部分,如初步设计正式审查等,因此对于关键点,计划管理工程师需制订关键点的详细设计计划,以保证关键点的工作能够顺利完成。

总的来说,计划管理关键要做好以下三个方面:

(1)加强计划控制力度,坚持计划的严肃性,建立总进度计划、阶段设计计划与单项设计进度计划、月度设计工作计划与详细出图计划三层次计划体系,通过控制点、关键点、过程检查点三级控制将计划指标层层落实,细化考核,确保设计全过程进度受控。

(2)落实计划管理岗位责任分工,明确规定设计管理活动中各方的管理职责。设计总包单位为加强计划管理力度,专职设置"计划工程师"管理岗位,负责计划拟订、计划追踪落实、计划调整、计划执行情况检查等全过程的管理控制工作。

(3)加大计划执行情况检查力度,通过设计例会、设计月报、设计巡检、议定事项检查表动态检查计划落实情况,掌握设计进度状态,加大对单项设计单位计划延误的惩罚力度,及时采取有效措施保证工程进度目标的坚决执行。

2.4 报建管理

2.4.1 报建类别

对于轨道交通工程,工程报建的类别主要包括规划、消防、人防、给排水、航道、水利、环保部门等。

2.4.2 报建流程

不同的报建业务面对不同的政府职能部门(具体见表2-2),各自的工作流程也有区别。

广州市轨道交通工程各类报建业务及申报部门　　表2-2

序　号	报建程序	审批部门
1	规划报建业务	广州市城市规划局
2	消防审查、验收业务	广州市消防局
3	人防审查、验收业务	广州市人防办公室
4	给排水报建业务	广州市市政园林局 广州市自来水公司
5	①拦河、临河、跨(过)河建筑物审批； ②通航水域水上水下施工审批	广东省航道局
6	河道及水工程管理范围内建设项目的审批	广州市水利局
7	申报项目的定址、报建、试运行和验收手续(环保方面)	广州市环保局

1)规划

规划报建是指按照规划部门的要求,在工程实施的各个阶段进行各种业务的申报。对于轨道交通工程项目分为前期阶段和工程实施阶段。

(1)前期阶段

前期阶段是在初步设计以前,其在规划部门主要申请的业务是线路及站位的规划审批和工点总平面的规划审查。

(2)工程实施阶段

工程实施阶段是在初步设计以后,其在规划部门主要申请的业务,根据工程的空间关系不同,可分为地下工程、地面工程、高架工程三大类型。具体如图2-7和图2-8所示。

2)消防

轨道交通工程在消防报建方面主要为初步设计消防审核及申报建筑工程消防验收。其中初步设计消防审查应提交以下资料:建筑工程项目总平面布局、平面布置和建筑设计平、立、剖面图,建筑工程消防设计专篇说明,自动消防系统初步设计图。申报建筑工程消防验收应提交以下资料:建设单位填报“建筑工程消防验收申报表”,附消防产品相关证书、检测报告、出厂合格证、消防工程竣工图、工程施工调试开通记录、隐藏工程记录以及设计、施工变更内容记录等相关资料;《建筑工程消防设计审核意见书》及有关批复文件;重点建筑工程的各项防火安全管理制度和消防安全管理机构以及自动消防系统操作管理人员名单。

3)人防

轨道交通工程在人防报建方面主要需要完成人防工程设计专项审查及人防工程验收备案。其中人防工程设计专项审查应提交以下资料:工程报建人需持建设单位授权委托证明书(在线填写和打印)、“广州市人防工程设计专项审查申请表”(在线填写和打印)、人防部门对该项目的《防空地下室建设意见书》(复印件加盖单位公章)、规划部门关于报审方案的历次批文(复印件加盖单位公章)和人防工程专项设计的全套图纸一式三份(建筑、结构、通风、给排水、电气蓝图加盖公章)。申报人防工程验收备案应提交以下资料:工程报建人需持建设单位授权委托证明书(在线填写和打印)、施工许可证、人民防空主管部门出具的《防空地下室建设

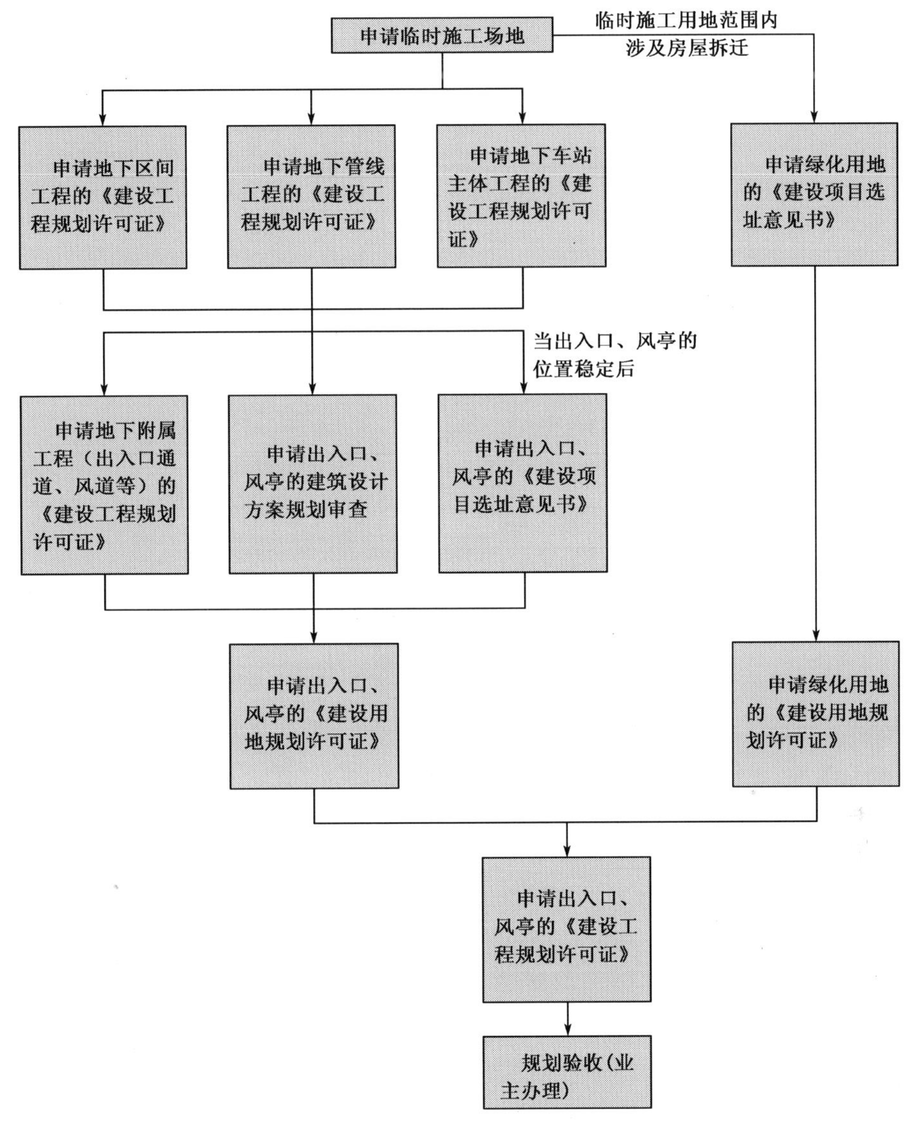

图 2-7　地下工程规划报建内容

意见书》、人民防空工程设计文件的专项审查意见、人民防空工程竣工图纸资料(含建筑、结构、通风、给排水、电气等)、施工单位签署的工程质量保修书、防护设备安装单位签署的设备安装质量保修书、人民防空工程质量控制资料核查记录、人民防空工程设计质量检查报告、人民防空工程验收记录、人民防空工程专项竣工验收备案表和其他有关资料。

4)市政(给排水接驳、室外导向指示牌等)

(1)给水

广州市轨道交通工程要求申请供水设施用水,须办理申请新装用水设施手续。办理手续时,应提交以下资料:用水申请表,建设工程规划许可证(复印件),市规划局报建审核书及建筑红线图(复印件,产生污染的单位还应有环保批文复印件),室内外给水设计蓝图(包括各层

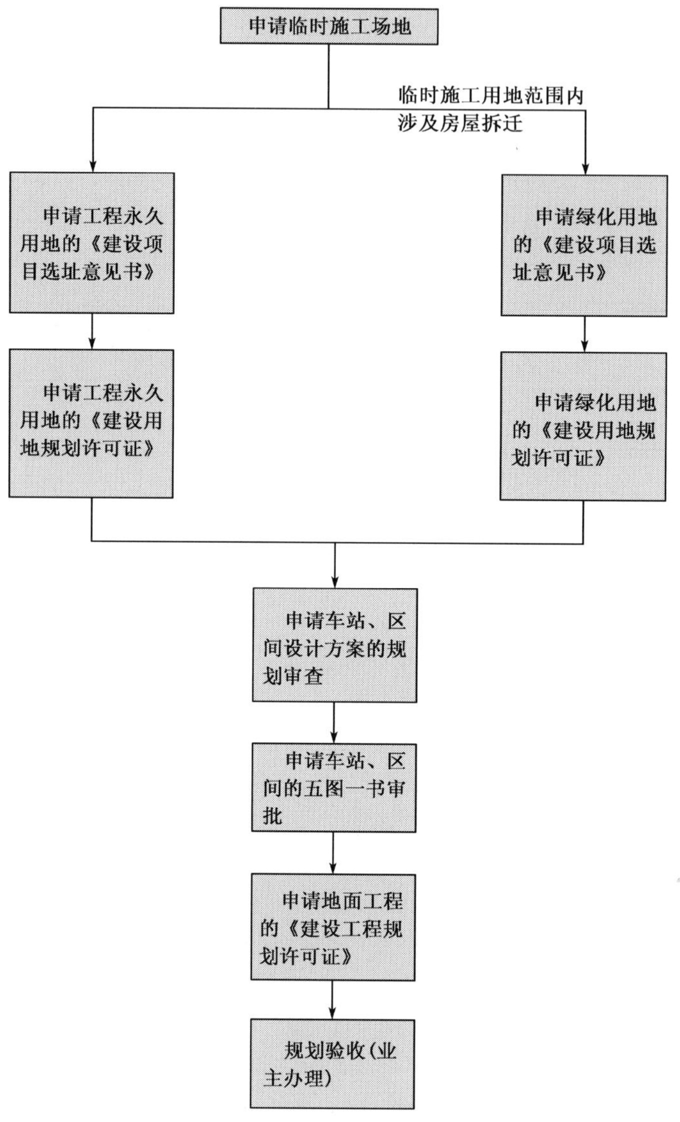

图 2-8　地面工程和高架工程规划报建内容

给水布置平面图、给水系统图、泵房及水池、水箱大样图、卫生间给水的大样图四至图)，用水所在地的 1∶500 四至地形图，用户申请用水登记审查表、广州市自来水公司报装登记表及广东省城市供水合同，建设工程规划验收合格证。

(2)排水

广州市轨道交通工程要求申请排水手续。办理手续时，应提交以下资料：城市排水许可证申请表，同意接驳的证明文件和接驳设施验收资料(验收资料指竣工图)、隐蔽工程验收记录和验收报告等(由申请单位盖章确认)，生产产品种类和用水量证明资料(由主管部门或申请单位盖章确认)，排放污水的水质、水量、水温和水压资料(由主管部门或申请单位委托行业检测机构检测)，城市排水许可信息登记表(验收)；证明资料(授权委托书和申请人身份证明)，按规定应提供的其他有关资料。

(3)室外导向指示牌

广州市轨道交通工程要求申请室外500m导向牌的审批。办理手续时,应提交“城市道路临时占用申请表”;应提供市城市规划局的有关报建资料和批准文件,以确认其建设主体的合法性;应提供所建设施的相关主管部门的合法批准文件;涉及影响交通安全的,应提供市公安交通警察支队的批准文件;涉及绿化设施或用地的,应提供市市政园林局对该工程的绿化迁移通知书。

5)其他(航道、水利、环保等)

(1)航道

轨道交通工程若与通航水域存在交叉,需要向航道部门申报拦河、临河、跨(过)河建筑物审批及通航水域水上、水下施工作业审批。

①申报拦河、临河、跨(过)河建筑物审批时,应提交以下资料:

a. 建筑物跨河纵断面设计图,设计图的通航孔应标绘出设计最高通航水位和通航净空尺度。

b. 建筑物所在河段水下地形测量图,建筑物所在河段河面宽度在1000m以上的,测量范围为建筑物所在位置向上下游各延伸1000m,测图比例1:5000;建筑物所在河段河面宽度在500~1000m之间的,测量范围为建筑物所在位置向上下游各延伸600m,测图比例1:2000;建筑物所在河段河面宽度在200~500m之间的,测量范围为建筑物所在位置向上下游各延伸400m,测图比例1:1000;建筑物所在河段河面宽度小于200m的,测量范围为建筑物所在位置向上下游各延伸200m,测图比例1:500。测量图应标绘出建筑物的平面布置设计方案及桥梁轴线平面坐标。

②申报修建水下过河建筑物时,应提交以下资料:

a. 建筑物所在河段水下地形测量图,测量范围为建筑物所在位置向上下游各延伸200~500m,测图比例1:500~1:5000。

b. 测量图应标绘出建筑物的平面布置方案及平面控制点坐标。

c. 建筑物纵断面设计图,设计图应标绘建筑物纵断面处的航道设计最低通航水位。

具体流程如图2-9所示。

③申报通航水域水上、水下施工作业时,应提交以下资料:

a. 航道部门对建筑物(设施)通航标准及技术要求的批准文件,拆除固定建筑物和设施时,无须提交上述批准文件。

b. 申请人身份证明文件或授权委托书。

c. 申请人中标通知书或施工协议书(合同)或建筑物(设施)所有人委托施工文件。

d. 与通航条件有关的本工程施工组织方案及反映施工河段水下地形及施工布置的施工作业图纸。

e. 法律、法规、规章规定的其他资料。

具体流程同图2-9。

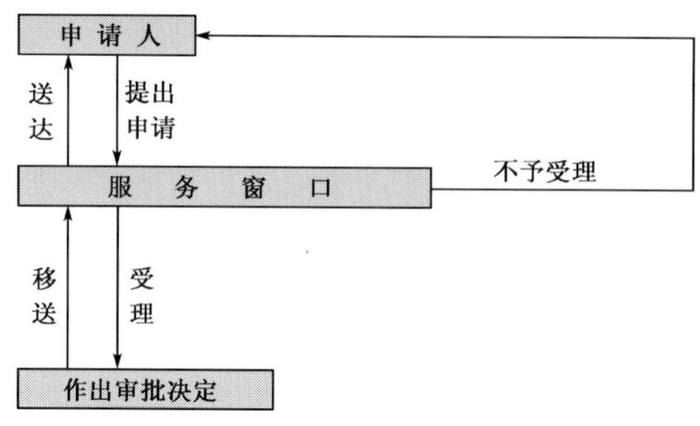

图 2-9 具体流程

(2)水利

轨道交通工程若与河道等水利工程存在交叉,需要向水利部门或河道及水利工程部门电报有关手续,此时应提交以下资料:建设项目依据文件;工程建设涉及河道与防洪部分初步设计图纸(平面布置图、结构纵横剖面图);占用河道管理范围情况说明;有相应水利资质设计单位出具的防洪评价报告;1∶500 或 1∶1000 地形图。上述资料应符合《广东省河道管理范围内建设项目专题报告编制大纲》的要求。

具体流程如下:

①申请人向区(县级市)水利局递交书面申请并交齐上述要求资料。

②区(县级市)水利局初审:

a. 对资料不全的申请,区(县级市)水利局应书面通知申请人补全资料。

b. 对资料齐备的申请,区(县级市)水利局提出初审意见(需注明理由及依据),否决申请的应退回申请资料,初审同意的将有关资料上报广州市水利局。

③广州市水利局对申请的有关资料、初审意见进行审查,并对现场进行实地查勘。

④属市管河道建设项目,在裁定时间内作出批复;属省水利厅审批的,由水利局加具意见后上报。

⑤省水利厅批复后,需要调整方案的,广州市水利局在 15 个工作日内书面通知申请人补充资料。对不需要调整方案的,在规定时间内批复。

⑥经审查批准后,需要占用滩涂、水域的,应到指定银行缴纳河道管理范围占用费。

⑦申请人缴纳河道管理范围占用费后,凭银行收据领取《河道占用许可证》及批文。

(3)环保

轨道交通工程可能对环境造成影响,均须向环境保护部门办理选址(或定点)、报建、竣工验收三个阶段的手续。

①办理选址(或定点)阶段。在本阶段内,环境保护管理的目的是使建设项目符合"全面布局"的原则,建设项目在本阶段内应填报环境影响报告,并在项目可行性研究阶段内完成。

需提供以下资料:

a. 建设单位关于建设项目提请审批的申请函;

b. 环境影响报告书、环境影响报告表或环境影响登记表;

c. 项目地理位置图、项目总平面图、项目的立项批复复印件；

d. 广州市机械工业工艺专业化办公室对项目的书面意见；

e. 区、县级市环保行政主管部门对建设项目选址、定址的意见；

f. 建设单位的主管部门(局或总公司)对建设项目环境影响评价的意见；

g. 建设项目环境影响报告书或环境影响报告表的专家论证意见以及专业咨询单位的咨询意见；

h. 环境保护行政主管部门核发的“水污染物排放许可证”和“大气污染物排放许可证”。

具体流程如下：

a. 填报环境影响报告的项目分类按国家环保总局公布的《建设项目环境保护分类管理名录》执行，未列入名录的项目，须填报“广东省建设项目环境保护申报表”，送环保部门审批，确定环境影响评价的形式。

b. 建设单位委托具有甲级或乙级评价证书的单位，编制环境影响报告表或评价大纲(环评实施方案)，并送环保局。环保局根据情况确定审查方式，组织专家会审，由专业评审单位进行评审，专家现场考察及征求有关部门意见，进行审查后，提出审批意见。小型项目的环境影响登记表经市环保局同意可由建设单位自行填写。

c. 建设单位按照环保部门对大纲的审批意见，委托甲级或乙级资质评价单位，完成编制环境影响报告书，再送环保局审批。环境影响报告书的编制论证、审批必须按市环保局制定的《建设项目环境影响报告书的编制和审查程序》进行。

d. 凡符合规定条件的建设项目，市环保局均向建设单位发出同意选址(或定点)的证明文件或环境影响报告书批复文件，然后建设单位才能向规划国土等行政管理部门办理征(用)地手续。

②报建阶段。本阶段环境保护管理的主要目的是监督建设单位执行“防治污染及其他公害的设施与主体工程同时设计”的方针的情况。

需提供以下资料：

a. 建设单位关于建设项目提请审批的申请函；

b. 广州市建设项目申请报告表；

c. 项目环境影响报告书(或环境影响报告表或环境影响登记表)及其批文复印件；

d. 项目主体工程扩大(初步)设计图及设计说明书，包括工艺流程图、设备布置图、土建图和防治污染设施在总平面中的位置图；

e. 防治污染设施设计图(加盖设计单位图章)，包括工艺流程图、设备管道布置图和构筑物结构图；

f. 防治污染设施设计说明书(加盖设计单位图章)，包括设计方案分析、设计依据(设计参数选用，设备选型和各处理单元选用)、设计处理效果、有关设计计算和说明、设备材料明细表(设备名称、型号、产地、生产厂家、技术参数、参考价格、设备安装及调试说明)、项目概算明细表以及运行费用计算及分析；

g. 专业咨询单位关于建设项目的防治污染设施设计的咨询意见；

h. 市煤气公司同意入网的证明文件、“三同时”保证金交缴证明文件以及市环境监理所提供“排污口规范化管理”的证明文件；

i. 建设项目的规模、内容及位置已发生较大变化或环境影响评价报告的批复时间已超过两年，或报告表的批复时间超过一年半以及登记表的批复时间超过一年的，均需重新编写环境影响报告；

j. 建设单位主管部门对项目报建的意见；

k. 表格资料要填写清楚，不得缺项或缺盖公章。

具体流程如下：

a. 建设单位根据环保部门对环境影响评价的批复意见及环境影响评价的内容，委托具备环保专业资质的设计单位进行防治污染设计，再向环保部门申报。

b. 向环保部门申请项目报建时，必须备齐有关资料。必要时，须附上主管部门（经委、计委、建委及主管局）对项目建设的批准文件，或区、县环保局对项目的审查意见，或有关专业部门对项目的审批意见。

c. 报送的设计图纸及设计说明书，应符合（87）国环字第002号文附件《建设项目环境保护设计规定》的要求，应遵守国家和广州市颁布的有关环保法规，应符合国家和地方规定标准，应符合环保部门对环境影响报告批复的要求。

d. 投资超过三万元防治污染设施的，其设计必须经专业咨询单位咨询。

③竣工验收阶段。本阶段环境保护管理的目的是监督建设项目防治污染必须遵守国家和地方规定的标准。本阶段应办理相应的试运行及验收手续。

需提供以下资料：

a. 市环保局对项目报建批复的准建证或批文复印件；

b. 申请验收审批报告；

c. 市环境监测中心站的监测报告；

d. 生产工艺和设备平面图、防治污染设施竣工图纸以及市环境监理所提供《排污口标志分布图》；

e. 项目工程总结报告［该总结报告应有环保专用章（节），说明设计要求的防治污染设施的完成情况、试运行效果、出现的问题及原因和已采取的改进措施等］；

f. 工程决算报告（含防治污染设施工程决算内容）；

g. 防治污染措施的操作规程、岗位责任制及维修保养制度；

h. 符合填报要求的“建设项目竣工验收申请报告表”；

i. 主管局或总公司环保机构对项目环保验收预审的意见；

j. 项目限期生产或使用的计划及保证书；

k. 违章项目应提交环境保护行政处罚决定书和接受行政处罚证明材料；

l. 表格资料应填写清楚，不能缺项或缺盖公章；

m. 建设项目环境回顾评价报告书。

具体流程如下：

a. 申请实物试运行具备的主要条件:经环保部门同意建设的项目;“三废”治理工程与主体工程应同时建成,并具备运转能力;备齐符合试运行要求的资料。

b. 完成各排污口的规范化管理。

c. 具备试运行条件的项目,由市环保局直接在申请报告上加盖批准实物试运行期限的印章。

d. 试运行期内应完成建设项目防治污染设施的调试工作;完成由市环境监测部门对建设项目各排污口进行的监测工作;完成建设项目正式投产的验收申报工作。在试运行期内未能完成上述工作,需延长试运行期的,必须书面提出未能完成上述工作的原因及消除这些原因的整改措施。

申请建设项目验收条件:

a. 在批准调试期(试运行期)内,达到项目设计能力85%以上者;

b. 经指定环境监测部门测定,各排放口污染物浓度和总量符合规定要求;

c. 备齐符合验收要求的资料。

凡符合条件竣工验收项目,市环保局直接在“广州市建设项目环保设施竣工验收申报表”有关栏内加具批复意见,或签发《广州市建设项目临时排污许可证》。

未经环保部门同意(试运行)验收,项目不得(试)生产或(试)使用。

2.5 信 息 管 理

2.5.1 信息管理的概况及含义

信息是一个内容丰富、运用普遍、含义又相当模糊的概念,在人们的实际生活和工作中,每个人时刻都在与信息打交道,都在不断地接收信息、加工信息和利用信息。随着社会经济和科学技术的迅速发展,信息在管理中的地位越来越重要。

要对信息一词作出确切的定义是很困难的。信息概念广泛渗透各门学科之中,因此可以根据各学科自身的特点为信息作出各种各样的定义。

信息、消息和信号之间有密切联系。信息常以消息形式表现出来,并通过信号来传递,但是三者之间又是有区别的,消息有可能包含甚为丰富的信息。信息是给人们带来新知识的消息,消息是外壳,信息是消息的内核。信号是携带信息的载体,信息则是这个载体所携带的内容,同一种信息可用多种信号来表示,一种信号也可能用来传递多种信息。信息和数据也是有区别的,数据是对某种情况的记录,包括数值数据(例如各种统计数据)以及非数值数据两种,后者如各种图像、表格、文字和特殊符号等;而信息则是经过加工处理后对管理决策和实现管理目标或任务具有参考价值的数据,它是一种资源。

作为资源的信息具有如下特点:

(1)信息与决策是密切相关的,正确的决策有赖于足够多的可靠信息,而信息又是通过决策来体现其自身价值的;

(2)信息可影响甚至决定组织的生存,能够给组织带来收益;

(3)获取和利用信息时往往要花费一定的费用成本,正因为如此,信息利用者就必然会考虑到他们的花费对改进管理带来的功效是否合算,从而来决定要否获取和利用该信息;

(4)信息往往具有很强的时效性,延迟的信息可使其功效减少或全部消失,甚至可能起到截然相反的作用。

总体总包信息管理的内涵是在设计管理中,对信息的收集、整理、处理、储存、传递与应用等一系列工作的总称。信息管理的目的就是通过有组织的信息流通,使总体总包管理者能及时、准确地获得相应的信息。为了达到信息管理的目的,就要把握好信息管理的各个环节。例如,了解和掌握信息来源,对信息进行分类;掌握和正确运用信息管理的手段,如计算机、网络等;掌握信息流程的不同环节,建立信息管理系统。

1)总体总包信息管理的原则

(1)标准化原则

要求在项目的实施过程中对有关信息的分类进行统一,对信息流程进行规范,产生的控制报表则力求做到格式化和标准化,通过建立健全的信息管理制度,从组织上保证信息生产过程的效率。

(2)有效性原则

总体总包管理人员应根据不同层次管理者的要求对其信息进行适当加工,针对不同管理层提供不同要求和不同浓缩程度的信息。例如,对于项目的高层管理者而言,提供的决策信息应力求精练、直观,尽量采用形象的图表来表达,以满足其战略决策的信息需要。这一原则有利于保证信息产品对于决策支持的有效性。

(3)定量化原则

建设工程产生的信息不是项目实施过程中产生数据的简单记录,而是经过信息处理人员的比较与分析的结果。采用定量工具对有关数据进行分析和比较是十分必要的。

(4)时效性原则

考虑工程项目决策过程的时效性,建设工程的成果也应具有相应的时效性。建设工程的信息都有一定的生产周期,如月报表、季度报表、年度报表等,这都是为了保证信息产品能够及时服务于决策。

(5)高效处理原则

通过采用高性能的信息处理工具(如工程信息管理系统、变更管理系统等),尽量缩短信息在处理过程中的延迟,而项目管理人员的主要精力应放在对处理结果的分析和控制措施的制订上。

(6)可预见原则

建设工程产生的信息作为项目实施的历史数据,可以用于预测未来的情况。管理者应通过采用先进的方法和工具为决策者制定未来目标和行动规划提供必要的信息。

例如,轨道交通工程勘察设计工作是一项庞大的系统工程。参与勘察设计的工种、专业、力量众多,在设计过程中相互衔接和相互制约,同时与城市各主管部门、沿线相关单位紧密联

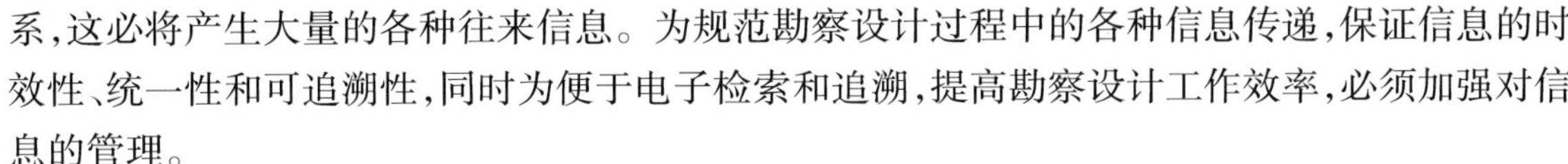

系，这必将产生大量的各种往来信息。为规范勘察设计过程中的各种信息传递，保证信息的时效性、统一性和可追溯性，同时为便于电子检索和追溯，提高勘察设计工作效率，必须加强对信息的管理。

2）信息管理系统

（1）图纸、资料管理数据库与阅览室

①设计方的技术文件、资料、图纸的最终成果，归口业主统一管理；过程技术文件、资料、图纸，归口总体总包单位统一管理。

②为提高过程性资料的使用效率和减少浪费，业主设立工程资料阅览室，凡能够在网上和阅览室查阅的资料和文件，原则上应在阅览室查阅，不再另行提供。

③设计总体总包、各工点设计单位负责充实阅览室的资料，及时将有关资料提交总体总包资料阅览室，包括设计管理制度、管理规定、基础资料（包括设计工点设计单位收集的资料）、技术资料、指令、工作联系单、会议纪要等。

（2）图纸、资料的格式和发放

①执行业主制定的设计文件、图纸、资料的发放、回收和验收制度及项目编码的有关要求。施工设计图纸必须通过设计监理审查后发放，施工图设计单位不得直接提供给施工单位。

②总体总包单位按照档案、资料管理的有关规定，制定工程设计文件图纸的统一格式，下发给分项工程设计单位执行。

③设计方要按项目编码的有关要求进一步编制文件、图纸编码。

④对于初步设计和施工图设计的成果文件，设计过程中间资料和信息按业主规定的标准化格式制成电子文件提交。

⑤所有互提的资料、图纸、文件和信息由专人进行交换和管理，并进行登记造册，做到所有来往文件均能够上网待查，提高工作效率，同时避免不必要的浪费。

⑥设计方根据设计变更情况，定期（每季度）列出作废的图纸、资料清单，报业主进行回收，确保工程不因使用不当设计图纸、资料产生质量问题。

（3）工作内容

包括设计文件管理、文件收发管理规定的制定和执行，有关会议纪要、设计简讯的编写和发送以及勘察设计统计工作等。信息来源有三种途径：一为通过函件掌握信息；二为通过会议掌握信息；三为通过汇报、调查掌握信息。

①设计文件信息。

根据轨道交通设计文件信息自身特点和管理要求，设计文件信息可分为设计管理信息和正式设计成果两大类。

a. 设计管理信息是指业主、总体总包单位以及各工点设计单位在承担地铁工程中所传递的信息，如中间资料（含电子文件，不包括正式设计成果）。为了加快信息流通速度，总承包单位将采用书面资料、传真、发电子邮件、电话等方式与工点设计单位沟通，但以盖有业主或总体总包单位专用章的书面资料为具有法律效力的正式文件，其他只供参考使用。各工点设计单位应提交各项目负责人及设计人员的手机号码、单位电话、传真号码、电子邮箱、住址等相关信息，以便业主、设计监理单位、总体总包单位管理需要。

b. 正式设计成果是设计活动的最终成果，主要包括设计说明、设计图纸和技术总结等（含电子文件）。总体总包单位对工点设计单位提交的所有正式设计成果进行审查和督促，设计成果输出的内容、质量、格式、编码、数量、装订等应符合要求；工点设计单位提交的设计成果须经过总包单位、设计监理单位审查确认，并加盖专用章，之后才能上交业主。工点设计单位应定期（每季度初）列出作废的图纸和资料清单，避免工程因使用不当的设计图纸和资料产生质量问题。

设计管理信息是设计管理过程中发生的过程信息，范围涵盖设计管理的全过程，包括合同、质量、进度和投资等各个方面，其内容最终将反映在正式设计成果中；正式设计成果是设计管理活动的最终成果，仅反映设计管理信息中最新的有效信息。

②收发文件、信息。

收发文件、信息是指在轨道交通工程设计中的管理工作文件和各类技术文件，包括收文和发文。

文件的主送与抄送责任要明确，主送单位应有问必答，负责落实和跟踪。抄送单位要知晓了解文件内容，可以进行跟踪，但不负延误责任及问题的主要责任。

工点设计单位与设计监理单位（或总包单位）交换不涉及全线的技术文件，可以直接互发，不需通过总包单位（或设计监理单位），但需抄送总包单位（或设计监理单位）。如涉及全线或多个工点设计单位的文件，必须通过总体、总包单位（或设计监理单位）确认后再下发。

工点设计单位与业主（或总包单位）交换的技术文件可以直接互发，不需通过总包单位（业主、设计监理单位），但需抄送总包单位（业主、设计监理单位）。

各工点设计单位、设计监理单位提交设计依据文件时，须将纸质文件和电子文件同时提交，同时必须使用总包单位规定的统一"工作联系单"，交接时应有收文单位的签收记录。电子文件提交方式详见"电子文件格式的统一规定"和"互提资料管理办法"。符合要求的技术文件按轻重缓急程度分为以下几种：

a. 重要文件和会签文件——送项目经理、总体组、总包组组长审批会签，总包组计划调度、督办、跟踪文件传递，及时反馈意见，每月立卷归档。

b. 一般技术文件——将文件分类、编号后送总体组、总包组组长及有关的总体组副组长阅示处理、督办（总包组计划调度协助）、跟踪文件执行情况并整理、汇总文件处理结果，每月立卷归档。

c. 急件——根据类别在送项目经理或总体、总包组长阅示处理的同时，复印给承办单位或承办人以便及时处理。

收文流程如图 2-10 所示。

为加快文件传递的速度，及时将各类技术信息和要求下达到有关单位，首先将文件的电子文件（或传真）发到有关单位的电子邮箱，有关单位必须建立每天通过电子邮箱（或传真）检阅最新文件的制度。发文必须使用总体、总包单位统一的"工作联系单"，事后及时补办纸质收发文手续。发送的电子文件必须与正式的书面文件内容完全统一，每月立卷归档。

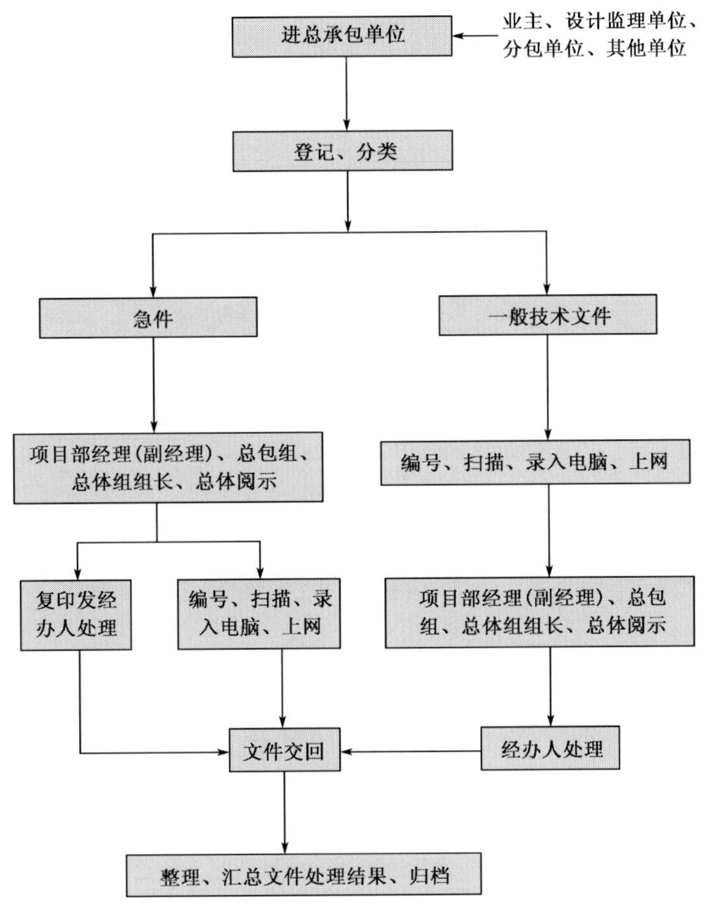

图 2-10　收文流程

发文流程如图 2-11 所示。

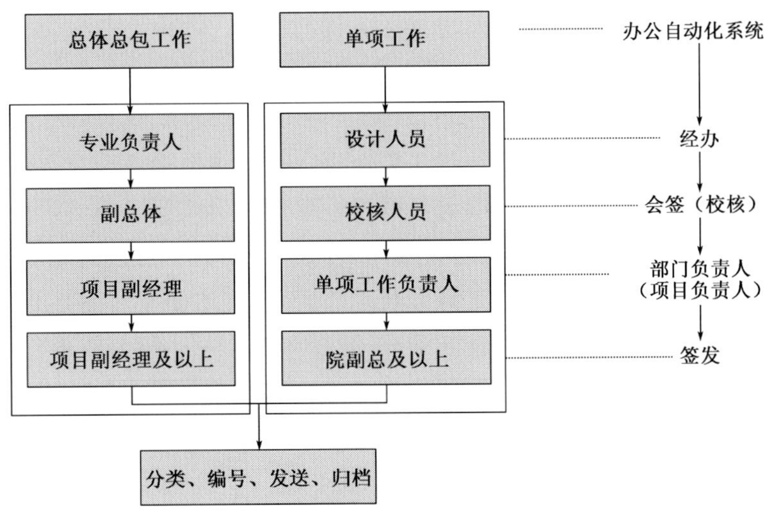

图 2-11　发文流程

依据掌握的设计工作信息，于每月末编制《设计简讯》，发送业主、设计监理以及相关单位。

③图纸收发流程。

图纸收发流程如图 2-12 所示。

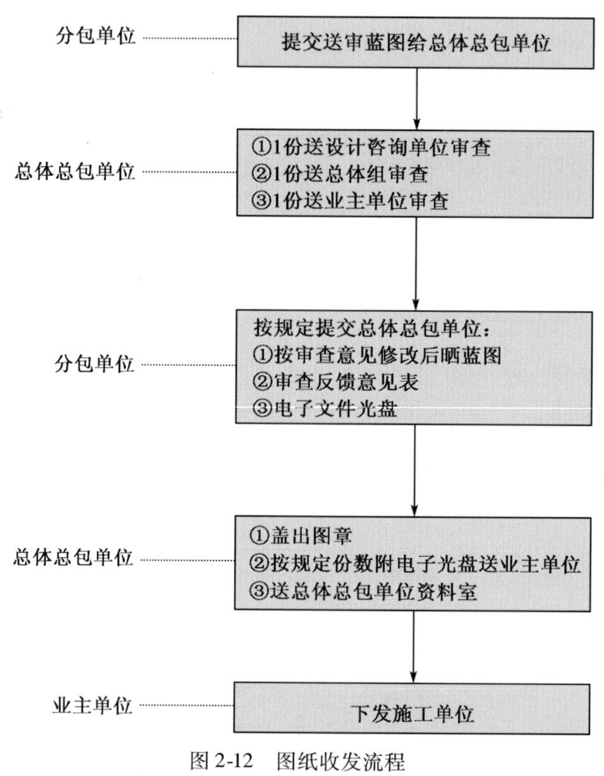

图 2-12 图纸收发流程

④会议制度。

a. 设计工作例会。每月安排一次，将每月第一周的星期一固定为业主、总体总包单位与各工点设计单位召开设计工作例会时间。会议的主要目的是检查设计工作完成情况、人员组织落实情况，通报设计过程中存在的各种问题，提出下一步工作要求，对设计工作中遇到的困难、问题，提出解决的办法和建议。各工点设计单位应以书面方式汇报进度及存在的问题，对能解决的问题在会上解决，会上不能解决的问题召开专题会议。会议要形成会议纪要分发给各方。

b. 设计工作协调会。根据设计计划执行情况，适时召开各工点设计单位协调会，协调各单位、各系统、各工点的设计进度，安排工点设计工作，以达到均衡生产的目的。检查通报设计计划完成情况、工点设计单位人员组织落实情况、对总包单位下达指令的执行情况等。协调解决设计过程中存在的问题，对设计工作中遇到的困难、问题，提出解决的办法和建议。总包组提前一天下发设计工作协调会通知。

c. 总包单位于每周六召开一次总包组人员参加的设计工作周例会，或根据不同阶段的设计工作及设计计划执行情况适时召开专题会议。会议主要内容是检查设计工作完成情况，通报设计过程中存在的问题，提出下一步工作要求，协调解决设计过程中存在的问题，对设计工作中遇到的困难、问题，提出解决的办法和建议。

d. 所有会议都要有记录，必要时形成会议纪要。会议纪要作为指导设计工作的依据，各单位都应认真执行。重要会议应邀请业主和设计监理参加，并将会议纪要抄报业主、设计监理，同时抄送各有关工点设计单位。

⑤汇报制度。

a. 各工点设计单位在执行计划中遇到问题，应及时以书面形式向总体、总包组汇报。重大问题召开有关会议或通过业主解决，确保设计按计划进行。

b. 每月25日前各工点设计单位应将本月完成的生产计划情况及其他相关事宜写出书面材料，报告总包组并抄报设计监理单位。总包组于次月上旬将上月完成的生产计划等情况书面报告业主，抄报设计监理单位。

c. 每季度最后一月的30日前，各工点设计单位应将本季度人员到位、完成生产进度及自我考评情况等事宜，写出书面总结材料上报总包组。总包组结合巡检情况汇总后于次月上旬书面上报业主，同时抄报设计监理单位。

⑥加强信息管理的方法措施。

a. 建立信息管理组织网络，参与本工程的所有设计单位均应设置专人并配备专用设备进行工程项目的信息管理。

b. 信息管理人员应做到耳灵、眼灵、腿快、手快，及时了解掌握各种信息，并尽快输入计算机以便及时查找、使用。

c. 引导参加工程设计的工作人员重视信息管理，及时向信息管理人员提供各种信息，提高信息管理的实效性和准确性，并充分利用信息，努力做到随时掌握新情况，为顺利开展设计工作提供信息支持。

d. 按照信息的类别、来源等分别建立管理台账，以便于信息和资料的查阅。台账的内容应包括来文单位、文件编号、文件内容、处理情况以及是否输入计算机进入阅览室等。

e. 信息管理负责人要及时分析信息，为领导决策提供信息支持和参考意见。

2.5.2 各设计阶段的信息管理内容

1) 总体设计阶段

总体设计阶段信息管理流程如图2-13所示。

总体设计阶段信息管理的主要内容是收集、整理基础资料、外部条件的信息，以及在总体设计文件编制过程中流传和反馈的信息，以用于稳定线位站位方案、确定系统构成与系统功能、确定运营规模、理顺纵向关系、明确横向接口、落实工程

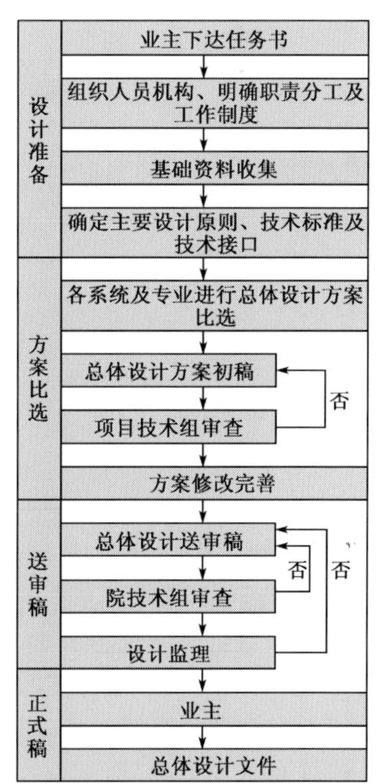

图2-13 总体设计阶段信息管理流程

方案、筹划合理工期和控制投资总额。具体如下：

(1)确定设计原则和主要技术标准。根据运营要求拟定体现服务、效率和成本最佳组合的运营组织管理方案。

(2)完成总图设计和系统能力配套,以及土建、设备等各系统的功能集合和整合。

(3)突出工程总体筹划方案,确定合理工期,框住投资估算。

2)初步设计阶段

初步设计信息管理流程如图2-14所示。

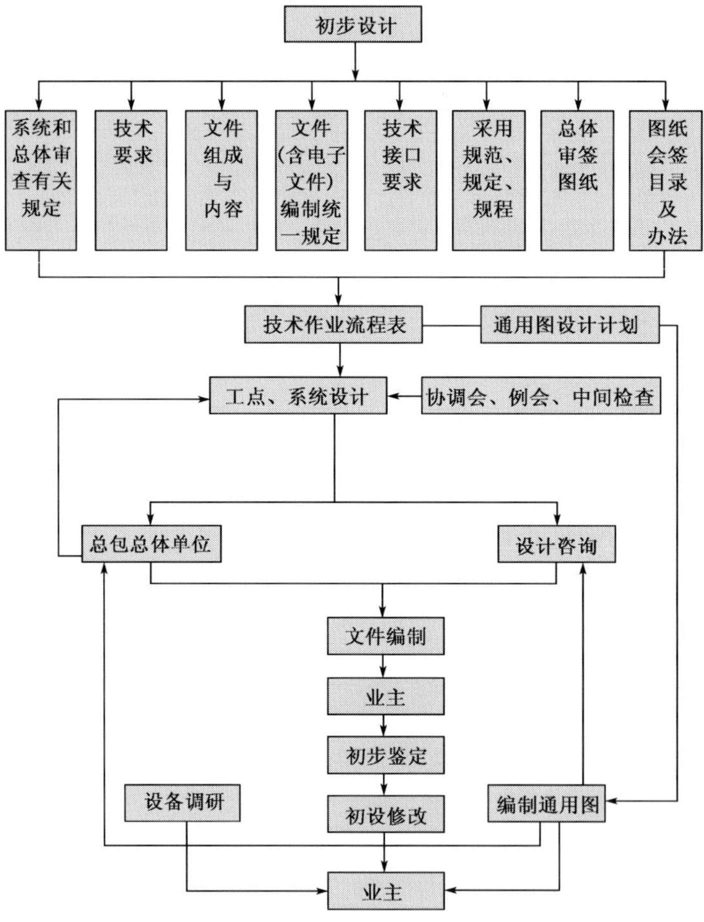

图2-14　初步设计阶段信息管理流程

本阶段信息管理的重点在于各个流程过程中信息的收集、整理、处理、储存、传递与应用,包括文件的收发、工作联系单位的收发、资料管理、设计考核及会议记录等。具体内容要求如下：

(1)设计文件技术要求、文件编制深度与统一规定等指导性文件。

(2)工程测量、岩土工程勘察技术要求和初勘资料的确认。

(3)初步设计总体设计原则、各专业设计原则、方案及设计图。

(4)线路路径、行车交路、车站位置及规模等重大技术方案确定及技术经济比较工作。

(5)全线各站客流设计、行车组织和运营管理设计。

(6)线路平、剖面设计及辅助线配置(车场线、折返线、存车线、车辆停放线)。

(7)车辆选型及各项技术参数的确定。

(8)限界设计、各种类型隧道断面和建筑限界尺寸。

(9)高架线路车站及区间设计方案(区间的桥式及梁部结构方案)。

(10)地下结构设计、防水及施工方法的比选与确定。

(11)消防系统的设计原则。

(12)环控系统布置方案。

(13)通信设计方案和技术标准,各通信子系统的推荐方案。

(14)信号的主要设计方案和运营模式。

(15)BAS(building automation system,设备自动化系统)及FAS(fire alarm system,火灾报警系统)系统设计方案。

(16)弱电智能化方案。

(17)自动售检票设计方案。

(18)供电方式、供电制式以及牵引变电设备布置方案的比选与确定。

(19)接触网(轨)的方案研究。

(20)车辆段总平面布置与工艺设计。

(21)综合管线设计。

(22)概算编制办法和编制原则、概算单元划分、统一采用定额和取费标准。

(23)机电设备系统的国产化研究及实施方案。

(24)全线征地拆迁、管线迁改和交通疏解方案。

(25)组织编制用户需求书。

(26)编制招标文件中有关技术部分。

(27)内外部接口条件的落实情况与系统、工点、专业接口的一致性与协调性。

(28)组织编制土建和机电设备系统通用设计图,并对其进行审查。

(29)设计"接口"管理。此阶段接口管理应重点注意影响土建设计和土建规模主要设备系统的房屋布置和面积要求,扶梯及电梯、空调、通风、变配电等设备的荷载要求,预留孔洞的初步设计参数关系等。

3)施工图设计阶段

施工图设计阶段信息管理流程如图2-15所示。

本阶段信息管理的重点在于加强落实各个流程过程中信息的收集、整理、处理、储存、传递与应用。由于施工图的内容和深度要求最高,信息管理的工作量很大,应重点关注以下内容:

(1)设计方案是否执行了初步设计审查意见,是否体现初步设计批复精神。

(2)建设单位及其主管部门的要求和批示。

(3)施工图的内容、深度是否符合设计合同要求和设计规范。

(4)地质详勘资料的确认。

(5)车站建筑概念设计和方案设计。

(6)各专业设备产品与型号全线是否统一。

(7)全线施工组织设计原则及工期要求。

(8)综合管线。

(9)环境保护和劳动安全卫生措施是否落实。

(10)审查各项设计及设计文件。

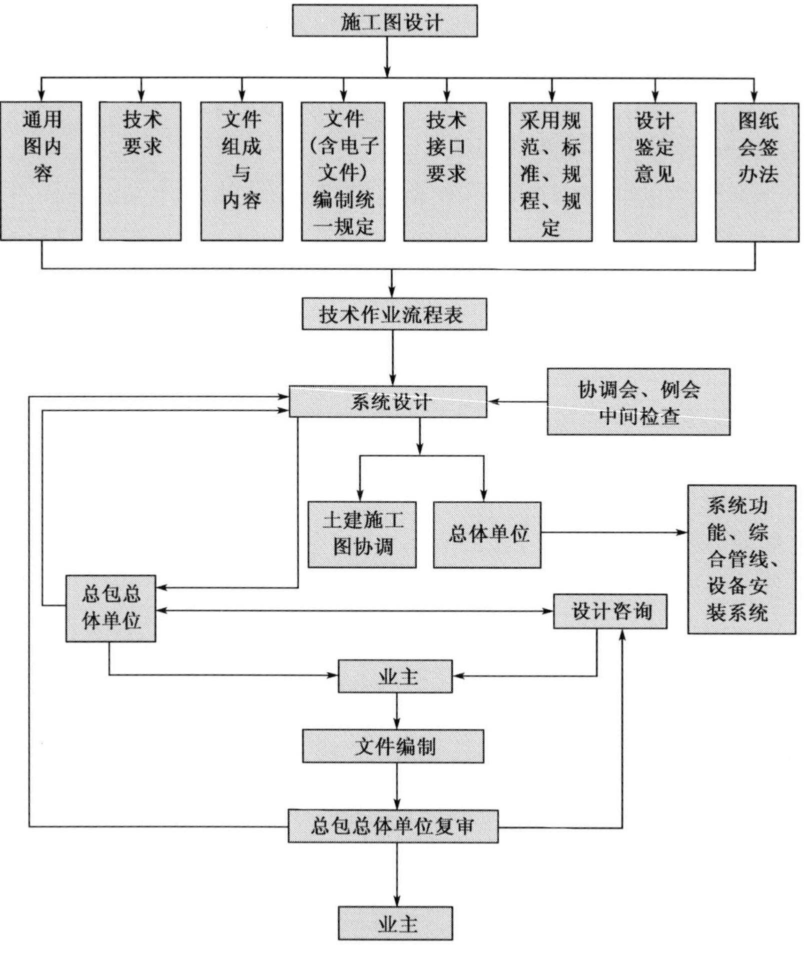

图 2-15　施工图设计阶段信息管理流程

此阶段的接口管理的重点应核实影响土建设计的设备荷载、房屋布置和预留孔洞位置的确定,关注综合管线的协调与绘制及综合管线影响土建预留孔洞的信息反馈和修改,核实各设备系统之间的接口关系和接口位置的全面性、准确性和正确性。设备系统与装修的接口要做好相互之间的确认记录,以保证设计文件的可实施性,提高可操作性。

4)施工配合阶段

施工配合阶段信息管理流程如图 2-16 所示。

本阶段信息管理工作的重点为检查施工配合人员的到位和处理技术问题的能力,分析、研究工程变更原因,控制变更设计的投资,确认变更原因和采取变更措施的正确性和可行性。

搞好接口管理,保证施工顺利进行。接口管理重点应做好有关专业"接口衔接"中所出现问题的协调工作,尤其侧重于预留沟、槽、管、洞的衔接和设备系统与装修之间接口中所出现的问题,并分析原因,找出对策,总结经验教训,提出改进措施并写入相关管理文件和制度中。

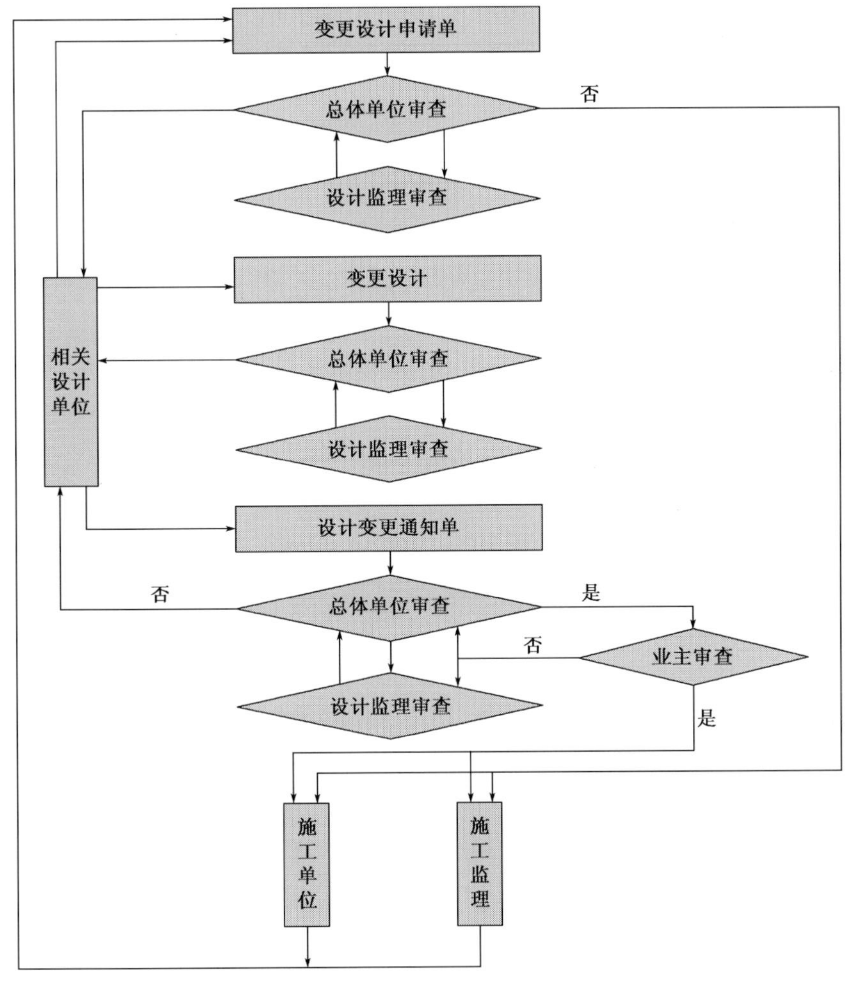

图 2-16 施工配合阶段信息管理流程

2.5.3 信息管理的现代化手段

城市轨道交通是一个复杂的系统工程,投资大、系统多、技术密集、建设周期长。一般的项目会涉及 20 多个子系统,近 40 个专业,而且随着建设模式及技术的不断创新,所涉及的领域也会不断增多。项目建设周期少则 2 ~3 年,多则 5 ~6 年,在长时间的项目建设过程中会产生大量的信息,这些信息的管理是项目管理的一个重要的组成部分,体现了项目管理的水平。从信息技术发展的现状来看,采用计算机技术将促进城市轨道交通项目的信息化管理实施。

1)软件系统

项目信息化管理的系统构思是充分利用现代化信息技术,创建以数据库为核心,信息数据的有序管理为主线,WEB 技术为基础的项目协同工作平台,实现网络、远程通信和数据库的集成化设计;建设以实现城市轨道交通项目总体总包的全方位、全过程综合管理系统,对内容繁多和接口关系复杂的系统实施高效管理,实现项目部与业主及各分包单位的"零距离"接触和异地办公;建立一套完整的项目和文件管理树状结构,将严格的权限管理和每个业务管理模块中的数据充分共享有机地结合,在系统授权下,各种数据可以方便地录入、上传、下载和维护。

系统将实现合同管理、计划管理、进度管理、质量管理、技术管理、文档管理、信息管理和分包单位管理等功能,提高工作效率和管理水平。

软件系统的设计原则:

(1)安全性、可靠性

安全、可靠是应用系统的灵魂。一个极小的差错,都有可能造成整个系统的瘫痪,甚至会给项目带来巨大的损失。因此,系统设计必须把安全性、可靠性、容错性放在首位。

(2)开放性、标准化

综合性管理信息系统的生命力在于其开放性,它能提供一个开放的通用性平台和一个开放的数据库结构,不仅能满足当前的需求,同时又能适应今后新技术的发展和业务管理需求的调整、变化。因此,系统设计应将开放性置于重点,提供标准化数据接口,为与技术资源管理等分系统的集成和下一阶段的开放创造良好的条件并预留空间。

(3)简单性、实用性

系统设计应尽量简单、灵活,易于管理,便于用户掌握和操作,真正达到实用、有效。

(4)先进性、成熟性

信息技术的发展日新月异,不仅要求管理信息系统的建设符合新技术的发展方向,保证其先进性,而且应优先采用成熟的计算机技术,保证系统的稳定运行。

2)硬件系统

广域网:该系统建立的网络系统为项目提供全方位的信息服务,使公司本部、业主、其他分项设计单位和项目现场不同区域从事项目管理的团队协同执行更为有效,并可以提供 Email、FTP、www 上网模式下数据库文件与外设共享及特殊的应用服务,实现项目所有人员的远程通信和信息共享。

局域网:在本部局域网的基础上,在现场建立局域网并实现与本部的网间互联,使现场各管理岗位之间能够共享信息,同时使本部与现场任一台计算机都能够相互通信和共享资源。

2.5.4 广州轨道交通设计信息管理系统简介

2002 年 12 月 16 日用于广州轨道交通二号线工程的 Windchill 设计管理系统正式上线成功。此系统的成功上线对提高广州轨道交通工程设计、建设以及全生命周期的管理水平发挥了积极作用,同时开创了国内轨道交通行业中利用信息化手段进行工程项目设计管理的先例。

此次采用的是基于美国公司 PTC(Parametric Technology Corporation)的 PLM(product lifecycle management,产品全生命周期管理)技术的 Windchill 系统。PLM 是一种能够极大优化企业价值链的技术,对从产品概念和规划到产品最终报废以及其中包含的每个周期的信息进行管理,并促进信息的交流与协作。其以 Web 为核心架构统一的数字化技术,使不同成员在实施的每一阶段均能保证得到最新正确的同步信息。广州轨道交通在设计和施工阶段需涉及众多单位及庞大的数据,Windchill 系统对于广州轨道交通多条线路在设计、项目管理以及施工中所涉及的众多不同的单位和庞大的数据等方面,发挥了极大的作用。

广州轨道交通以 Windchill 系统搭建了一个工程设计和工程管理的电子平台,将大量异构数据进行统一处理和管理,有助于实现所有工程图纸电子化,令众多离散的设计合作和协作单位能够同步使用最新工程信息,并在信息发生变更时及时告知相关设计单位。此外,在今后广州轨道交通长期运行中,Windchill 技术还将持续发挥数据管理的作用,为其提供全生命周期的技术支持服务。

在以往的工程建设设计管理中,由于缺乏统一的数据平台,文件及图档报表基本依靠纸张传递或通过磁盘进行数据交换,通过手工进行管理。因此,在工程信息管理方面效率较低、实效性差,参与工程设计的各方人员难以快速找到最新数据,对图纸和工程变更的审批流程难以进行有效地实时监控,存在不能保留数据变化的历史记录的弊端。随着轨道交通线路的增加,工程信息管理要为提高设计管理效率服务,这对管理手段和工具提出了更高要求。

与总体总包设计管理相关的子系统为 PDM(product data management,产品数据管理)系统,主要用于设计成果与部分设计过程的管理,包括设计文件和图纸的管理、设计变更的管理以及工程量清单和设备清单的管理。负责工程设计管理的员工和需要查询设计图纸、文件的员工都可以使用 PDM 系统。按不同的角色,用户可以划分为:

(1)数据录入用户。设计院是数据源头,各工点单位负责按照要求填报数据(图纸、变更等),总包单位负责设计图纸、设计变更报告的录入工作。涉及流程的部门或单位包括设计总包单位、设计咨询单位、业主建设总部、财务总部、工程预结算部、总公司总工程师室和总公司领导。

(2)查询用户。希望查询设计图纸、设计文件的部门可以申请查询账户使用系统。

首先,PDM 系统是一个大资料库,将轨道交通设计的成果集中保存。目前,PDM 系统中已经有 50000 多份资料,包括三号线、四号线、广佛线、二号线延伸段的图纸资料。通过 PDM 系统可以方便、快捷地进行文件查询;通过 20 多种属性的组合查询,可以方便工程管理者的工作;同时,使用 PDM 系统可以方便查看 AutoCAD 等 250 多种图形文件,仅需做简单配置,而不需安装众多的绘图、看图软件。

其次,在设计变更管理方面,通过规范的数据填写,系统自动创建设计变更申请报告,并建立与需要变更图纸的关联关系,方便管理者查看。集中管理设计变更,可以通过系统实时掌握设计变更报告的审批情况,还可以通过报表功能实时产生报表,满足管理需求。

随着 PDM 系统的不断完善,最终实现了如下功能:

1)文档管理

按照“项目-标段-工点-设计管理信息/正式设计成果-文档/图档”的方式组织文档编目,采用统一编码,建立和维护项目的基本信息。

对各种项目文档,包括项目管理信息、业主文件、总体总包文件、分项单位文件、正式设计成果、设计技术规定、设计说明、设计图纸等进行集中管理;文件可根据标段、工点、各种编码及其他关键字段进行查询和检索，对 Word 文档实行全文检索。

2）合同管理

按照标段对合同信息及文本进行管理；对合同执行（支付）情况进行管理，建立台账，进行统计和查询；对合同履约情况实施动态控制。

3）进度管理

按照工点对项目进度进行管理；借助于计划进度软件，编制工程设计总进度、分阶段进度、单项进度计划，录入计划执行情况并与计划进行对比，绘制进度计划表；以项目例会的纪要、设计巡检文件的形式反映项目进度，建立"计划任务追踪栏"，记录需要追踪的议定事项。

4）质量管理

建立和维护职责体系、质量管理办法及工作流程等，对各单项设计质量进行评定。对设计变更文件进行管理；实现设计变更申请、变更通知的上传和转载，根据变更标记，查找相应版本的文件。

5）技术管理

建立本工程的设计标准及统一规定、定型/标准图、软件库等图文档案管理系统，为设计人员提供参考资料和依据；对设计工作表单文件进行管理；对设计评审、设计接口、总体及系统审定进行控制。

6）投资管理

对项目投资进行限额设计，将实际执行情况与限额进行对比分析。

7）分包管理

按照标段对分包单位的信息进行管理；对设计资源配置、设计进度、设计执行和配合、设计文件质量和配合施工情况等进行考核和评定。

8）施工管理

对工程前期及施工准备阶段的各种信息进行管理，对施工过程控制的各种信息进行管理。

9）采购管理

对采购过程中的各种信息进行管理。

10）日常管理

按照工点对总包单位在分包现场人员的工时进行登记和汇总；对会议进行管理；通过网上办公机制，实现系统内部用户间的信息与文件传阅；建立工程相关单位及个人的"通讯录"。

2.6 后勤服务管理

2.6.1 后勤服务内容

1）文件处理管理

文件处理管理主要是指项目总体总包单位与外部的文件往来处理过程的控制，主要包括与业主、分包单位等的正常公文、技术性文件（如技术性函件等）的发文和收文处理过程，而设计正式图纸类的管理一般纳入信息管理。

2）会签管理

会签管理是指在项目总包组织下，总体对各工点及系统单位设计单位提交的设计图纸和用户需求书等阶段性技术文件进行确认的过程，是总包单位组织的设计总体对工点按审定方案完成的设计文件所进行的第一层次的审查确认（后面还有咨询单位、业主，甚至是政府部门的各级审查），一般发生在工点设计单位交付文件阶段，其主要目的是组织专业总体（即“总体组中专业负责人”）对设计文件是否符合阶段提交文件的要求（如完整性和统一性）以及与相关专业的接口是否落实（接口匹配性）等内容进行检查，一般情况下需进行两次会签才能满足要求。

3）巡检管理

巡检是轨道交通总体总包管理服务过程中，总体总包单位组织进行的，业主和咨询单位参与的，对工点设计情况进行检查的过程，始终贯穿初步设计及以后各阶段总体总包管理服务的全过程，其目的是检查各工点和系统设计单位当前的设计工作按计划进展情况、存在问题及解决问题的安排、人力投入是否满足计划要求等内容。巡检管理对巡检的相关要求进行了规定，因此与之相关的活动均应纳入该程序进行管理。

4）施工配合管理

总包施工配合管理是由总包管理机构为掌握全线施工进度和设计施工配合情况而进行的管理过程，贯穿于工程实施过程直至试运营结束，主要是总包组织的总体组施工配合人员了解各工点施工进展情况、各工点设计单位对施工的配合情况（人员到工地情况、现场解决问题情况等）、施工过程中存在的问题（特别是共性问题）、施工变更通知的办理情况等。在了解上述情况后，对存在的问题及时进行协调解决，因此与之相关的活动均应纳入该程序进行过程控制。

5）其他（包括审查等各种会议等）

其他总包管理服务一般情况下是应业主的要求而提供的服务，可能包括以下相关内容：

（1）筹备与本工程设计有关的审查、评审会议，并负责会务工作。

（2）负责办理业主组织的与工程有关的出国（境）调研相关事宜和手续。

（3）负责组织各设计单位开展生产劳动竞赛。

（4）总包组织的相关活动。

2.6.2　后勤服务流程

1）文件管理

（1）收文处理

收文处理过程：总包收文窗口收到文件登记入册后，填写文件处理单（或上传到信息化系统）送总体提出拟办意见；总体处理完文件后，将文件按总体批示送达相关人员（副总体、专业总体）进行处理（函复/汇总/审核/落实/传阅等），处理意见如需进行方案审查，则按方案审查程序处理；相关人员处理完文件后，将文件处理意见反馈给总体，视情况组织落实（方案审查、函复等）；文件处理完成后进行归档及汇总处理。

具体后勤服务收文处理流程如图 2-17 所示。

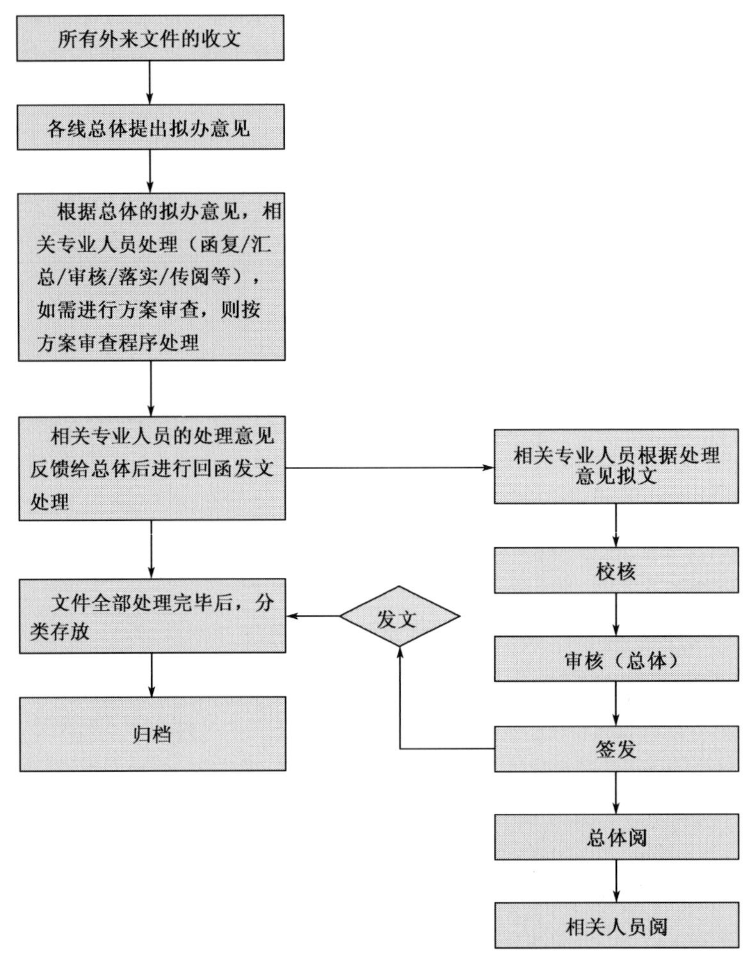

图 2-17　收文处理流程

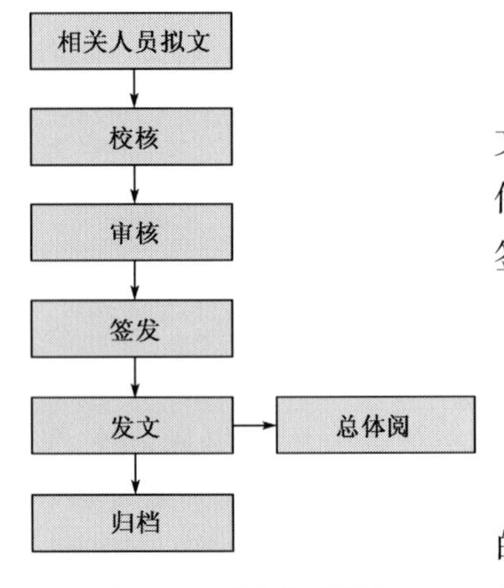

图 2-18　发文处理流程

(2)发文处理

发文处理过程:拟稿人拟出发文内容,拟稿人将拟好的文件送直接分管副总体或专业主任工程师校核,校核后的文件送总体审核确认或审核签发,完成审核后的文件送签发人签发,签发文件后文件由窗口发出并存档。

具体发文处理流程如图 2-18 所示。

2)会签管理

(1)会签处理过程

①设计文件总体会签是工点设计单位在完成设计成果的内部校核和审核,经相关专业会签后,提交总体单位进行总体审查的过程。

②总体审查的内容包括文件的完整性、技术标准统一、设计接口匹配与协调、总体下发的指导文件的执行、总体设计输入要求的执行等；而其他内容，如图面质量、设计计算、材料选择、工点内部接口等项目组内部审核工作范围内工作，属总体部抽查考核项。

③总体会签工作应由总包组织设计总体、总体部专业负责人及相关系统设计单位共同完成。

④各专业总体应按会签项目表和会签标准进行会签，在会签意见表中应签署明确的审查意见、处理要求以及是否可以出图等，避免多次会签。

⑤对会签提出的问题，在下次会签前，专业总体人员应负责检查和复核落实情况，直至相关审查意见得到落实后才放行。

(2)会签处理流程

具体会签处理流程如图2-19所示。

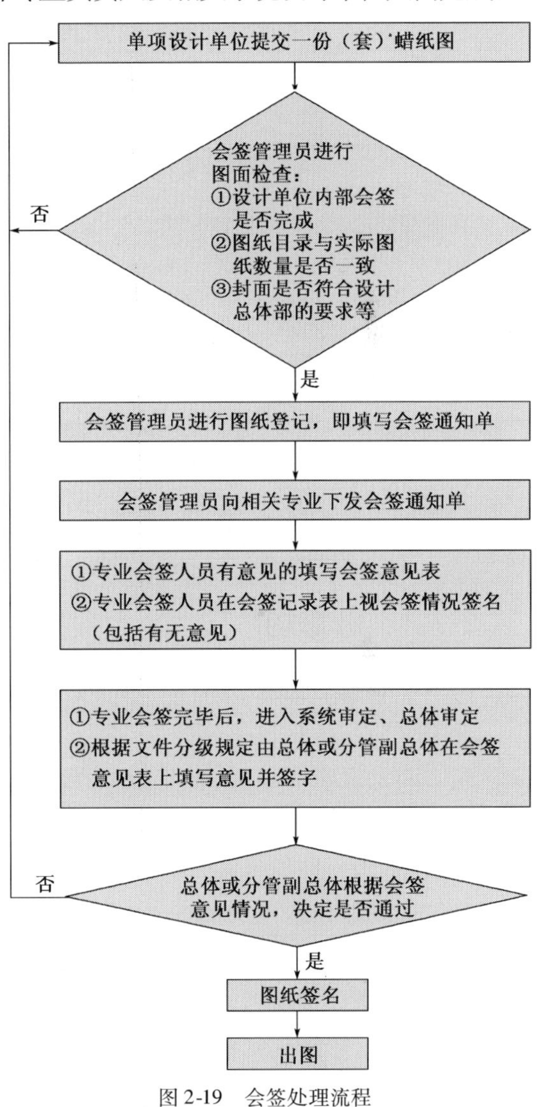

图2-19　会签处理流程

3)巡检管理

(1)巡检处理程序

①设计总包组每季度(可以根据设计阶段调整)通过设计巡检通知(书面或电子邮件)组织总体总包人员，联系业主和咨询单位相关人员对相关工点单位进行设计巡检。

②设计巡检的主要任务包括：检查工点单位的设计人员到位情况；检查工点单位的设计计划执行情况；了解工点单位在设计中存在的问题。

③设计巡检结束后，计划管理工程师根据设计巡检情况撰写"设计巡检纪要"，经设计总体审核、签发后，发至各工点设计单位执行，同时抄送业主、咨询及相关单位(或人员)，作为工点单位考核的依据之一。

(2)巡检处理流程

具体巡检处理流程如图2-20所示。

4)施工配合管理

(1)在工程的各施工阶段，设计总包组(即"总包工作管理组")每季度(可以根据实际情况调整)联系业主、咨询单位及总体组的相关人员对相关工点进行工地的施工配合。

(2)总体总包施工配合主要任务：

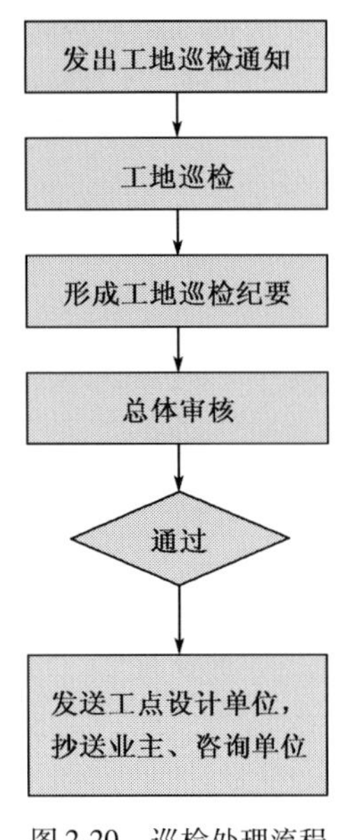

图 2-20　巡检处理流程

①了解施工工点设计单位图纸供应情况；

②了解施工工点的施工进展情况；

③了解设计人员的施工配合人员到位情况；

④了解设计人员解决现场问题的情况；

⑤了解由于设计原因引起的施工问题；

⑥跟踪设计变更办理。

(3)总体总包施工配合应及时解决现场反映的实际问题，为设计与施工单位提供技术或管理服务，当遇到重大技术问题和涉及总体设计原则时，则需及时报总体单位按相关技术方案评审程序执行，必要时报告业主。

(4)现场施工配合结束后，必要时计划管理工程师根据工地巡检情况撰写"工地巡检纪要"或填写相应的记录表格，经设计总体审核签发后，发至相关工点设计单位执行，同时抄送业主、咨询及相关单位(或人员)，作为工点单位考核的依据之一。

2.7　总包管理的内外部协调

2.7.1　协调类别

1)内外部协调的重要性

城市轨道交通项目是涉及近40个专业的复杂大型工程建设项目。总包管理涉及的内外部管理协调是保障多专业、多工点协调统一顺利开展设计的关键，相对于内外部技术接口而言，总包管理内外部协调是从制度和流程上控制技术接口的制度化、规范化和信息化的保障措施。

总包管理综合协调要求在项目设计全过程中对外部接口的时机和管理要有充分的把握；在优化设计方案、推进设计工作的同时，做好与市区规划、国土、建设、交通、消防、供电、市政自来水、环保、城管、安全监督管理、电信等政府事业部门的技术与管理流程的协调和各项报建工作，努力使项目达到规划满意、环保满意、业主满意(包括工程满意、乘客满意、运营满意)的目标。

总包管理内外部协调需要周密细致的项目管理能力。对设计项目总包管理协调工作进行周密细致的策划，建立高效、精干、稳定的管理班子和信息沟通渠道；通过细致的进度控制、及时的技术指导、严格的质量把关、科学的投资限额和周到的服务保障，充分调动可利用的资源，有效协调内外部管理接口，理顺流程和关系，按计划逐一落实各项工期控制关键点要求，确实保证项目建设管理目标。

根据轨道交通总包管理工作内容要求，建立完善的总包管理内外部协调机制，可有力保障轨道交通工程规划、立项、设计、建设工作的同步推进。如在总包管理外部协调方面，在与业主管理协调时，建立总包管理例会、月报、半年和全年总结等制度，确保与业主的良好沟通，充分理解业主的意图并贯彻落实；轨道交通工程与其他市政工程协调时，建立与政府部门顺畅的快速协调流程，可有效的协调解决好地铁与规划或建设中的市政工程之间的关系；在设计文件审查时，与轨道交通主管单位建立轨道交通项目设计审查标准流程，确保各设计阶段（工可、总体设计、初步设计）及各专项（消防、人防等）审查计划得以顺利落实，可有力保障设计计划的顺利推进；在规划报建时，与规划审批部门协商制订规划报建绿色通道报建程序，加快规划报建速度，可有力配合工程的实施；在与分包协调时，建立总体总包例会、巡检、会签等制度，确保及时协调解决各分包工点设计中存在的问题，从制度上保障设计的顺利推进。

2）总包管理内外部协调类别划分

与技术接口协调类似，只是协调的重点不一致，总包管理的内外部协调重点在于完善管理制度和流程，建立信息顺畅的沟通渠道。总包管理内外协调先于技术接口开展工作，为技术接口的具体协调铺平道路，是保障技术接口顺利推进的重要手段。轨道交通设计总包管理的协调也分为内外部协调，外部协调即与设计总体总包上级主管部门和下级分包设计单位之间的协调，而与平行组织（总包组内部及总体组）之间的协调则视为内部协调。

2.7.2 协调对象及主要内容

1）外部协调

根据轨道交通工程建设的特点，各阶段的设计总包管理所涉及的外部协调部门主要包括市发改委、市财政局、市审计局、市国土资源局、市交通局、市规划局、市环境保护局、市卫生局、市水利局、市园林管理局、市公安局、市市政管理局、市人民防空办公室、市安全生产监督管理局、市建设局、市供电局、市气象局、拆迁部门、项目业主（市轨道交通项目业主）、工程所涉及用地范围内所在区级政府部门和相关单位。总包管理各小组具体工作如下：

（1）合同管理

①与业主协商因项目各阶段需要开展的内外部专题研究的立项、审批及合同签订的相关程序及草拟合同等。

②与业主协商分包工作范围（各设计标段划分）及相应的设计取费，协助业主选择分包单位及负责管理分包合同。

③与业主协商制定合同执行情况（包括计划、人员、技术质量、投资、信息和报建等）的综合考核及奖罚办法，并制定设计合同支付流程。

④视业主的施工承包模式（施工合同方带设计单位时），协助业主参与相关设计部分费用的支付程序。

⑤与业主协商并制定适合项目的设计合同变更管理流程，并组织按确定的流程开展相关工作。

（2）计划管理

①在深入研究项目有关文件及资料基础上，与业主进行广泛、细致和深入的交流与研究，在满足城市总体规划、城市公共交通服务功能、环境保护和安全卫生以及建设工期要求的条件

下，制定项目各阶段的专题研究、总体设计及重要单项设计计划目标（里程碑）并组织落实。

②协助业主编制施工进度控制计划。

③配合业主检查项目总体计划执行情况。

④与业主协商设计计划变更管理办法并制定相应的管理制度。

（3）报建管理

①与项目业主协商制定项目具体的国家立项审批流程，同时配合项目业主、市发改委、财政局、国土资源局、规划局、环境、卫生、人防等部门完成项目国家立项所需的相关专题研究的相关审批流程。

②配合业主一起与规划、市政、消防、交通、电信、国土、水利、供电、环卫、环保等政府部门沟通，建立相关的报建流程，其中规划、消防、人防、交通、供电等几个重要部门的“绿色通道”报建流程至关重要。

（4）信息管理

①与业主协商其提供文件管理方式并制定相应的管理办法。

②与业主协商设计文件交付的流程并制定相应的管理办法。

③配合业主一起与城建档案部门协调设计文件档案立卷流程并制定相应的管理办法。

④与业主协商建立健全信息管理与业主信息系统的接口管理办法。

（5）后勤管理

①与业主协商各类设计技术文件交付和审核管理办法

②与业主及相关部门协商制定对外协调相关会议及费用（包括咨询、考察等）的开展及开支管理办法。

③与业主协商各类事件的快速应急预案的处理管理办法。

2）内部协调

总包管理内部协调包括轨道交通项目内部及总包组对分包单位的协调，其协调的对象及内容如下：

（1）合同管理

①与计划、质量、报建、信息管理小组及总体组协商制定合同各阶段合同执行情况综合考核管理办法，按审定的考核管理办法具体协商每次考核的评分。

②与计划、质量、报建、信息管理小组及总体组协商制定合同签订、管理和年度、进度设计费用支付工作流程及建立总包合同组台账流程。

（2）计划管理

与合同、质量、报建、信息管理小组及总体组协商制订计划管理流程及按审定的流程具体检查计划执行情况，包括控制计划、分包计划、计划调整和进度控制等方面的内容。

（3）报建管理

与总体组、合同及信息管理小组协商制定各类报建文件内部立案技术、复合性审查流程及报建手册。

（4）信息管理

①与总体组、合同、计划、质量及报建管理小组协商制定各类函件收发文处理流程。

②与总体组、合同、计划、质量及报建管理小组协商制定各类文件(文本及电子文件)的交付和归档等的管理流程。

(5)后勤管理

①与总体组及其他总包管理组协商制定总体总包部后勤有关设备申请、使用和维护等相关的管理制度。

②制定项目人力资源管理制度。

2.7.3 协调的重点

根据轨道交通工程总包管理工作特点,在协调管理过程中将不可避免地经常需要与项目业主及相关的政府职能部门、总体总包内部及分包相关各方合作并协调解决问题,这个过程对组织协调能力要求很高。对这个过程协调管理得越好,项目的质量就越高,项目的结果就会越好。通常项目涉及的参与方越多,协调工作就越重要,工作量也就越大,需要清楚地了解各方的关键所在,各方的决策程序和工作方法,各方团队的成员构成、职责和对项目的态度,以及各方对项目的最高和最低期望值。在此基础上,还需要了解各方参与者的工作风格、习惯和效率等。然后,一切都依赖于总体总包的组织和协调能力及效率。

结合项目的特点及相关城市轨道交通建设工程总包管理经验,项目总包管理内外部协调中除按总包管理流程工作外,还要重点加强三个方面的协调管理及解决好以下五个问题。

1)协调管理的重点

(1)目标化管理

总包管理内外部协调首先建立目标化管理体系,在此基础上建立有效的绩效考核系统。总包管理内外部协调首先需要明确目标,相应的内外部协调工作紧紧围绕目标开展,对目标完成的效能进行考核,因此需要将绩效考核与目标管理进行一体化管理,制定整个工程总体最终目标,然后将这一目标按年度、季度、月度和事件这样一个目标体系层层分解。这既是一个目标体系,同时也是一个价值体系。目标分解以后,使总包组的每一个小组、每一个小组成员岗位都围绕目标的实现承担相应的责任,进而为实现目标不懈努力,直到目标完成。

以南宁市轨道交通项目为例,南宁市轨道交通一、二号线工程是南宁市第一次开展轨道交通工程建设,总包管理协调工作所涉及的与轨道交通业主、政府相关部门(特别是规划、国土、供电、消防等)之间的相互关系和流程需要第一时间理顺,这将为轨道交通建设顺利推进各项工作奠定关键的基础。因此在本工程前期启动之初,这是关键目标。在这个基础上,第二步才能分别开展相关的协调工作,但同时发现分头协调的工作由于不同部门间的重点不一致,必然会存在矛盾,而此时就需要更高一层次的协调,如规划、市政和其他项目公司对轨道交通同一个问题意见不一致时,建委可能为综合问题的协调解决作出决策等。只有这些处理流程协调明确,才能为更进一步的工作打开局面,因此不同阶段的目标不同,同时目标也需要一步步的达到。由于总包管理协调是对流程和制度的协调,因此在一个阶段的开始前就需要提前开展工作。

(2)强化计划协调管理

总包管理内外部协调也需要强化计划管理,这里的计划管理是指在阶段目标确定的情况下,围绕需要内外部协调的具体目标而制定的实现各阶段目标的详细策划,而不仅仅是时间计划,它包括达到目标的具体标志、具体指标、由谁来做和怎样做等。

南宁市轨道交通总包管理内外部协调根据各阶段明确的协调目标进行了详细策划。如工程可行性研究阶段,主要是围绕可研立项所需的相关支持文件,具体内容是取得规划(包括城市总体、区域、线网等)、相关专题和必备的基础资料,包括客流预测、地质、地震、管线、建筑调查、安全、环境、卫生、职业病、交通等评价、投资承诺及相关的协调文件等。而上述资料的取得除需要技术层面的协调外,总包管理也需要参与其中,在协调之初就需要协调跟踪直至理清流程是总包管理工作的重点。在初步设计或施工设计阶段,由于外部协调的程序基本已理顺,即可以按计划、流程开展工作。由于分包单位的加入,除总体总包内部的协调外,重点将转移到总包对分包的内部协调管理工作中。为保障总体设计工作的多工点、多系统设计的同步推进,内部计划协调管理显得更加重要,因为只有基础系统和专业走在前面,才能为后一道工序提供基础资料。在总体控制计划的指导下,总包管理将在该阶段开始前就协调稳定各工点的具体分包计划并检查不同分包计划之间相互接口时间安排的合理性,对不合理或出现重大冲突的计划组织进行协调稳定,并明确计划人员负责监督计划的具体落实情况;当出现实施计划滞后时进行分析(包括计划滞后原因、是否影响关联计划及分析其严重性),根据分析结果进行协调以确保总体控制目标计划的按时完成。因此,总包管理内外部计划的协调在不同阶段的协调重点不一致,但计划协调将始终贯穿整个工程的全过程,是保障总体设计工作顺利、同步、协调推进的关键控制因素之一。

(3)外部协调重点跟踪管理

与政府主管部门和公共事业部门协调管理是工程顺利推进的重中之重。项目外部协调与报建工作已委托设计总包负责,鉴于外部协调工作的特殊性、重要性和复杂性,总包报建组应就该协调与报建事项独立编制实施计划,理顺并建立报建的“绿色通道”,明确责任部门和人员以便追踪检查。同时,为保证协调力度和效果,建议业主也同时指定责任领导和部门予以协助。

2)重点协调解决好五个问题

(1)解决好遵守程序与灵活性的关系问题

总包协调管理需首先遵守制定的程序和流程,但过度机械有时也会导致拘谨和计划执行的拖延。程序是人定的,合作各方的程序都有不同程度的灵活性。若在实施过程中,确实有哪个程序妨碍了项目的实施,特别是内部管理程序,总包管理应及时毫不犹豫地协调各方想办法以正当的方式解决。若是一般的方案审查程序,需要按工点完成上报总体,由总体审查完善,经确认后上报咨询和业主审查,经业主(含咨询)审查确认后才能全面开展后续工作。但若由于阶段过程中外部边界等不可克服因素的变化而导致设计周期紧张时,则可以简化程序为在总体的指导下分包完成方案后,由总包管理协调各方组织采用方案会审的形式,缩短审查的流程。这样也可以达到可控的目的,但应避免滥用。

(2)解决好“等、靠、要”等不主动协调的思想认识问题

总包管理是技术管理的制度保障,先于技术协调管理,因此首先要从思想上解决好管理协调上“等、靠、要”的惰性,避免出现问题时才意识到制度的不完善,需要主动反思,假设各种不利结果带来协调管理上的影响,特别是当项目执行因合作方内部出现问题而受到拖延时,坐等合作方自己解决问题,而不能积极主动地想办法帮助协调解决,最终会造成整体进度滞后。在总包管理内外部合作协调中,任何一方的内部问题如果得不到解决,就不能形成双赢的局面,整个项目的进程或结果都会受到影响。所以,所有问题都需要总包管理的主动协调,都需要总包管理主动地想办法解决。

(3)解决好不确定性问题

轨道交通工程需要总包管理内外协调的对象很多,在总包管理协调过程中会经常面对出现的不确定性问题,若不作判断,不采取行动,等待别人把事情搞清楚,或者只凭以往经验而不深入了解问题的关键所在就作出判断和采取行动,将直接导致协调结果达不到预期的目的,严重时还将影响到总体阶段性目标的实现。因此,总包管理内外部协调管理在遇到复杂协调情况时,必须首先保持清醒的头脑,在得到确认之前做好各种可能出现的不利结果的影响分析,并作出评估和判断,依据这种判断采取相应的最有效的行动。而总包管理协调判断力的获得依靠对项目的深刻理解和对项目全局的把握,特别是对项目各方的利益、关注点、项目目标以及对项目的态度的准确了解。

(4)解决好遇到瓶颈问题就立刻避开或上交的问题

总包管理内外部协调是轨道交通设计工作开展的基础,若首先不能从管理上协调好各方资源和力量,打通关节,解决基本问题,而是事事上报上级,将形成中间协调管理控制环节失控的局面,给其他各项工作的开展带来深远的负面影响。因此,在总包管理内外部协调中,遇到任何问题均要积极面对,积极协调,充分利用各方资源,群策群力分析问题的关键,分解瓶颈问题。当问题解决后,只需向上级汇报解决的情况,确实为项目建设的业主分忧,当好参谋。当然,确实涉及外部相关部门在总包管理协调层面无法进一步协调解决时,问题也一定要上交,并积极为问题的解决出谋划策。

(5)解决好“一忙就乱”问题

总包管理内外部协调工作量大、涉及内外部对象繁多,且先于技术协调开展工作,因此需要善于抓住重点,避免陷于具体事务细节,而忽略或遗忘最关键的环节或核心事务,从而导致协调管理失控的发生,甚至为解决这些问题忙碌不堪,错误频出,事倍功半。分析总包管理内外部协调出现这种状态及其结果的原因,主要是缺少把握全局的能力,具体表现是,要么陷入细节之中,忘记全局;要么忽略了重要细节,让具体事务阻碍整个项目的进展。要解决这个问题,除总包管理内外部协调本身需要丰富的协调经验外,还需要在具体展开协调前,制定好详细的计划及分析可能出现的最不利和最好的结果,制定好相应的应对措施,这需要花时间把项目从头到尾清理一遍,找出关键环节并在总包管理的全过程中将其紧紧控制住,抓大放小,围绕关键点重点突破,就不会出现淹没在细节之中的问题。

2.8 各阶段总包管理的重点、难点及注意事项

轨道交通的总包管理工作是总体技术管理工作的重要依据,在总包管理中需重点注意以下方面的内容:实行“一体化管理、全过程服务”总包管理原则;提出总包管理目标和思路的总包管理策划;落实质量、进度、投资三控制的总包管理职责;加强合同、信息两管理;注重接口与系统功能的平衡和协调;组建高效、务实、精明的总包管理组,落实总包管理路线;制定设计管理制度、规定和办法;协调接口关系;督促检查和着重落实整改。

2.8.1 总包管理重点

(1)质量控制。以“事前指导、过程控制、成果审核”与“接口与系统功能平衡”为主线,按照 ISO 9000 质量保证体系,全程跟踪控制,实现工程规模与系统配置的“最优性价比”。

(2)进度控制。实行“目标分析、目标确定、过程跟踪、发现偏差、纠正偏差、实现目标”的动态控制,完成各阶段工期里程碑计划。

(3)投资控制。以价值工程理论为指导,以“功能适用、标准合理、经济合理”为原则,以“设计成果评价指标体系”为标准,以“优化设计、限额设计、概预算编制、变更设计控制”为手段,与设计总体技术管理一起实现工程规模不突破、概预算限额目标不突破和全寿命周期成本最低的投资控制目标。

(4)合同管理。以合同为依据,以“一体化、集中优势、指令唯一”为原则,实行分级管理;以合同约束为基础,以主动服务为责任,体现奖罚分明。

(5)信息管理。以信息传达“指令唯一”为原则,以信息网络数据库、阅览室为平台,以设计文件资料图纸的发放、回收、验收和归档管理为对象,实现信息管理的适时、高效和准确。

(6)接口与系统功能平衡。加强内外接口协调,贯彻“以人为本”的思想,体现“经营地铁”的理念,与设计总体技术管理一起实现接口与系统功能平衡,达到工程综合最优。

2.8.2 准备阶段(合同签约前)

自业主中标通知书下达或接到业主通知之日起,设计总包管理工作开展的各项准备工作就可全面展开,重点把握三个方面工作:

(1)按照工程投标文件和承诺落实人员,各相关人员开始就位;

(2)与业主协调工程设计总包工作管理思路,听取业主意见和建议,统一认识,进一步调整和完善工程设计总包管理实施设想;

(3)总包合同的谈判和签约工作。

2.8.3 执行阶段

1)可行性研究阶段

在轨道交通工程可行性研究阶段,总包管理在协助总体解决关键技术问题的同时,就应为

下一阶段的总包管理工作做好准备，做好分包招标文件编制、各项管理制度的制定、信息管理系统的建立和后勤保障落实等。

2）总体设计阶段

总体设计阶段的重要任务是落实城市轨道交通总体规划，确定线位、站位、土建工程规模、机电设备系统功能、总工期以及控制工程投资。从总体设计工期看，控制进度的因素主要有钻探分包招标和地质勘察、地形测量、专项测量和地下管线及障碍物的探测等。因此，在该阶段总包组要下大力气抓好以上几项生产的组织及协调，同时还需要开展的主要工作有：

（1）按合同承诺的组织机构及人员设备及时组织到位，明确职责分工和内部工作制度。

（2）制定各项工作管理办法及措施。

（3）根据标书制定的工作计划，逐项落实，特别是勘察工作的落实。

（4）按照合同要求，组织编制切实可行的进度计划，检查、督促各项工作完成情况，确保总体设计文件按合同要求时间完成。

（5）组织制订质量保证措施，并检查监督执行情况，做到层层把关，保证总体设计文件的出手质量。

（6）研究提出设计施工的标段划分意见，并征得业主同意，为下阶段的地质勘察、初步设计、施工设计及施工总承包的招标工作创造有利条件。

（7）编制初步设计分包合同。

（8）与初步设计分包单位签订设计分包合同，并建立合同管理台账。

（9）参加业主、咨询单位、项目部和总体组召开的相关会议，掌握工作中存在的问题和进度，并及时组织协调解决。做好信息统计和管理工作，按规定编发《设计简报》。

（10）配合总体设计及外部协调组，做好外部协调工作，疏通各种渠道，使协调畅通，为稳定总体设计方案创造条件。

3）初步设计阶段

根据招标文件进度计划和工作内容要求，初步设计阶段控制进度的主要因素和工作重点有：①稳定土建工程的边界条件，避免由此引起的对外协调量激增；②要完成土建及常规设备标准图和通用图。因此，合理安排落实此项工作是工作中的重点。鉴于上述情况，从生产组织上必须抓好协调组的工作，保证系统功能匹配和接口合理。同时初步设计阶段的总包管理工作，又是整个轨道交通设计总包管理工作中的主要阶段，总包管理的所有工作几乎都将在这一设计阶段中予以体现，主要工作有：

（1）合同管理

①在巡检时检查各分包设计单位合同执行情况，主要是设计进度、质量、投资控制、人员到位情况及项目负责人和办公设备配置等。

②对于业主下达的超出合同规定的重大设计方案，与业主签订补充合同或补充协议，并与相应的分包设计单位签订相应的补充合同或补充协议。

③对于零星的合同外工作，与业主商定处理办法，并组织各分包设计单位认真做好工作量的计算及用工的统计，总包组统一与业主做清理工作。

④做好合同管理台账的管理工作。

⑤按照业主审定的《设计费支付办法》组织各分包单位设计费的请领工作。

⑥按照业主审定的《设计考核奖惩办法》组织初步设计阶段的设计考核工作。

(2)进度计划控制管理

①督促检查组织机构、人员设备到位情况,及时解决存在的问题。

②组织编制初步设计进度计划网络图,对控制节点进行严格监控。制定专业技术作业的上报和下达流程。

③审查分部、分项计划和技术作业表是否满足总体技术安排及阶段控制时间。

④做好调度工作,及时协调设计中出现的各种问题。

⑤做好统计工作,按时汇总各分包单位各个时期工作完成的情况,并上报业主。

⑥定期、不定期巡检,及时发现解决设计中出现的问题。

(3)质量控制管理

①向分包设计单位提供必要的设计基础资料。

②组织总体组召开技术交底会等活动,使分包设计单位尽快全面掌握设计前期工作。

③组织编制初步设计阶段质量控制上报、下达计划。

④督促各分包设计单位编制质量保证措施并上报总包管理单位。

⑤检查各工点、各设备系统设计单位工作进展以及开放初步设计的准备情况,包括资料、人员和设备等。

⑥加强过程控制,通过日常检查、各种会议、互提资料情况和阶段性设计审查,控制设计过程中的质量。

⑦检查督促严格执行设计、复核、内部审查、总体审查的审查程序,加强成果校核,确保设计文件的质量。

⑧配合外部协调组疏通外部协调渠道,认真实施互提资料管理办法及各项接口管理的规章制度,加强内部接口协调的管理,搞好各项接口协调工作。

(4)报建管理

①本阶段的报建工作主要围绕设计总体“总图”进行,主要完成规划线路敷设方式、线位的报建、车站车辆段总平面布置的报建、供电和给排水等外部条件的确认等工作。

②总图报建首先要与相关政府职能部门建立良好的报建绿色通道,明确报建文件的要求、立案流程和跟踪落实管理制度。

③指导分包单位完成报建基础资料的整理,总体应进行技术接口审查、报建材料复合性审查及汇编。

④进行窗口立案、跟踪协调以获得报建批复手续。

(5)信息管理

按照《信息、文件管理办法》,由专人做好信息、文件的收发、传送、保管、借阅和存档,以及全线所有有效初步设计电子文件的汇总工作,为业主和分包设计单位服好务,并定期编发《设计简报》。

(6)后勤管理

①组织做好重大审查会议的会务工作,包括中间方案审查、各专项审查、初步设计内部审查和初步设计正式审查的组织协调工作。

②初步设计时期问题多,协调工作量大,首先应确保人员到位情况,只有这样才能有效组织工作和设计巡检。

③组织好审查前的各项工作。

④落实其他对应的职责。

2.8.4 施工设计阶段

按照设计总承包任务大纲的要求,施工图设计阶段总承包单位承担部分工点及机电设备系统的施工图设计,该阶段的总包管理主要工作有:

1)招标文件编制

依据批准的初步设计,组织编制全线各工点的设计施工总承包的招标文件(有关技术部分),协助业主进行评标工作。组织编制设备系统采购和施工的招标文件,协助业主评标工作。

2)合同管理

(1)根据批准的初步设计概算,与业主签订调整设计费的补充合同,并与各分包设计单位签订相应的补充合同,以此作为初步设计费清算依据。

(2)巡检时检查合同执行情况,包括设计进度、质量、限额设计以及人员到位等是否符合合同规定。发现问题及时提出,并要求限期整改,对于未按时整改的,应按照合同规定予以处罚。

(3)对于零星的合同外工作,与业主商定处理办法,并组织各分包设计单位,认真做好工作量计算及用工统计,总包组统一与业主清理。

(4)做好合同台账的管理工作。

(5)设计费的请领按照合同规定及设计费支付办法规定,及时办理请领手续。依据调整设计费补充合同,对初步设计费进行清理。

3)进度计划控制管理

(1)组织编制施工图设计进度计划及技术作业上报、下达流程。

(2)督促分包设计单位根据下达的施工设计进度计划及技术作业流程,编制实施计划、技术作业表及出图计划。

(3)巡检中对其设计进度进行检查,发现问题及时协助解决。

(4)做好统计工作,按时汇总各设计单位各个时期完成的情况,上报咨询公司和业主。

4)质量控制管理

(1)组织制定机电设备系统施工图设计质量要求,下发各设备系统分包设计单位。

(2)按照“事前指导、过程控制,成果校核”的质量控制方法,实施设计质量控制。

(3)确保设计文件图纸的出手质量,严格执行层层把关的审查制度。

5）报建管理

（1）组织开展施工图报建工作，主要包括所有地面、地下建（构）筑物的规划报建［主要包括永久用地、临时施工用地、建设项目选址意见书、建设用地规划许可证、修建性规划方案、地面建（构）筑物方案等］以及施工期间交通疏解方案、综合管线平衡及管线迁改方案、施工占道、河涌改道方案、深基坑方案、托换方案、供水接驳方案、排水接驳方案、污水接驳方案、供电接驳方案、电信接入方案、无线电频道占用方案、消防方案、人防方案等。

（2）协调组织制定好本阶段的各项报建计划。

（3）组织好施工图报建流程及要求的相关培训工作。

（4）组织好技术资料申报前的符合性审查工作。

（5）做好立案后的跟踪和协调工作。

（6）与信息管理组协调做好立案、完案资料归档工作及台账。

6）信息管理

按照《信息、文件管理办法》，由专人做好信息、文件的收发、传递、保管、借阅、存档以及系统设计电子文件的汇总工作，为业主和分包单位服务，并定期编发《设计简报》。

7）后勤管理

（1）施工图阶段专项审查工作组织是重点。

（2）协助总体组织好接口落实的核查工作。

2.8.5 后续服务阶段

设计配合施工工作，是后续服务的体现，也是设计质量验证的重要环节，总包管理主要工作有：

（1）组织向施工单位的现场交桩及技术交底工作。

（2）按照《设计配合施工管理办法》，组织建立相关的配合施工计划，并对其进行管理。

（3）组织好每月一次的巡检工作，巡检中检查配合施工的设计人员到位情况、问题处理能力及态度，并征求施工监理和施工单位意见，发现问题及时解决。

（4）按照《变更设计管理办法》，做好变更设计的管理工作。

（5）做好设计配合施工阶段的信息和文件管理工作，主要包括对电子文件的补充和修改，并定期编发《设计简报》。

（6）做好设计合同的清理工作，为合同的终止做准备。

（7）组织相关分包单位及时办理配合施工费用的请领。

（8）按照设计考核办法，组织配合施工的考核奖惩工作。

3 轨道交通设计总体管理

3.1 设计总体工作内容

设计总体是轨道交通总体总包项目中总体技术管理组的简称,一般是在总体领导下由若干副总体组成。现将设计总体在各设计阶段的工作分述如下:

1)总体设计阶段

(1)编制总体设计;

(2)编制技术要求。

2)初步设计阶段

(1)编制初步设计文件组成与内容;

(2)编制初步设计文件编制统一规定;

(3)编制初步设计总体要求;

(4)组织相关方案论证;

(5)图纸会签;

(6)概算汇总;

(7)组织落实初步设计审查及咨询审查意见。

3)施工图设计阶段(含招标设计)

(1)编制施工图/招标设计文件组成与内容;

(2)编制施工图文件编制统一规定;

(3)编制参考图;

(4)图纸会签;

(5)组织落实咨询审查意见;

(6)组织落实土建基坑审查意见。

4)施工配合阶段

(1)组织对现场问题的解决;

(2)组织对隐蔽工程现场验收;

(3)组织对施工现场巡检。

5)竣工验收阶段

(1)组织编写验收相关报告;

(2)组织相关人员参加各子项验收;

(3)组织相关人员参加工程总验收。

3.2 设计质量管理

3.2.1 设计总体总包管理与设计质量管理体系

1)质量管理体系

设计质量是工程质量的源头,设计质量控制的重点和着力点是对影响设计质量的因素进行有效控制并坚持持续改进。首先,要按 ISO 9001 质量标准建立起设计质量管理体系,并保证其正常运行。其次,要建立起总体总包工作的合理高效流程,并保证其高效运行。影响设计质量的因素主要是设计成果的校核、会签过程和管理。因此,在具体设计和设计管理的操作上要按“事前指导、过程控制、成果审核”要求开展工作。具体轨道交通工程设计总体总包管理与设计质量管理体系如图 3-1 所示。

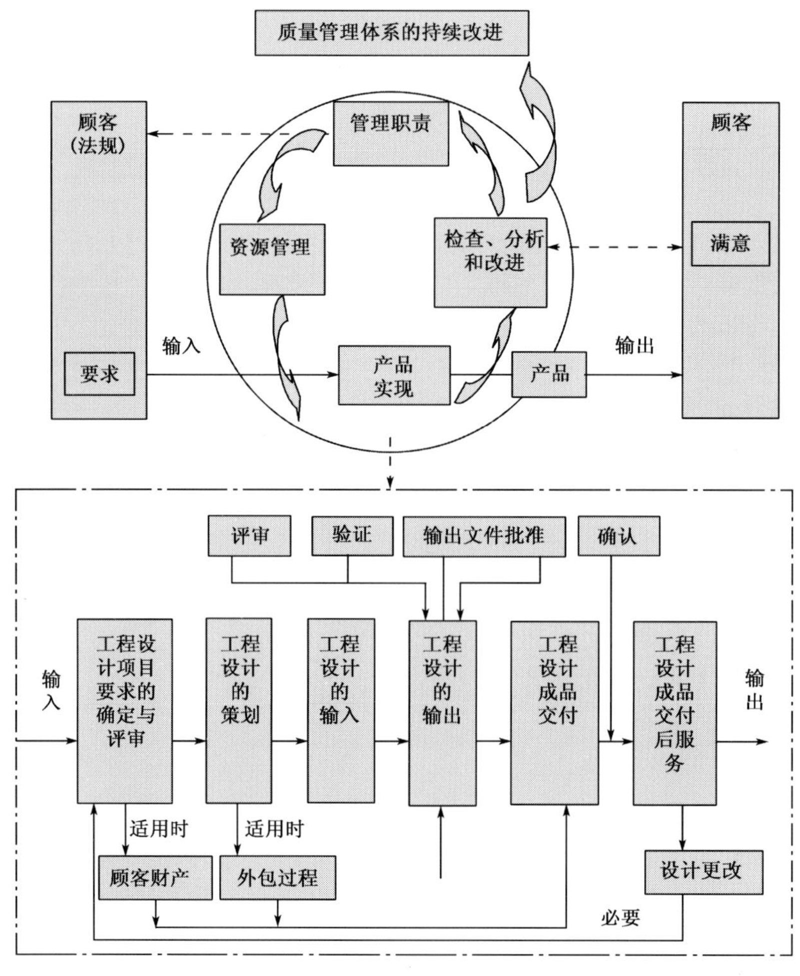

图 3-1 总体总包管理与设计质量管理体系

2)各方质量管理职责

总体总包单位职责为:组织协调设计单位有序开展工作,客观、公正地行使技术管理权,负责对设计“三控两管一协调”的管理工作;负责全线工程设计的总体性、完整性、统一性、适时性、经济合理性和技术先进性,保证将总体设计原则贯穿于工程实施全过程。

工点(系统)设计单位职责为:对所承担的工点设计或系统设计全面负责,接受业主和总体总包单位的管理和协调。

总体总包单位和工点(系统)设计单位具体质量管理职责如图 3-2 所示。

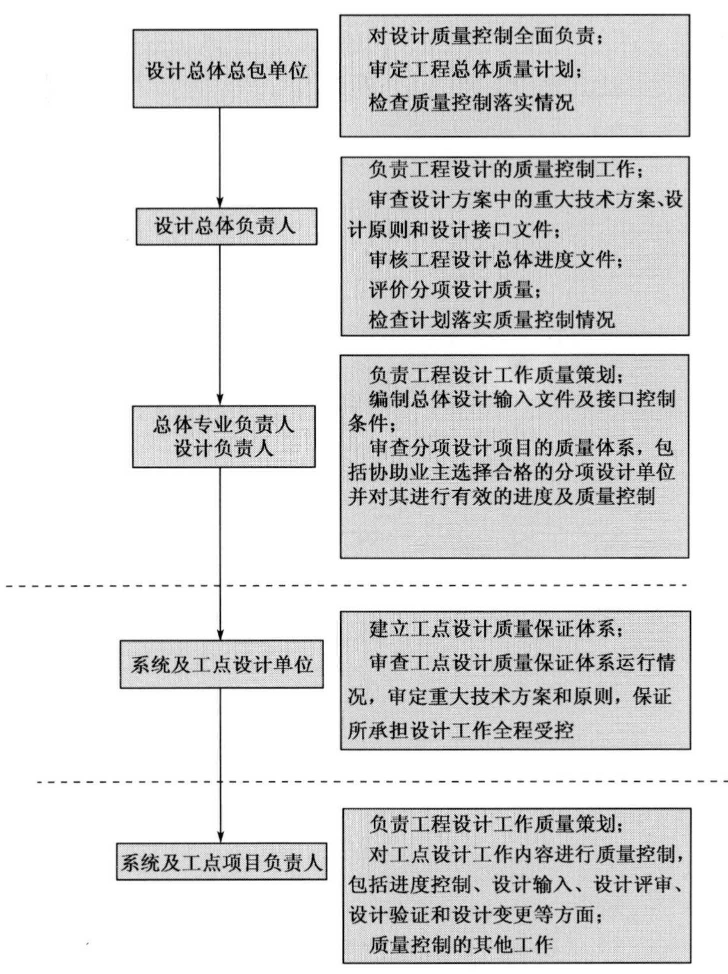

图 3-2　各方质量管理职责

3)质量管理流程

总体总包质量管理流程是保证和提高质量的关键性措施,应坚持按程序控制各环节,使影响质量的因素时刻处于受控状态。控制流程主要有总体总包质量控制工作一般流程和总体总包技术管理流程两方面的内容,如图 3-3 和图 3-4 所示。

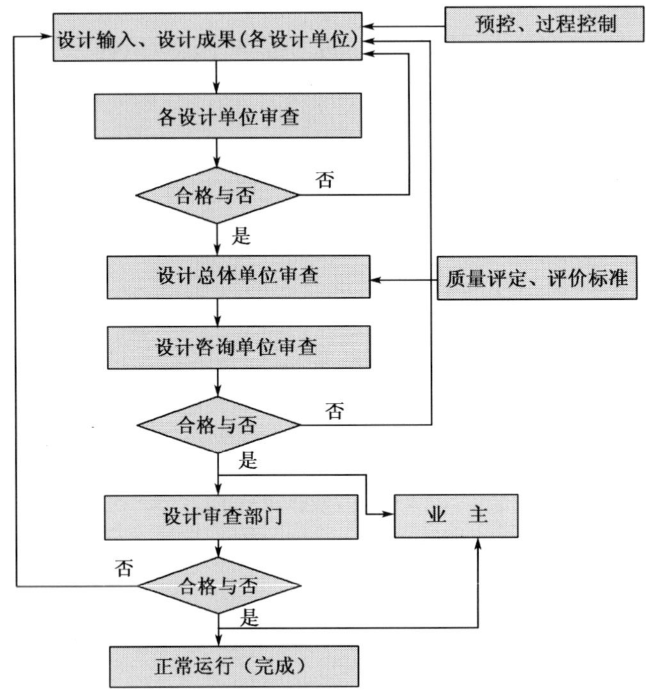

图 3-3　总体总包质量控制工作一般流程

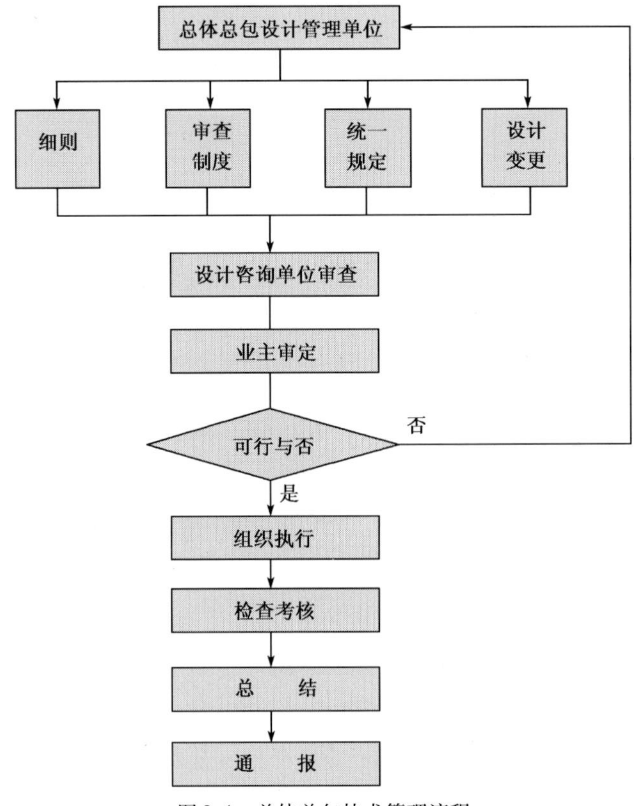

图 3-4　总体总包技术管理流程

(1)事前指导

①总体单位应明确各阶段设计工作的投资、质量、进度及设计管理方面的目标和要求。

②总体单位应根据业主明确的目标和要求,制定保障设计工作的投资、质量、进度控制及设计管理方面的规章制度。

③总体单位应明确全线的技术标准、设计原则、系统功能要求和设计工作的原则、程序等要求,明确项目的功能、投资、接口协调、时间等目标,写入设计指导文件并提交工点设计单位开展设计。

④总体单位要求并检查工点设计单位按 ISO 9001 质量保证体系建立项目设计的质量方针、质量目标和质量体系,在设计全过程中贯彻执行。保证项目设计过程控制的审核文件,确保设计能满足业主要求和合同规定的深度。

⑤总体单位应检查工点设计并制订详细的工作计划,保证专业设计工作的衔接、平衡,确保工点设计目标与业主总体策划目标相适应,使设计人员明确设计目标、内容、成果要求和完成时间。具体包括设计内容、深度要求、人员的具体分工、责任、设计文件校核和签发程序等。

⑥总体单位在设计开始和设计过程中应主动搜集各种基础资料,科学分析各专业的互提资料,确定资料文件的适用条件,从而稳定设计的前提条件,起到有效的事前指导作用。

(2)过程控制

①总体单位应按合同对工点设计的工作进行全面检查,包括投资限额、设计进度、设计深度与质量、人员到位和投入力量的检查。

②总体单位应通过例会制度和日常检查加强设计质量的过程控制,严格执行阶段性的设计审查,保证每一阶段不同时段设计工作的质量。

③总体单位应督促工点设计根据设计文件组成和深度要求,按合同规定提交相应的成果文件,同时应明确接口处理及控制标准,设计中应充分考虑有关工程预留接口,处理好相关接口关系,为后续工作和下一阶段工作的开展打下良好的工作基础。

④对于设计过程中出现的重大技术问题和重大原则问题,总体单位应书面向业主反映,以便及时决策。

⑤总体单位应及时对方案进行功能、系统、接口等方面的综合平衡,并通知分项设计单位,由分项设计单位按要求完成设计,确保全线功能、标准的统一和接口衔接。

(3)建立"四级"会审制度

①总体总包设计管理一般采取四级管理模式,即分为设计单位管理、总体总包管理、咨询单位管理和业主管理。

②对于设计指令、工期策划和成果要求等内容,管理流程是自上而下的,业主委托总体总包方制订功能要求、技术标准、工期策划、图纸管理标准和成果审查程序以及编制通用图等,经业主审批后下发各设计单位执行。

③对于设计中间成果和正式成果,特别是设计质量等内容,管理流程是自下而上的,各级组织应当自行把关并承担相关设计责任。

④对于接口和方案选定等内容，管理流程是双向的，既有业主、咨询单位和总体总包方下达的部分，也有设计单位提出经总体总包、咨询单位和业主同意的部分，或是多次协调稳定的部分。

⑤业主负责通过明确合同各方关系加强设计管理，并根据需要组织专家顾问组针对设计中存在的技术问题进行咨询和审查，专家审查意见和咨询报告由业主通过咨询单位发出，实施指令遵照逐级下达的原则。

⑥设计审查层次为：设计单位内部→总体总包方→咨询单位→业主（审查委员会）。

3.2.2 设计方案审查

1）方案审查目的和范围

根据设计计划或专业实施计划的安排，以会议或其他审查形式对各设计工点的阶段性设计中间成果和重大复杂技术问题进行系统的方案审查，确保各工点设计成果符合全线总体设计的先进性、统一性和完整性。审查中应对阶段性设计中间成果作出评价，判断设计文件与设计输入的符合程度，检验设计文件是否符合要求，确保最终设计文件的适宜性、充分性和有效性；审查设计过程中若存在问题，应找出薄弱环节，并提出必要的改进措施；对重要技术问题应进行决策。方案审查的范围包括工点设计单位在设计过程中提交的较复杂技术方案或设计变更。

2）方案审查时机和职责

方案审查是总体总包管理单位在设计过程中主动进行的方案审查和变更方案审查，一般在设计阶段的中间检查时期、外部条件发生变化时，或阶段成果完成前进行，依据总体设计计划的安排适时地进行方案审查。

技术方案审查应重点审查工点或系统提交的设计方案是否满足总体要求的行车组织与系统运输的能力、线路和站位的合理性、车站方案、结构形式、施工方法及规模、系统功能和组成的要求、投资估算和工程总策划，找出存在的问题和不足，并提出必要的改进措施。

3）方案审查的程序

方案审查的具体程序如图3-5所示。

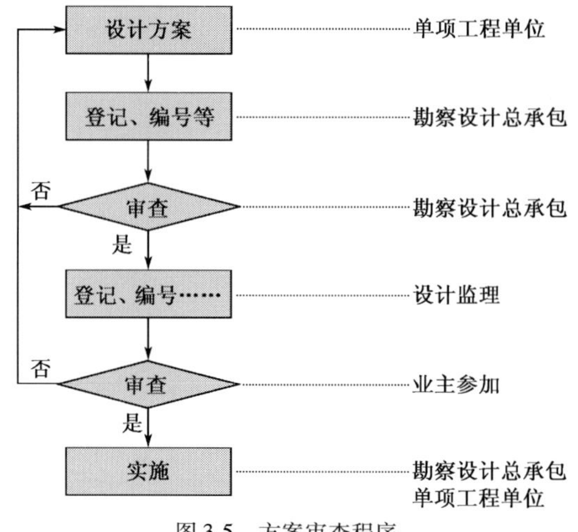

图3-5　方案审查程序

4)初步设计阶段方案审查的主要内容

初步设计阶段方案审查主要审查技术标准落实、技术接口的协调、工程方案设计、系统构成与功能配置、工程筹划和工程概算等方面的内容。各工点、系统设计单位在落实总体设计审查意见的基础上,进行多方案比选,提出推荐方案,由设计总体组织进行方案审查,各设计单位根据审查意见修改深化设计方案,在此基础上完成初步设计。

初步设计阶段需提交审查的设计方案有:

(1)行车组织和运营设计;

(2)限界设计;

(3)线路平面和纵断面;

(4)各车站设计方案;

(5)区间隧道设计方案;

(6)各系统设计原则、系统功能、系统构成及主要技术参数;

(7)车辆段设计方案;

(8)控制中心设计方案;

(9)工程筹划;

(10)工程概算。

5)施工图设计阶段方案审查的主要内容

施工图设计阶段方案审查主要审查初步设计审查意见的落实与方案优化、技术接口的落实与确认、机电设备系统功能配置与选型等方面的内容。

施工图设计阶段需提交审查的设计方案有:

(1)根据初步设计审查意见,需要对初步设计方案进行重大修改和调整的内容;

(2)承包商委托设计单位设计的车站围护结构设计中标方案;

(3)承包商委托设计单位设计的区间隧道设计中标方案;

(4)各系统的设备技术规格书和用户需求书;

(5)车站装修设计方案;

(6)车站出入口和风亭设计方案;

(7)车站综合管线布置方案;

(8)根据施工实际情况,需要对原设计方案进行重大修改变更的部分;

(9)设计联络过程中对设计接口、主要设备参数和系统功能进行重大调整的内容。

6)审查意见落实

各工点设计单位应将设计方案审查意见落实到各阶段设计文件中,并将审查意见执行情况报告总体单位,总体单位对审查意见落实情况负责。

3.2.3 设计文件会签

1)目的

设计文件总体会签是保证设计成果技术标准统一和接口协调一致的重要手段。

2)会签内容

会签的范围包括由工点设计单位完成的轨道交通工程项目的车站、区间、车辆段、OCC(operated control center,控制中心)、主变电站、工艺(线路、轨道、限界、行车组织)、系统[通信、信号、供电、给排水、主控、空调、隧道通风、门禁、电扶梯、AFC(automatic fare collection,自动收费装置)、FAS、BAS、人防等]的初步设计和施工图设计成果以及向上级报出的各类方案等。

会签的内容包括技术标准统一、设计接口匹配与协调、总体下发的指导文件的执行、总体设计输入要求的执行等;其他内容,如图面质量、设计计算、材料选择、工点内部接口等工点设计内部审核范围内的工作,属总体总包单位抽查考核内容。

3)会签流程

设计文件总体会签的具体流程如图3-6所示。

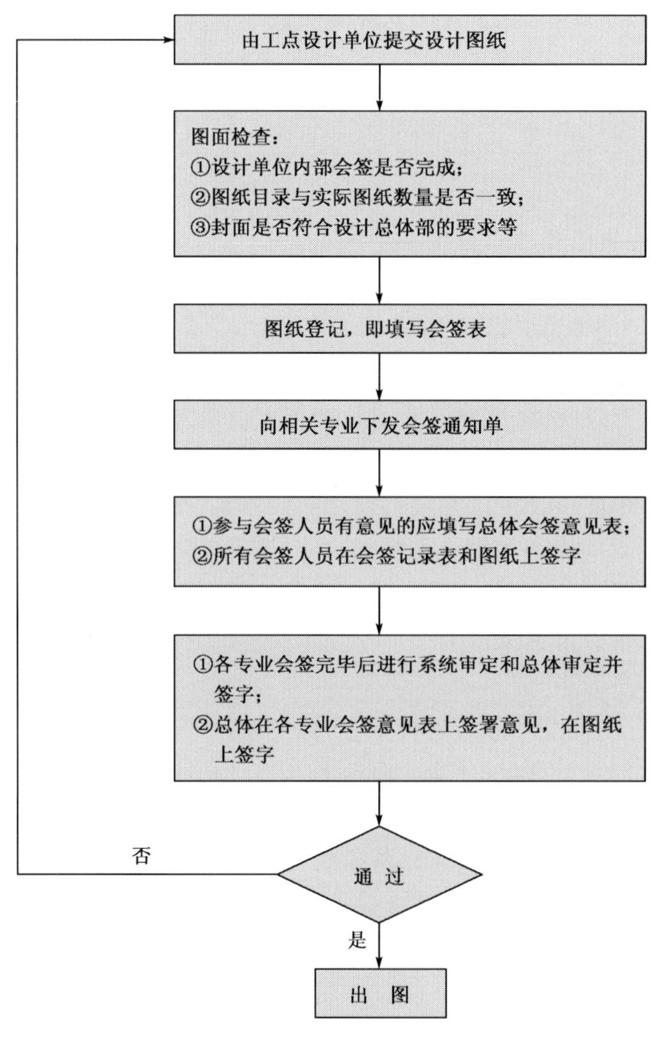

图3-6 图纸会签流程

3.2.4 接口管理与系统功能平衡

由总体总包单位制定接口管理实施细则,协调分项设计之间的工作配合,并组织协调分项设计与设备供应商、施工单位和建设监理之间的工作配合,对“管理接口”负责。

(1)接口协调及系统功能平衡是确保设计质量的重点和难点。总体单位应加强接口管理的力度,通过技术标准的制定和学习、定期会议、交叉审图和接口管理数据库登录的方式进行管理,所有互提资料的要求应在计划工作中反映,提前准备,保证资料的准确性并能及时提供。

(2)总体单位应建立、健全接口管理与系统功能平衡的管理规章制度,明确相应责任单位、责任人员与设计工作程序。总体单位应提供项目涉及的接口清单、接口处理原则、接口技术要求及接口质量控制标准等文件,并相应建立互提资料的标准格式及归档制度。

(3)督促工点设计根据接口管理要求和系统功能平衡情况,安排好相应的接口设计工作。属项目设计范围内的,应提出接口处理方案;属项目设计范围外的,应提出与外部接口衔接时的技术要求和质量控制标准。

(4)平面设计应根据自然条件、城市规划、环境保护、工程实施和项目完整功能流程等具体条件,进行全面的和合理协调的布置,使之成为有机的整体。要充分考虑到竖向布置、管线敷设、人流、物流、运输、运营和维修等要求,功能分区和设备布置应尽量做到布局紧凑和配置合理。

(5)系统设计应根据项目投资建设的目的和要求,采用先进实用的技术,合理选择系统的功能和标准,合理确定操作流程,合理选用机电设备的种类和型号,备品备件必须考虑系统投入运营后所需的资源和供应状况等。

(6)车站设计应围绕乘客流程和运营管理人员操作流程展开,确保为乘客提供快速通过、方便使用、安全疏散和舒适候车的完善服务功能,确保为运营管理人员提供高效、简洁、便利、舒畅的工作环境和设施。

(7)行车设计应围绕列车运行流程展开,为乘客和运营提供安全、高效、舒适和节能等服务功能。

(8)车辆段和维修综合基地应当围绕各项维修作业程序展开,缩短维修过程,降低维修成本。

(9)全线设计要创造良好的物业环境,以增加收入,降低运营成本。

(10)方案比较和优化设计原则:力求总体方案最优,优化方案必须确保整个系统技术协调一致,原则上工点服从系统,系统服从全局,全局服从城市规划和环保的有关规定和要求。

(11)统一全线的标准设计、通用设计、综合管线和运输通道的设计原则,统一全线的概预算指标,统一全线规划和环保方面的要求及执行的规范和标准,制定设计评价体系,进行标准化管理,确保设计的总体性、完整性、统一性、经济合理性和技术进步性得以落实。

3.3 技术标准化及指导性文件的编制

3.3.1 《设计技术要求》编制目的、原则及内容

城市轨道交通工程《设计技术要求》,是控制工程设计标准和规模的重要文件,是工程设计质量的重要组成部分,是开展工程设计的基础条件,应在初步设计工作开展之前编写。技术要求的编写原则是:作为对执行标准、规范的实施性细则,应根据标准、规范所规定的原则,写出具体执行的内容尺度,重点是对现行规范、标准无明确规定的部分补充细化纳入。其内容涉及行车组织、运营管理、线路、轨道、限界、车站建筑、结构、工程结构、机电设备、控制中心、车辆、车辆基地、防灾、环境保护、人防工程、劳动安全、概算等相关专业。详细编制大纲可参见附录I。

3.3.2 总体设计

总体设计由线路总体单位负责编制,该阶段的主要工作有:

(1)外部条件方面:落实线路敷设外部条件,以稳定线路敷设方式;稳定车站站位,落实车辆基地和主变电站等选址。

(2)系统规模方面:明确线路功能定位,确定系统选型及运营规模。

(3)系统之间接口:纵向理顺系统之间的关系,横向明确系统间的接口。

(4)设计技术标准:统一设计技术标准,做好单元工程的设计分割。

(5)工期策划和投资控制:筹划合理工期,控制投资总额。

因此,总体设计主要是稳定并确定重大技术方案(如线路敷设、系统选型、用地稳定、工期策划、投资控制等),形成总体设计文件,指导各单项工程的初步设计,并为试验段工程提前实施提供依据。

总体设计文件共编写四册,分别为总说明书、综合册、机电设备册、总估算书。各册详细编制大纲可参见附录II。

3.3.3 设计文件编制的统一规定

1)编制目的

由于轨道交通一条线路有多家设计单位参与,而各设计单位原来的文件编制习惯有所区别,为了统一设计文件的编制标准,设计总体管理有必要对文件的编制进行统一性的规定。为达到上述目的,总体设计单位应从下述方面进行相应规定:

(1)文件编制统一规定。文件编制方面的规定主要包括文件编制总体要求、设计说明书编制统一规定和设计图纸编制统一规定等。

(2)文件审查签署规定。由于轨道交通设计文件除设计工点内部会签外,按照相关管理程序还需要总体设计单位进行会签。因此,对文件的会签管理也应该统一规定。

2)文件编制统一规定的主要内容

(1)文件编制总体要求

设计文件应包括设计说明书(含主要设备材料表)、设计图纸和概算三大部分。

设计文件均应采用“中华人民共和国法定计量单位”,符合《中华人民共和国法定计量单位使用方法》[(84)量局制字第186号]的有关规定。

(2)设计说明书

①设计说明书封面和扉页。

封面编目按图3-7的样板编写,单位工程说明书的编写应由分包单位编写,并分篇分册,系统说明书由系统设计单位编写,全线设计总说明及全线汇总总概算由总体部负责编写。封面均采用全线统一印制的封面。

×××工程

初步设计/施工图设计

第七篇　车站

××站

(第×册　第一分册　土建)

说明书

××××××××××设计院

工程设计证书　×级　编号:×××××××

××××年××月

图3-7　初步设计说明书封面格式

扉页编目按图 3-8 的样板编写。

××× 工程

初步设计/施工图设计

第七篇　　车站

××站

（第×册　第一分册　土建）

说明书

院　　长：　　（签名）
总工程师：　　（签名）
项目负责人：　　（签名）

（出图专用章）[注册建筑（工程）师执业专用章]

××××设计院

工程设计证书　×级　编号：×××××××

××××年××月

图 3-8　初步设计说明书扉页格式

②说明书版心规格。

a. 说明书版面为 A4 纸大小；页边距离为上边 25mm、下边 25mm、左边 30mm、右边 25mm，装订线 0mm、装订线位置在左边；版心内的设置为每页 26 行、每行 28 字（大概），统一采用四号宋体字；页码位于页面底端，采用小五号黑体字居中设置。

b. 说明书的章节体例一律编至第三层次，如 1、1.1、1.1.1，其以下可按 1）、（1）、①、…顺序选用。

c. 说明书中的分节编号及其标题采用四号黑体字，并与上下文各空一行。

d. 说明书中的图号、表号一律按第二层次（两位号码）编写，如图 3.1-1、图 3.1-2 和表 3.1-1、表 3.1-2 等；字体采用黑体字。

e. 所有说明书均不设页眉、页脚，只设页码。

③“册”、“章”的编写。

a. “册”的编写，直接顺序使用一、二、三、…，小一号黑体字。

b. “章”的编写，直接顺序使用 1、2、3、…，二号黑体字。

c. “章”之后用阿拉伯数字编排，前一位为章号，如第 1 章后为 1.1、1.1.1、1）、（1）、①、…。

④设计说明书中插图的处理。

a. 设计说明书中的插图宜放在相关正文附近。

b. 设计说明书中的插图不画出图标（即标题栏和签署栏），但必须标出图名和图号。

c. 设计说明书中插图的图名和图号一律标示在图样的正下方，居中布置，图号在前，图名在后，字体采用四号黑体字。

d. 设计说明书中插图的图名必须与正文一致。

⑤设计说明书中表格的处理。

a. 设计说明书中的表格宜放在相关正文附近。

b. 设计说明书中的表格必须有表名和表号，表名应与正文一致，放在表的上方居中位置，表号应写在表的右上方。图名和图号采用小四号黑体字。

3）设计图纸

（1）各工种设计图图幅参照表 3-1 规定的尺寸执行。

图幅基本尺寸表 表 3-1

图纸代号	单张图					单张成册图封面		成卷图		成卷图封面	
	0	1	2	3	4	3	4	5	6	5	6
宽度 b(mm)	841	594	420	297	297	297	297	420	297	420	297
长度 l(mm)	1189	841	594	420	210	420	210	按需要		210	210
边宽 b_1(mm)	10	10	10	5	5	10	10	10	10	10	10
边长 l_1(mm)	10	10	10	5	5	10	10	10	10	10	10
边长 l_2(mm)	25	25	25	25	25	25	25	25	25	25	25

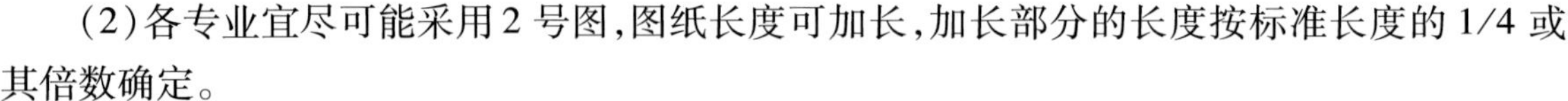

（2）各专业宜尽可能采用 2 号图，图纸长度可加长，加长部分的长度按标准长度的 1/4 或其倍数确定。

（3）会签栏

①“系统审定”、“总体审定”布置于“标题栏”左上方，如图 3-9 所示。

②各专业会签栏布置于整个图纸的左侧，如图 3-10 所示。

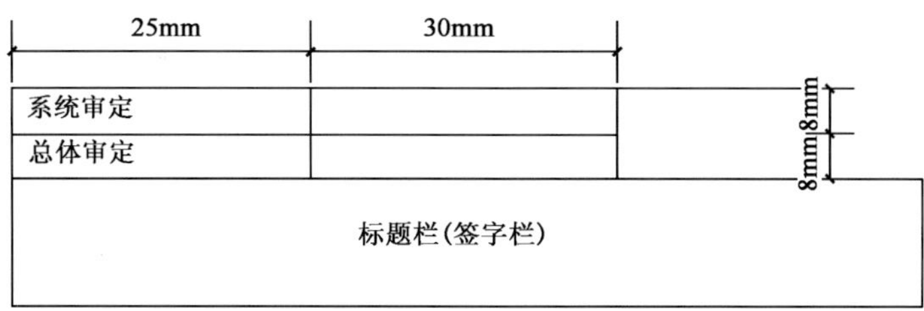

图 3-9　总体会签栏图样

15 mm	15 mm	20 mm	15 mm	20 mm	15 mm	15 mm	20 mm	15 mm	20 mm	15 mm	20 mm	15 mm	20 mm	15 mm	20 mm	15 mm	20 mm	15 mm	20 mm	15 mm	20 mm	15 mm	20 mm
工点设计单位	建筑		环控		系统	建筑		限界		接地		给排水		通信		集中供冷		门禁		隧道通风			
	结构					结构		区间		接触网		供电系统		信号		主控系统		气体灭火		控制中心			
	给排水					线路		防水		屏蔽门		主变电站		防灾		人防		防淹门		地质			
	配电					轨道		FAS		通风空调		低压配电		电扶梯		车辆段		AFC		BAS			

图　纸

图 3-10　工点及系统设计单位各专业会签栏图样

（4）标题栏

①标题栏统一设于图纸的右下角，其形式可按各分包设计单位的图标惯例执行。

②工程名称：×××线工程初步设计（施工图设计等）。

③工程区域名称代号：按表 3-2 统一编号（WBS 编码）。

④系统工程名称代号：按表 3-3 统一编号。

××× 线工程 WBS 编码 表 3-2

××(如一号线为01、二号线为02,……)第一层(×××线工程)				
编号	第二层(单项工程)		编号	第三层(地理位置及单位工程)
1	施工准备		00	全线
2	土建工程		01	×××站
3	轨道工程		02	×××站
4	设备系统		…	………
5	车辆段工程		31	×××区间
6	建设其他费用		32	×××区间
			…	………
			61	控制中心
			71	×××集中冷站
			72	×××集中冷站
			81	×××主变电站
			82	×××主变电站
			91	×××车辆段
			92	×××停车场

注:表中"第三层"中"编号",应根据工点数量进行调整,同时应全线统一考虑,并在相应地段留有余地,以防增加工点时编码不够。

系统工程 WBS 编码(第三层) 表 3-3

类别	系统代号	系统名称	备注
土建	00	行车组织	
	00	限界	
	00	线路	
	00	轨道	
机电	00	供电	
	00	信号	
	00	通信	
	00	隧道通风	
	00	给排水及消防	
	00	自动扶梯、电梯、楼梯升降机	
	00	自动售检票	
	00	环境与设备监控	
	00	火灾自动报警	

续上表

类　别	系统代号	系统名称	备　注
机电	00	屏蔽门/安全门	
	00	门禁	
	00	集中供冷	
	00	防淹门	
	00	综合监控	
	00	工程筹划	

注:车站或区间隧道内部的风、水、电设计图纸,仍应冠"车站"或"区间隧道"的区域名称;"系统"的施工图是指涉及全线单独成册的内容。

⑤图名:所绘图纸名称。

⑥图别:初步设计符号为C(大写),施工图设计符号为S(大写)。

⑦图号:图号的编制由下列代号组成,各代号含义如图3-11所示。

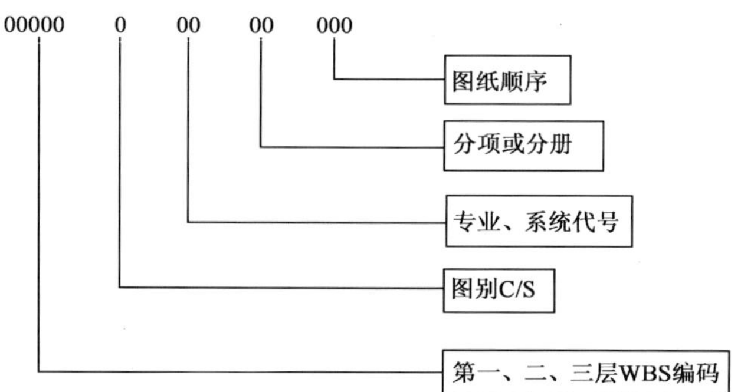

图3-11　图号中各代号含义

(5)设计符号

修改(补充)设计符号以G表示,标注于图号之后,并以下角标表示修改(补充)次数,如第一次修改(补充)即为G_1;变更设计符号以B表示,标注于图号之后,并以下角标表示变更次数,如第一次变更即为B_1。

(6)图号编制举例

①06202-C-JZ-01-001(第一层06——六号线、第二层2——土建工程、第三层02——横沙站、C——初步设计、JZ——建筑专业、01——主体建筑、001——第001号图)。

②第一次修改(补充)设计图号编制:06202-C-JZ-01-001·G_1。

③第一次变更设计图号编制:06202-C-JZ-01-001·B_1。

4)文件审查签署规定

(1)由各设计单位根据各自的技术管理规定自行确定签字栏,但应满足当地政府部门的要求,设计图纸应采用实名制。

(2)总体审定和系统审定分别由总体部和系统单位签署(签字栏见图 3-9、图 3-10)。

(3)设计图纸(即附图)和设计说明书的审签按总体单位的相关规定执行(表 3-4 为列举的一个例子,各工程设计应根据总体管理的要求进行相应规定)。

(4)有关技术文件会签、审查及联络单的文件格式见图 3-12 和图 3-13。

×××工程

初步设计/施工图设计

第七篇　车站

××站(××系统)

(第×册　第一分册　土建)

附　图

××××设计院

工程设计证书　×级　编号:××××××××

××××年××月　××市

图 3-12　初步设计附图封面格式

×××工程

初步设计/施工图设计

第七篇　　车站

××站(系统)

(第×册　第一分册　土建)

院　　长：　　(签名)

总 工 程 师：　　(签名)

项目负责人：　　(签名)

××××设计院

工程设计证书　×级　编号：×××××××

××××年××月　××市

图3-13　初步设计附图扉页格式

×××线工程审签范围(举例) 表3-4

序号	图名		系统	总体
1	行车组织	列车牵引计算图	√	√
		初、近、远期列车运行图	√	√
2	工程测量与工程地质	工程地质纵断面图	√	√
		钻孔布置图、线路平面图	√	√
3	线路	线路平面图	√	
		线路纵断面图	√	√
		结点线路布置图	√	√
		换乘结点布置图	√	
4	限界	区间直线段车辆轮廓线、车辆限界、设备限界图	√	√
		区间直线地段矩形隧道限界	√	√
		区间直线地段圆形隧道限界	√	√
		区间直线地段单线马蹄形隧道限界	√	√
		区间直线地段高架线限界	√	√
		车站直线地段矩形隧道限界	√	√
		车站直线地段马蹄形隧道限界(有暗挖的车站)	√	√
5	轨道	单趾弹簧扣件组装图	√	√
		减振道床结构图	√	√
		接触轨与道床连接图、反应板与道床连接图	√	√
6	车站建筑	车站总平面布置图	√	
		纵剖面图	√	√
		站厅层平面图	√	√
		站台层平面图	√	√
		其他各层平面图	√	√
7	车站结构	车站围护结构平面布置图	√	
		结构横剖面图	√	√
		结构纵剖面图(地下站含地质纵剖面图)	√	√
		车站结构施工方案图(含车站支撑布置图)	√	√
		车站各层结构平面布置图	√	
8	区间隧道	隧道总平面图	√	√
		隧道纵断面图	√	√
		隧道横断面图	√	√
		高架、地面段纵剖面图	√	
		高架、地面段横剖面图	√	
9	供电	供电系统图	√	√
		供电设施分布示意图	√	√

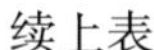

续上表

序号	图名		系统	总体
9	供电	牵引变电所布置图(包括混合变电所布置图)	√	√
		降压变电所布置图	√	√
		变电所主接线图(包括牵引降压变电所主接线图)	√	√
		接触网供电分段示意图	√	√
		车站动力配电系统图	√	
		车站动力配电箱平面布置图	√	
		车站环控电控室低压柜排列图	√	
		车站照明系统图	√	
		区间隧道供电图	√	
		电力监控系统构成图	√	
		变电所自动化系统构成图	√	
		接地系统概念图	√	√
10	信号	信号系统构成图	√	√
		信号系统功能图	√	
11	通信	传输网络图	√	√
12	通风空调	隧道通风平面图	√	√
		大系统平面图	√	√
		水系统平面图	√	√
		主要纵、横剖面图	√	
		大、小系统图	√	√
		水系统图	√	√
13	集中供冷	集中供冷工艺流程图	√	√
		变电所高低压系统图	√	√
		生产、生活给水及水消防给水系统图	√	√
		工艺平面图	√	
14	自动扶梯、电梯、楼梯升降机	自动扶梯主要结构参数图	√	
		电梯主要结构参数图	√	
15	环境与设备监控	车站监控系统构成图	√	√
		集中冷站监控系统构成图	√	√
16	火灾自动报警	全线系统网络图	√	√
		火灾报警流程图	√	
		典型站火灾自动报警与消防联动框图	√	
17	自动售检票	自动售检票系统图	√	√
		自动售检票系统票务流程图	√	
		自动售检票系统功能图	√	√
		车站设备组网原理图	√	

续上表

序号	图名		系统	总体
18	控制中心	主控制室设备布置平面图	√	√
19	屏蔽门/安全门	屏蔽门配置总图	√	√
		屏蔽门布置剖面图	√	√
		屏蔽门安装大样图	√	
		屏蔽门配电系统图	√	
		屏蔽门控制系统图	√	√
20	给排水及消防	给排水系统图	√	√
		给排水及消防平面图	√	
		给排水及消防系统图	√	
21	车辆基地	车辆基地站段关系示意图	√	√
		车辆基地总平面布置图	√	√
		出入段线纵断面图	√	√
		室外电力线路平面图	√	√
		污水处理工艺流程图	√	√
		各生产、生活房屋及消防设备布置图	√	√
22	综合监控	主控系统方案图	√	√
		控制指挥中心设备平面布置图	√	
		典型车站控制室设备平面布置图	√	
23	概算	总概算书	√	√

注:所有专业的说明书均要求签署到系统和总体。

3.3.4 设计文件组成与内容

1)编制目的

《设计文件组成与内容》是规范和统一全线各工点、各系统设计文件内容和设计深度的技术文件。由于一条线路的设计将由多家设计单位参与,为实现设计文件深度和设计内容的统一,总体设计单位应编制规范工程设计组成与内容的相关文件。

《设计文件组成与内容》主要包括设计说明书、设计图纸和概算三部分。设计说明书主要包括工程概述、对设计咨询和专家审查意见的执行情况、设计依据、设计原则、设计方案、与其他专业和系统的接口关系等内容,还包括工程数量表、主要设备材料数量表、图纸目录等设计说明书附件;设计图纸主要包括原理图、系统图、平面图、剖面图等内容;概算单独成册,按照相关定额规定和设计总体所发的概算要求及格式编制。

下面列举该文件编制的主要内容。

2)文件的组成内容

第一篇　总说明书

第二篇　设计基础资料

第一章　客流

第二章　地质

第三章　车辆

第三篇　行车组织与运营管理

第一章　概述

第二章　设计基础

第三章　列车运行组织

第四章　运营管理

第五章　组织机构与定员

第四篇　限界

第五篇　线路

第六篇　轨道

第七篇　车站

第一章　土建

第二章　低压配电与照明

第三章　通风与空调

第四章　车站给排水及消防

第八篇　区间

第九篇　供电

第一章　供电系统

第二章　主变电站

第三章　牵引降压混合变电所和降压变电所

第四章　电力监控

第五章　接触轨

第六章　供电车间

第十篇　信号

第十一篇　通信

第一章　通信系统

第二章　民用通信

第三章　公安通信系统

第十二篇　隧道通风

第十三篇 集中供冷
第十四篇 区间给排水及消防
第十五篇 自动灭火
第十六篇 自动扶梯、电梯、楼梯升降机
第十七篇 自动售检票
第十八篇 环境与设备监控
第十九篇 火灾自动报警
第二十篇 屏蔽门/安全门
第二十一篇 门禁系统
第二十二篇 防淹门
第二十三篇 区域控制中心
第二十四篇 综合监控系统
第二十五篇 车辆段及综合基地
第一章 总说明书
第二章 工艺设计
第三章 站场与线路(含路基、轨道及桥涵)
第四章 房屋建筑
第五章 电力工程
第六章 通风与空调
第七章 给排水及水消防
第二十六篇 防灾
第二十七篇 人防工程
第二十八篇 环境保护及劳动安全卫生
第一章 环境保护
第二章 劳动安全卫生
第二十九篇 工程筹划
第三十篇 概算(初步设计阶段)
第一章 总概算
第二章 各单元概算

各篇章编制的具体内容参见附录Ⅳ。

3.3.5 机电系统对土建设计总体要求

1)编制目的

为了运营的需要,轨道交通线路需要配置供电、通信、信号、自动售检票等多个机电系统。在设计中,各机电系统均需将各自的设备布置在车站、区间等地,同时各机电系统对土建工程提供的环境条件又各有具体不同的要求，而且各机电系统及各土建工点是由多家不同的设计单位进行设计。因此，轨道交通的设计将存在大量各专业和各设计工点的接口协调，该接口协调在初步设计阶段尤为重要。为了统一设计阶段的接口设计原则、内容和要求，总体组有必要组织编制机电系统对土建工程设计的总体要求。

机电系统对土建设计的总体要求，是对设计技术要求的重要补充和具体细化，是指导各土建设计工点开展设计的重要文件。

因此，为配合土建设计，稳定机电系统对土建设计的要求，统一全线标准，编制机电系统对土建设计总体要求是十分必要的。其内容应包括机电系统要求的房间面积及定员、装修要求、孔洞尺寸及管线预埋等。

应分下列专业分别编制：供电（变电所），通信，信号，供暖通风与空调，给排水及水消防，动力配电与照明，屏蔽门/安全门，自动售检票，火灾自动报警，环境与设备监控，自动灭火，综合监控，门禁，防淹门，自动扶梯、电梯、楼梯牵引机。

2）各专业编制主要内容

（1）供电（变电所）

供电系统与土建设计有密切关系的主要是变电所，因此需要详细了解变电所对土建设计的要求。

变电所对土建设计的总体要求应主要按照下列内容进行编写：

①变电所功能和设置位置要求。

供电系统按功能可分为：

a. 牵引变电所：是将 33kV 交流电源转换为 1500V 直流电并向接触网供电的变电所。

b. 降压变电所：是将 33kV 交流电源转换为 0.4kV 交流电并向车站及区间动力照明负荷供电的变电所。

c. 牵引降压混合变电所：指牵引变电所与降压变电所合建的变电所。

d. 跟随式降压变电所：是指在车站规模较大的情况下，在车站另一端或区间靠近负荷集中处增设的降压室（包括动力变压器和 0.4kV 开关柜）。

根据供电系统方案，明确各种变电所在车站、区间等地的设置情况，具体可参考表 3-5。

变电所设置情况 表 3-5

序号	工点名称	牵引变电所	降压变电所	牵引降压混合变电所	跟随式降压变电所
1	××站/区间	√			由低压专业确定
2	××站		√		由低压专业确定
3	××站			√	由低压专业确定
…	……	……	……	……	

②变电所布置和设施要求。

a. 变电所位置和布置：应针对地下/高架车站不同性质，从设备运输、设备检修、电缆敷设等方面对其设置位置提出原则性要求，并对各设备间数量、面积、设备布局（需附布置图）等提出要求；对变电所各设备间的相互布局关系提出原则性要求。

b. 变电所对房屋的要求：应从房屋净高、建筑耐火等级及应设置的相关消防设施、结构地板承载(应附各设备控制尺寸及荷载)、门窗及运输门洞大小、地面及墙壁装修等方面提出原则性要求。

c. 设备运输通道要求：应根据地面、轨道两种运输途径，从运输通道的尺寸和结构荷载等方面提出要求。针对变电所位于地下车站站台层(包括有效站台范围、有效站台以外范围两种情况)、地下车站非站台层和地面等位置分别进行说明。

d. 电缆敷设要求：应从变电所内部、电缆进出变电所、电缆通过车站、电缆在区间(地下区间/高架区间)和主变电所至区间段等方面对土建设计提出要求，同时对电缆敷设孔洞防火封堵提出要求。

(2)通信

通信对土建设计的总体要求应主要按照下列内容进行编写。

①从需要设备房的种类、设备房与车站控制室在空间上的关系、电缆进出要求、防电磁干扰等方面提出房间布局要求。

②从房间面积(附表)、结构荷载、地面及墙面装修、建筑防火、建筑层高及净空、架空地板的敷设、门洞尺寸及设备运输等方面提出要求。

③对民用通信电缆引入提电缆引入要求。

④给出各设备间设备布局图(含检修空间要求)。

(3)信号

信号对土建设计的总体要求应主要按照下列要求进行编写(应先明确联锁站还是一般站)：

①从需要设备房的种类、设备房与车站控制室在空间上的关系、电缆进出要求和防电磁干扰等方面提出房间布局要求。

②从房间面积、结构荷载、地面及墙面装修、建筑防火、建筑层高及净空、架空地板的敷设、门洞尺寸及设备运输等方面提出要求。

③给出各设备间设备布局图(含检修空间要求)。

(4)供暖通风与空调

供暖通风与空调对土建设计的总体要求应主要按照下列要求进行编写(应先明确车站大系统是开/闭式系统还是屏蔽门系统)。

①隧道通风。明确区间系统与车站系统是分开还是合并设置的原则，然后提出设备布置要求。

a. 风机及消声器：给出风机及消声控制尺寸、设备荷载、二者连接接头控制尺寸、运输通道、设备吊装等要求，同时应给出大型风机水平、立式安装要求。

b. 活塞风道/亭：从净面积(包括风道、楼板预留孔洞等)、长度、土建弯头设置及数量、风亭对周边环境控制等方面提出原则性要求。

c. 机械风道/亭：对区间风从净面积(包括风道、楼板预留孔洞等)、长度、土建弯头设置及数量、风亭对周边环境控制等方面提出原则性要求，对车站隧道轨顶及轨底排热风道从面积、布局和风口布置等方面提出原则性要求。

d. 风阀：应从风阀所需土建面积、执行器安装及检修空间、风阀安装对孔洞周边结构要求等方面提出原则性要求。

②车站通风空调风。

a. 应从设备布局、设备控制尺寸、设备检修空间要求、机房及风室门的密闭性及开向等方面对环控机房布置提出要求。

b. 应从设备荷载、预留孔洞尺寸大小及布局、风机的落地及吊装、风柜基础及周边排水沟设置、土建风道装修、风管穿墙及楼板预留孔洞尺寸、大型风孔周边安全防护等方面对建筑及结构设计提出要求。

③车站通风空调水。

a. 应从设备布局、设备控制尺寸、设备检修空间要求等方面对制冷机房布置提出要求。

b. 应从设备荷载、设备（制冷机、水泵等）安装、设备基础及周边排水沟设置、设备吊装、设备运输等方面对建筑及结构设计提出要求。

（5）给排水及水消防

给排水及水消防对土建的总体要求应主要按照下列要求进行编写。

①车站排水。

a. 污水泵房（主要排除地下车站卫生间的粪便污水和冲洗水以及盥洗间、茶水间、淋浴间的生活污水）：应从布置位置（包含与电气设备房的相对关系）、房间面积、集水池的尺寸和容积、检修孔尺寸等方面进行规定。

b. 废水泵房（主要排除地下车站范围内的结构渗漏水、冲洗和消防废水等）：应从布置位置、房间面积、集水池的尺寸和容积、检修孔尺寸、与轨行区排水的接口要求等方面进行规定。

c. 局部排水泵房：提出设置位置要求（设置地点应包括地下车站地面至站厅层的自动扶梯基坑、地下车站站台板下、碎石道床区段及电梯井等不能自流排水而又有可能集水的局部低洼处），同时应从布置位置、房间面积、集水池的尺寸和容积、检修孔尺寸等方面进行规定。

d. 地下车站露天出入口、敞开式风亭雨水泵站（用于地下车站露天出入口、敞开式风亭排除雨水）：应从设置位置、排水容量计算标准（暴雨强度和集流时间）、房间面积、集水池的尺寸和容积、检修孔尺寸等方面进行规定。

e. 其他排水设施：对地漏、横截沟和透气管等的设置原则提出要求。

②车站给水。当市政水压不能满足消防水压要求时，应设置消防泵房。对泵房应从建筑防火（包括建筑防火、泵房直通室外出口设置等）、房间面积、设备荷载和排水等方面提出要求。

③区间给排水及消防。

a. 区间隧道主排水泵房（主要排出区间结构渗漏水、事故水和消防废水）：应从泵房设置位置、泵房面积、集水井与区间轨道排水沟的关系处理、集水池的尺寸和容积、设备安装及检修、排水管道出地面等方面提出原则规定。

b. 洞口雨水泵房（收集并迅速排出隧道引道段雨水）：应从泵房设置位置、泵房面积、暴雨强度和集流时间计算原则、集水池的尺寸和容积、设备安装及检修、雨水收集需要土建设施提供的条件等方面进行规定。

(6)动力配电与照明

动力配电与照明对土建设计的总体要求应主要按照下列要求进行编写。

①照明配电室:应从设置数量、位置、尺寸、面积、建筑装修和建筑防火等方面进行说明。

②环控电控室:应从设置数量、位置、尺寸、面积、设备检修要求、建筑装修和建筑防火等方面进行说明。

③电缆井:应从设置数量、位置、尺寸、面积、建筑装修和建筑防火等方面进行说明。

④蓄电池室:应从设置数量、位置(与变电所的相互关系)、尺寸、面积和建筑防火等方面进行说明。

(7)屏蔽门/安全门

屏蔽门/安全门对土建设计的总体要求应主要按照下列要求进行编写。

①与站台的接口:应对列车司机门正对站台端头墙面安装设备的空间尺寸提出要求,应对侵入站台有效范围内房间外墙距站台边沿的距离提出要求,应对屏蔽门/安全门对站台荷载的要求提出规定,应对屏蔽门/安全门安装对土建的要求提出规定,应给出与站台接口的布置图。

②设备室:应对设备室布置位置、面积和尺寸、建筑防火等方面提出要求,应给出设备室设备布置简图。

(8)自动售检票

自动售检票对土建设计的总体要求应主要按照下列要求进行编写。

①与站厅公共区接口:应列表给出各车站公共区闸机、售票机等设备数量表,给出设备控制尺寸和布置原则,对公共区售票亭的布置、数量和面积提出要求。

②设备室:应对设备室布置位置、面积和尺寸、建筑防火等方面提出要求,应给出设备室设备布置简图。

(9)火灾自动报警

火灾自动报警对土建设计的总体要求应主要按照下列要求进行编写。

①车站设备室:应对设备室布置位置(包括防电磁干扰、与车站控制室关系等)、面积和尺寸、建筑防火等方面提出要求。

②车辆基地:应提出本专业在车辆基地内设置设备用房的功能要求和各功能房间的面积要求等,应对设备室布置位置(包括防电磁干扰、与车站控制室关系等)、面积和尺寸、建筑防火等方面提出要求,应规定消防控制室的布置位置、防火要求和面积要求。

③主变电站(集中冷站):应规定其消防控制室的布置位置、防火要求、面积要求和防电磁干扰等。

(10)环境与设备监控

环境与设备监控对土建设计的总体要求应主要按照下列要求进行编写。

①车站设备室:应对设备室布置位置(包括防电磁干扰、与车站控制室关系等)、面积和尺寸、建筑防火等方面提出要求。

②车辆基地:应提出本专业在车辆基地内设置设备用房的功能要求和各功能房间的面积

要求等,对各设备室布置位置(包括防电磁干扰、与车站控制室关系等)、面积和尺寸、建筑防火等方面提出要求。

③主变电站(集中冷站):应规定其控制室的布置位置、防火要求、面积要求和防电磁干扰等。

(11)自动灭火

自动灭火对土建设计的总体要求应主要按照下列要求进行编写。

①保护范围:应明确车站(地下/高架)、区间(跟随式降压变电所)、集中冷站、车辆基地、控制中心等建筑内需要采取自动灭火系统保护的房间。

②设备室:应对设备室布置位置、面积和尺寸、建筑防火等方面提出要求。

③防护区:应明确受保护房间的围护结构(含门、窗)承受内压要求、建筑防火和房间密闭性要求等。

(12)综合监控

综合监控对土建设计的总体要求应主要按照下列要求进行编写。

①车站设备室:应对设备室布置位置(包括防电磁干扰、与车站控制室关系等)、面积和尺寸、建筑防火等方面提出要求。

②车辆基地:应提出本专业在车辆基地内设置设备用房的功能要求和各功能房间的面积要求等,应对各设备室布置位置(包括防电磁干扰、与车站控制室关系等)、面积和尺寸、建筑防火等方面提出要求。

(13)门禁

门禁对土建设计的总体要求:应对各车站设备室布置位置(包括防电磁干扰、与车站控制室关系等)、面积和尺寸、建筑防火等方面提出要求。

(14)防淹门

防淹门对土建设计的总体要求:应明确全线设置防淹门的具体位置(以确定由哪个土建设计工点进行土建设计)及系统与土建设计的接口关系(采用图纸方式),并应对其设备室布置位置、面积和尺寸、建筑防火等方面提出要求。

(15)自动扶梯、电梯、楼梯牵引机

自动扶梯、电梯、楼梯牵引机对土建设计的总体要求应主要按照下列要求进行编写。

①自动扶梯。

a. 设置原则:应根据提升高度明确出入口、车站内部各层间设置自动扶梯的原则(含上下行、数量等)。

b. 建筑接口:提出扶梯运输通道路径及空间要求,明确扶梯范围内的装修要求、梯口周边防护要求和三角房设计要求。

c. 结构接口:提出扶梯对结构预留孔洞要求、结构荷载要求、设备吊装要求和集水坑设置要求。

d. 附图:与建筑、结构的接口建议附图说明。

②电梯。

a. 设置原则:对电梯的设置位置(如是付费区还是非付费区等)和电梯参数等提出统一要求。

b. 建筑接口:提出运输通道路径及空间要求,明确井道等装修要求。

c. 结构接口:提出结构预留孔洞要求、结构荷载要求、设备吊装要求和底坑设置要求。

d. 附图:与建筑、结构的接口建议附图说明。

③楼梯升降机。

a. 设置原则:明确车站设置数量。

b. 建筑接口:提出设置的出入口宽度应在安装楼梯升降机后满足疏散能力等要求,对布置楼梯升降的出入口提出建筑设计要求。

c. 结构接口:提出结构荷载要求和是否预埋等要求。

d. 附图:与建筑、结构的接口建议附图说明。

为了统一设计标准,提高设计效率,保证设计质量,设计总体单位应编制相应专业的参考图。主要参考图涉及的专业,包括车站建筑(含装修)、车站结构、区间结构、结构防水、人防、通风空调、给排水及水消防、动力配电与照明等,具体内容可参见附录 V。

4 设计总体的技术接口管理和设计变更管理

4.1 接口管理和接口分类

轨道交通工程设计,外部需与众多相关政府职能部门进行协调,内部专业众多,各主要系统专业内部之间技术接口又是相互交叉和错综复杂的,为保证各系统专业设计的统一性、完整性和总体性,在总体技术管理下各相关专业通过协调形成统一接口,达到相关专业之间的功能平衡、协调,接口界面明确和标准统一,对整个工程形成一个完整统一的系统工程至关重要。

轨道交通接口按协调对象,可分为外部接口和内部接口。外部接口是指与设计相关的项目组与外部政府职能、政府轨道交通项目业主部门之间的技术接口,而内部接口是指在设计总体组织下开展的项目内部各专业、系统总体及各分包工点、系统设计单位之间的技术接口。

4.1.1 外部接口对象

总体技术外部接口是使总体设计符合城市规划部门、城市建设的实际情况以及消防部门、交通管理及市政等职能部门的要求。在做到基础资料准、齐、新的前提下,应加强与接口部门(单位)协调、沟通和汇报,使设计文件符合城市建设要求。

政府轨道交通工程设计技术外部接口对象主要有市区规划、国土、市政、建设、财政、园林、环保、城管、交通、消防、人防、安全监督管理、供电、供水和电信等公用事业有关部门。

4.1.2 内部接口对象

轨道交通内部接口对象包括轨道交通内部各系统间的接口、各系统内部子系统间的接口和子系统内部各设备间的接口。其中,最重要的是各系统间的接口,其又包括基础条件接口、总体接口和工程与设备系统接口。基础条件接口是指各系统专业为开展设计,需要其他相关系统提供的基础条件方面的接口。总体接口是指为保证各系统专业设计的统一性、完整性和总体性,在总体技术管理下各相关专业通过协调而形成的接口。工程与设备接口是指系统专业之间或内部子系统之间为保证具体工程项目及设备安装的实施而制定的接口。

4.2 接口内容

城市轨道交通作为大型市政工程,其建设必须接受政府各管理部门的指导、监督和检查,其功能的发挥受整个市政系统功能的影响。如线位及站位的确定需经规划部门的认可,客流疏导需与公共客运及铁路部门接口协调，电力、自来水、人防、消防及信息等均须接受相关职能部门的管理，工程建设中需拆迁已有的各种建筑物或管线设施，均需进行大量的调研和协调工作。

作为设计总体单位，首先应积极做好与政府及各地方政府管理部门之间的技术协调工作，督促各分项设计单位尽早、准确和详细地提供需要协调的各种设计资料，并对所提资料进行审查核定，为工程顺利推进创造条件。

1)轨道交通系统与外部接口关系

轨道交通有关专业与外部接口的具体关系详见表4-1。

轨道交通有关专业与外部接口关系 表4-1

轨道交通有关专业 / 外部接口	线路	轨道	车站	车场	隧道	供电	通风	给排水	通信	防灾
城市规划	*		*	*	*	*	*	*	*	
城市交通	*		*	*	*					
城市市政	*		*	*	*					
城市供电				*		*				
城市气象							*			
城市供水、排水			*	*	*			*		*
城市电信									*	*
城市环境、景观	*	*	*	*	*		*	*		
城市消防			*	*			*	*		*
城市人防		*	*		*	*		*		*
地质、地震灾害	*	*	*	*	*					
铁路	*	*	*	*	*					
航空	*		*							
航运	*		*		*					
文物保护	*	*	*	*	*					
环境敏感区	*	*			*	*	*	*		

2)项目外部接口主要内容

轨道交通工程设计主要外部接口具体内容详见表4-2。

项目外部接口主要内容 表4-2

接口内容	政府及地方政府机关	职能
国家及地方有关建设法规、审批文件、项目建议书及批文附件、与项目有关的纪要和公文、可行性研报告批复意见、环评报告、土地使用与城市规划城市建设规划、轨道交通线网规划、城市道路规划红线、江河蓝线及洪水位、城市园林绿地、轨道交通的地面建筑(车站、出入口、风亭)、车辆基地的位置确定及用地、沿线地面建筑及基础资料、工程施工用地、弃土场地等用地规划落实、土地利用分布形态及发展限制	规划与国土资源局 发改委 档案局 建设局	工程周围条件分析，工程线路、土建方案设计，商业开发的影响及效益分析，办理开工手续

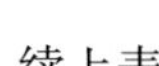

续上表

接 口 内 容	政府及地方政府机关	职 能
文物保护——重点文物及建筑房屋保护、沿线工程范围内的建筑物拆迁	文化局、民政局、房管局	沿线文物及重要保护性建筑物保护、各类不同用途房屋(含学校等文化设施)的拆迁审批、残疾人设施的设置要求等
城市交通——车站位置的设置,与公交客流的接驳方案;破坏道路的工程地段,施工期的道路交通组织(通行、封闭、分流、导流),施工运输车辆通行路线的路段和时段等	交通局、公安交警	建设期和运营期的交通组织
城市道路——高架桥桥墩与城市道路横断面的空间分配、道路净空控制高度	规划与国土资源局、公路局、城建档案局	与城市道路的空间关系协调及确定
城市供电——城市供电电源(变电站)分布和供电条件;地下电缆、地面高压线等级及其走廊位置、安全控制距离和控制高程、气象资料、雷电资料、城市电网资料、主变电所规划要求	规划局、气象局、供电部门	供电系统方案设计、主变设置、气象参数资料
城市供水、排水、供气——城市水源(水厂、水压、水质);给水管、排水管接入条件;地下管线	规划局、自来水、污水、煤气等的产权单位	本工程管线的布置协调涉及的市政管线的拆迁改移
城市电信——市电话、地下电缆和市无线电管委会的规定条件	规划局、电信部门	本工程管线的布置和协调工程涉及的市政管线的拆迁改移
城市环境、景观城市道路不同地段的本底噪声和环保标准;车站与高架桥的造型和体量,与周边环境景观协调;敏感地段的性质和特殊要求	环境保护局、规划局、国土资源局、建设局	环境影响评估、地面及高架结构的外观设计、制订工程的减振降噪措施
城市人防——人防通道建设现状和规划;对地铁的人防功能定位和设施要求	人防办公室	人防设防标准
城市消防、公安管理——参与轨道交通消防和救援的要求和沿线公共安全管理要求	公安局、消防局	工程消防设计和车站公共安全管理设计
地质、地震灾害——根据地质、地震灾害报告中提出的防治措施	地质、地震局	工程抗震设计
铁路——接轨条件、跨越铁路净空高度控制条件,航运——航运码头、江河通航要求	交通局、航道、水利局、铁路局	与铁路、江河码头等的关系协调
其他	发改委、财政局、建设局、审计局、海关口岸办公室、质量技术监督局、统计局、档案局	城市经济发展情况、工程建设中的有关手续、设备进出口及工程质量检查监督、工程建设档案管理等

3)内部接口各对象内容

轨道交通涉及30多个内部技术专业,各主要系统专业内部之间技术接口又是相互交叉和错综复杂,具有明显的链式反应特征。因此明确内部各专业之间接口关系是总体管理中的重要内容,其目的是使各专业设计内容完整以及相关专业之间的功能平衡、协调、接口界面明确和标准统一,进而使整个工程设计形成一个完整统一的系统工程。其各专业之间技术接口关

系详见表4-3,轨道交通工程设计主要系统和专业内部接口内容如下:

(1)行车组织与运营管理

①输入接口。

a.线路专业→平、纵断面资料,车辆专业→采用车型的牵引曲线资料。

b.建筑专业→各车站的出入口数量及行车客运生产房屋面积。

c.信号专业→安全防护距离、最小轨道电路长度和办理进路时间。

d.客流预测专业→设计年度客流资料。

②输出接口。

a.全线牵引计算结果→供电专业。

b.曲线地段行车速度→轨道、信号专业。

c.运用车数量→车辆、车辆基地专业。

d.列车交路、高峰小时列车对数、全日行车计划、旅行速度→通信、信号、车辆、环控和供电等专业。

③重要协商接口。

a.车站配线数量→与线路、车站建筑、结构和信号专业共同研究协商。

b.车辆段→车辆段及综合基地存车能力、出入段平纵断面、车辆维修人员定员标准及数量等与车辆段相关专业共同协商确定。

(2)车辆

①输入:各年度高峰小时单向最大断面客流量、车型技术资料及其价格。

②输出:车辆技术资料→线路、行车、限界、土建、供电、环控和车辆基地等。

③重要协商接口。

a.车载通信设备→车载无线设备及其天线的数量、安装尺寸、安装要求;车载无线设备的电源要求;OCC(控制中心)利用车辆广播对乘客进行广播的接口要求;OCC或车站通过无线向车辆液晶显示器传输图文信息的接口要求;无线系统传输车辆故障信息的接口要求;列车上所需信息传输方式,与通信专业协商确定。

b.信号设备→列车牵引、制动、开门、关门等指令的相关要求;天线、速度传感器的安装空间和位置要求;ATO(自动控制)/ATP(自动防护)车载设备及相关的安装尺寸、要求及其与车辆的联锁要求;车站代码及与车辆广播、视频的接口要求;车载ATP设备与紧急制动回路的电气连接;车载信号设备供电要求;列车广播、视频显示、同步时钟的控制要求,与信号专业协商确定。

(3)限界

①输入接口。

a.车辆专业→车辆参数、车辆轮廓线和车辆限界坐标值。

b.线路专业→线路平纵断面图、曲线要素。

c.轨道专业→轨道结构形式、轨道建筑高度、道岔布置图及构造图和曲线超高。

d.区间专业及车站建筑专业→区间及车站结构断面形式和有关尺寸。

e.各设备专业→各有关专业区间设备及管线布置数量、位置、尺寸及转辙机布置。

表 4-3

轨道交通设计各专业内部接口表

序号	轨道交通专业名称	行车组织与运营	线路	限界	轨道	车辆	工程测量与地质	车站建筑	车站结构	车站通风空调	车站给排水消防	车站动力照明	区间	路基及桥涵	供电	主变电站	通信	信号	隧道通风	区间给排水消防	自动灭火	综合监控	火灾自动报警	环境与设备监控	自动售检票	屏蔽门	防淹门	电梯扶梯	车辆段	控制中心	防灾	人防	工程筹划	概预算
1	行车组织与运营		√	√	√	√		√		√	√			√	√		√	★	√	√	√	√	√	√	√	√	√	√	√		√	√	√	
2	线路	√		√	√	√	√	√					√	√	√		√	√	√	√		√		√			√		★	√		√	√	
3	限界	√	√		√	√		√		√	√	√	√	√	√	★	√	★	√	★	★		★	★		√	★		√			√		
4	轨道	√	√	√		★		√			★	★	√	√	★		★	★	√	★			★	★			★		√			√	★	√
5	车辆	√	√	√	★				√					√	★		★	★	√							√			√		√		√	√
6	工程测量与地质		√						√				√																√	√				
7	车站建筑	√	√	√	√				★	★	★	★	★	★	★		★	★	★	★	★	★	★	√	★	★	★	★			√	√	★	√
8	车站结构					√	√	★		√	√	√	★	√	★		★	★	★		★	★	★	★	★	√	√	√				√	√	√
9	车站通风空调	√		√				★	√		★	★	★		★		★	★	★		★		★	√	√	★	√	√	√	√	★	★	√	√
10	车站给排水消防	√		√	★			★	√	★		√	√						√	√	√			√			√		√	√		√	√	√
11	车站动力照明			√	★			★	√	★	√		√	★	★		√	√	√	√	√	√	√	√	√	√	√	√	√	√	√	√	√	√
12	区间		√	√	√		√	★	★	★	√	√		★	√		√	√	★	√	★			√			√				★	√	√	√
13	路基及桥涵	√	√	√	√	√		★	√			★	★		★	★				★									√				√	√
14	供电	√	√	★	★	★		★	★	★		★	√	★		★	★	√	√	√	√	★	√			√	√		★	★	√	√	√	√
15	主变电站			★										★	★		√				★	★	√						★		√		√	√
16	通信	√	√	√	★	★		★	★	★		√	√		★	√		★	√	√	√	★	√	√	√			★	√	★		√	√	√
17	信号	★	√	★	★	★		★	★	★		√	√		√		★		√		√					★	√		√	★			√	√

续上表

序号	轨道交通专业名称	行车组织与运营	线路	限界	轨道	车辆	工程测量与地质	车站建筑	车站结构	车站通风空调	车站给排水消防	车站动力照明	区间	路基及桥涵	供电	主变电站	通信	信号	隧道通风	区间给排水消防	自动灭火	综合监控	火灾自动报警	环境与设备监控	自动售检票	屏蔽门	防淹门	电梯扶梯	车辆段	控制中心	防灾	人防	工程筹划	概预算
18	隧道通风	√	√	√	√	√		★	★	★	√	√	★		√		√	√		√		√				★	√				★	√	√	√
19	区间给排水消防	√	√	★	★			★			√	√	√	★	√		√		√			√											√	√
20	自动灭火	√		★				★	★	★	√	√	★		√	★	√	√															√	√
21	综合监控	√	√					★	★			√			★	★	★		√	√			★	★	★	★	★	√	★	★			√	√
22	火灾自动报警	√		★	★			★	★	★		√			√	√	√					★		★	√			√	★	★	★	√	√	√
23	环境与设备监控	√	√	★	★			√	★	√	√	√	√		√		√					★	★					★	★	★	√		√	√
24	自动售检票	√						★	★	√		√					√					★	√						√	√			√	√
25	屏蔽门	√		√		√		★	√	★		√			√			★	★			★											√	√
26	防淹门	√	√	★	★			★	√	√	√	√	√		√			√	√			★											√	√
27	电梯、扶梯	√						★	√	√		√					★					√	√	★									√	√
28	车辆段	√	★	√	√	√	√			√	√	√		√	★	★	√	√				★	★	★	√								√	√
29	控制中心		√				√			√	√	√			★		★	★				★	★	★	√								√	√
30	防灾	√				√		√		★		√	★		√	√			★				★	√										
31	人防	√	√	√	√			√	√	★	√	√	√		√		√		√				√											
32	工程筹划	√	√		★	√		★	√	√	√	√	√	√	√	√	√	√	√	√	√	√	√	√	√	√	√	√	√	√				
33	概预算				√	√		√	√	√	√	√	√	√	√	√	√	√	√	√	√	√	√	√	√	√	√	√	√	√				

注：表中“√”为一般提资，“★”为配合协商，是内部技术接口协调的重点。

②输出接口。

a. 直、曲线段线间距,各种断面建筑限界→线路专业。

b. 设备限界、建筑限界图→结构、车站建筑等专业。

c. 含各种设备和管线空间布置的限界图→供电、通信和信号等设备专业。

d. 曲线段、道岔区断面加宽加高要求→建筑、区间结构。

e. 车站两端、有岔车站等特殊建筑限界→建筑、区间和人防等有关专业。

③重要协商接口。

a. 设备及管线布设→在车站或区间隧道侵入轨行区的设备及管线的布设与建筑限界是否存在矛盾,与供电系统、通信、信号、自动灭火、火灾自动报警、环境与设备监控和区间给排水等专业配合确定。

b. 防淹门、人防门→与防淹门和人防专业协商确定防淹门和人防门的宽度、高度和该处管线布设方法,根据协商结果确定相关限界。

(4)线路

①输入接口。

a. 车辆及限界专业→车辆轮廓尺寸、最大纵坡等技术特征、车辆限界、各种断面建筑限界、曲线地段限界加宽资料、线间距和隧道最小曲线半径等。

b. 轨道专业→轨道及道床构造及使用地段,各类道岔及主要参数和曲线地段轨道超高。

c. 行车组织→列车编组、列车交路和辅助配线形式及位置。

d. 建筑→车站总平面、立面、剖面图和站中心轨面相对标高。

e. 结构专业→各种类型区间、车站结构形式及断面资料、覆土要求、旁通道及泵站位置、两线间最小施工距离及线路至建筑物最小距离要求等。

f. 供电→主变电所位置、牵引变电所分布及工艺平面图。

g. 信号→信号制式、信号机布置、辅助线控制方式和控制要求。

h. 车辆基地→车场总平面和纵断面图。

②输出接口。

a. 线路平面图和纵断面图→各专业。

b. 站中心及主要控制点里程、标高、坐标资料→建筑、结构和区间等有关专业。

c. 全线主要工程数量,主要拆迁、改移项目及数量→工经专业。

③重要协商接口。

a. 车辆段出入段线→车辆段出入段线路平纵断面和车辆段出入段分界里程及高程,与车辆段相关专业配合确定。

b. 限界→线路专业根据矩形断面曲线地段加宽值计算图表、道岔区加宽值计算图表、断面限界图,检查明挖地段线路中心线与建(构)筑物的距离是否足够,核实道岔岔心与有效站台端部或曲线端部的距离是否满足要求,核实各车站及区间直、曲线段的线间距值。

(5)轨道

①输入接口。

a. 线路专业→线路平纵断面图、渡线形式和车站配线。

b. 车辆专业→车辆轴重、编组、定距和轴距等有关参数。

c. 行车专业→日均行车对数运量、曲线地段行车速度。

d. 信号专业→信号机转辙机位置、轨道电路布置、闭塞长度、电缆敷设位置及数量。

e. 其他设备专业→电缆敷设位置及数量、隧道内外水量资料和接触网安装位置。

f. 环境保护→全线减振降噪地段及要求。

g. 车辆基地→站场平纵断面图，工艺、排水和房建等有关要求。

②输出接口。

a. 道岔型号及道岔有关技术参数→线路、信号专业。

b. 各种地段道床形式及轨道建筑高度→限界、结构专业。

c. 轨道纵向力→结构专业。

d. 工务用房面积、工务定员→建筑专业、车辆基地。

e. 轨道结构类型、材料、工程数量及减振轨道类型、数量→工经专业。

③重要协商接口。

a. 管线过轨→机电系统管线过轨技术要求及里程与供电、通信、信号、区间给排水、火灾自动报警等专业协商确定。

b. 防杂散电流措施→与供电专业共同确定轨道绝缘方式，选择合适的钢轨连接方式和具有绝缘性能的扣件。

c. 信号设备安装→转折机等轨旁设备的安装与信号专业配合确定。

(6) 车站建筑

①输入接口。

a. 各专业所提对土建的要求。

b. 各专业初步设计会审后的图纸资料。

c. 车站装修标准。

②输出接口。

a. 向各专业提供会审后的平、剖面图。

b. 供概算编制的有关图纸及资料。

c. 车站建筑与相关专业的接口要求。

③重要协商接口。

a. 结构形式→建筑专业初步确定车站建筑方案后，结构专业需向建筑专业提供梁、板（底、中、顶板）、柱、侧墙结构尺寸以及围护结构形式及尺寸、盾构要求（始发、吊出、过站、出土）。建筑专业根据建筑布置需要调整结构布置和尺寸，经多次协调后确定建筑及结构形式。

b. 设备房布置→车站设备区的房屋布置应与所有在车站安装设备的机电系统专业共同配合确定。

c. 附属建筑→地面风亭设置与通风空调专业协调确定，出入口设置与电扶梯专业协调确定。

(7)车站结构

①地质:车站结构专业依据地质资料进行结构设计和选择施工方案及措施。

②轨道:车站结构进行主体结构设计,轨道专业进行道床及轨道结构设计。

③线路:根据线路平、纵断面,进行主体结构设计和施工方法的选择。

④防灾报警:车站结构进行防灾通道的结构设计。

⑤环控:根据环控通风系统提出要求,对风井、风道的结构尺寸进行设计。

⑥通信:车站结构根据该系统提出要求,在结构设计中予以考虑。

⑦给排水及消防:根据该系统提出的废水、污水泵房位置及尺寸等要求进行设计。

⑧信号:对土建结构提出要求,车站结构专业进行结构设计。

⑨自动扶梯、电梯:考虑尺寸、质量和预埋件等要求。

⑩动力照明:对预埋件、预留孔等提出的要求,在车站结构设计中予以考虑。

⑪供电系统:对电缆敷设等提出的要求,在车站结构设计中予以考虑。

⑫牵引变电:对土建专业提出的要求,在车站结构设计中予以考虑。

⑬杂散电流:对土建专业提出的要求,在车站结构设计中予以考虑。

⑭人防:人防系统进行人防段的结构设计,并提出对结构的要求。

⑮建筑:根据建筑专业的车站总平面设计及分层平面设计、出入口、风亭设以及车站内沟、槽、管、洞和预埋件的位置及尺寸,车站结构专业进行所有的结构设计。

⑯限界:对土建专业提出各项限界要求,供车站结构专业进行结构设计。

(8)人防工程

①输入接口。各专业方案的图纸资料(建筑、结构、环控、给排水、供电)。

②输出接口。

a. 人防设防及设施要求标准。

b. 向各专业提供会审后的图纸资料。

(9)供电系统

①输入接口。

a. 行车组织专业:初期、近期、远期的列车编组及最大高峰小时行车对数和全日行车对数。

b. 线路专业:线路平、纵断面和曲线要素。

c. 车站专业:平剖面图、自动扶梯、直升电梯数量、用电容量及用电要求。

d. 通信专业、FAS、BAS、自动售检票系统用电容量、用电要求及受电点。

e. 信号专业:用电容量及用电要求、受电点、均流线和回流线设置位置的协调。

f. 综合监控专业:用电容量及要求、受电点和控制要求

g. 空调机通风专业:用电容量及用电要求、受电点和控制要求。

h. 给排水专业:用电容量及用电要求、受电点及控制要求。

i. 车辆基地:平面布置图、建筑平面图、道路图及用电容量及用电要求、供电电源点。

②输出接口。

a. 车站:牵引变所和降压变电所平面布置、建筑要求、进出电缆通道、承重要求、通道要求、动力照明设计、车站电缆的通道布置、车站配电室安排及要求、应急照明设计。

b. 通信专业:SCADA(电力监控系统)对传输通道要求、变电所电话安装、综合接地配合和供电电源点。

c. 信号专业:综合接地配合、供电电源点及供电方式、均流线和回流线设置位置的协调。

d. FAS:牵引变电所、降压变电所、主变电所、电缆通道的消防要求,电源、供电点及供电方式。

e. BAS:动力照明 BAS 控制的数量、内容及具体要求,FAS 的供电电源点和供电方式。

f. 自动售检票系统:供电点及供电方式。

g. 空调及通风专业:供电点、供电方式的控制设计。

h. 给排水专业:供电点、供电方式的控制设计。

i. 轨道专业:绝缘安装和全线轨道无缝线路要求。

j. 车辆段/停车场:牵引变电所和降压变电所平面布置及位置图、车场室外电缆管线布置及室外照明设计。

(10)通风空调系统

①输入接口。

a. 线路、客流、行车、车辆→线路平、纵断面图、高峰小时客流量及全日客流分布、行车速度、车辆技术规格和参数。

b. 建筑专业→车站建筑平剖面。

c. 供电、通信信号、FAS、BAS、给排水、车站设备、控制中心→发热量。

d. 车辆基地→设备用房净化要求,建筑用房平剖面图。

②输出接口。

a. 风管、设备吊装、机房布置要求、预留洞孔要求等→建筑、结构、车辆基地。

b. 设备型号、功率、电动设备检制要求→供电。

③重要协商接口。

a. 传感器安装和控制模式→与 BAS 专业协商传感器的安装位置、安装要求,在施工图设计前应进行工艺控制模式的讨论,确定通风空调控制方式。

b. 与低压配电的接口→向低压专业提供车站通风空调设备的配电特点、功率大小、电源要求;明确各用电设备(如风机、水泵等)联动控制要求,在招标前的设计阶段按双方协商的内容落实;明确防灾设备的种类、运行模式,协商确认各用电设备的配电等级;提供通风空调管线布置情况,协商综合管线的布置走向和标高设计;提供通风空调用电设备平面位置;明确通风空调设备运行工艺模式。

(11)通信系统

①输入接口。

a. 线路专业提出平面资料。

b. 限界专业提供区间限界资料。

c. 建筑专业提出车站平、立、剖资料。

d. 信号专业提出列车自动控制系统信道需求。

e. 电力监控专业提出控制信道需求资料。

f. 自动售检票专业提供控制信道需求。

g. 车辆专业提供车辆配属资料。

h. 防灾报警、设备监控专业提供控制信道及监视、广播设备需求。

②输出接口。

a. 提交通信区间线路预埋管线资料给轨道专业。

b. 提交区间设备安装要求给限界专业。

c. 提交车站通信管线、通信用房及地线资料给建筑及结构专业。

d. 提交通信系统用电资料给供电专业。

e. 提交通信维修设施的设置需求。

f. 提交通信设备布置需求给控制中心专业。

g. 提交概预算基础资料给概预算专业。

③重要协商接口。

a. 设备及缆线布置→供电专业需与通信专业协商接触网的布置情况，并提供接触网的布置情况资料，共同配合确定布置隧道内 LCX 电缆及支架和地面站、区间及车辆段通信线路。

b. 与综合监控专业接口→向综合监控系统提供传输网络及接口协议情况，与其共同协商确定传输网络构成、传输速率和接口协议等。

(12)信号系统

①输入接口。

a. 线路专业→线路平、纵断面(包括车场)及车站配线资料。

b. 轨道→正线、车场钢轨类型、道岔辙叉号，道岔侧向限速值。

c. 建筑→车站、控制中心和车场信号楼平、立、剖面图。

d. 车辆→配车数量、编组形式、启动加速度、制动减速度。

e. 行车→列车交路、运行对数。

f. 车场→股道使用情况。

g. 车站设备→站台屏蔽门设置。

h. 供电→供电方式、牵引变电所设置位置、回流均流线设置。

i. 概算→编制原则、采用定额。

②输出接口。

a. 安全防护距离、最小轨道电路长度、办理进路时间→行车专业。

b. 设备室用房面积、要求→建筑专业。

c. 用电量及要求→供电专业。

d. 控制中心、车站、车场通道数、传输速率、接口方式→通信专业。

e. 列车到站时间、发车时间、列车服务号→通信专业。

f. 列车在地下区间超时运行及位置→火灾报警、设备监控专业。

③重要协商接口。

a. 与供电系统接口→供电专业向信号专业提供接触网开关柜的结构和位置、接触网供电段的划分、供电范围、供电状况、牵引电流及钢轨回流的强度分布、牵引回流轨道连接点及均流线位置、对联锁区内轨端接续线的载流要求、车站及区间牵引供电电缆的敷设位置、提供接地系统原理图及接地电阻值。信号专业应与供电专业共同协商确定钢轨的连接和轨道绝缘节的设置,合理敷设电缆,确保轨道电路以及其他信号轨旁设备正常工作。

b. 与屏蔽门专业接口→向信号专业提供屏蔽门的控制及与信号专业的接口原则,提供门关闭并锁闭信息和互锁信息。信号专业与其专业共同确定控制和监视屏蔽门方式。

(13)给排水与消防系统

①建筑:要求建筑专业提供建筑总平面图、车站平剖面图、冷却塔位置,向建筑专业提出车站冷却塔、气体灭火系统钢瓶间布置要求。

②结构:向结构专业提供预留孔、预埋件要求及设备基础和荷载。

③供电:向供电专业提供消防泵、排水泵、循环泵、冷却塔、气体灭火系统控制盘的位置和用电量及消火栓箱位置。

④环控:要求环控专业提供冷却循环水量、冷水机组的水头损失、地漏设置要求、气体灭火系统保护区防火阀位置。

⑤防灾:向防灾专业提供消火栓箱位置、消防泵的监控要求、气体灭火系统控制盘的位置及输出信号。

⑥监控:向监控专业提供废水泵、污水泵的控制及监控要求。

⑦通信:要求通信专业在消防泵房和区间废水泵房内设置电话。

(14)综合监控系统

①输入接口。将环控、供电、给排水、自动灭火、AFC、SCADA 及车站设备提供给本专业监控内容、监控工艺要求和监控设备数量的基础资料。

②输出接口。

a. 本专业向通信专业提出通信的通道、防灾通信的要求,向车辆基地、车站建筑、控制中心大楼提出房建要求,向结构提出预留孔洞要求,向供电专业提供负荷、受电点位置和用电量要求,向概预算专业提出投资估算和工程数量。

b. 接口界面处理:按各专业要求,在相关专业设备安装地点确定相应接口位置。

(15)自动售检票

①输入接口。

a. 建筑专业→控制中心、车站及维修基地平、剖面图。

b. 客流预测专业→客流预测报告与结论。

c. 行车组织专业→票务管理及运营计划。

d. 通信专业→时钟同步信息。

e. 轨道交通结算中心及公共交通结算中心→接口内容及要求。

②输出接口。

a. 设备用房及站终端设备布置要求→建筑专业。

b. 控制中心与车站之间的通讯通道要求→通信专业。

c. 设备的供电要求→供电专业。

d. 设备用房通风、空调要求→环控专业。

e. 设备用房报警、控制要求→防灾报警专业。

f. 中央计算机系统与结算中心的接口内容及要求→轨道交通清分中心。

(16)自动扶梯、电梯和楼梯升降机

自动扶梯和直升电梯安装需要建筑、土建专业预留接口,如一般设备招标在土建设计之后,这就要求车站设备专业根据经验,综合各大自动扶梯、直升电梯生产厂商的特点,预先向建筑和土建专业提供自动扶梯安装所需的接口(预留孔洞和预埋件)。

(17)环境与设备监控

①输入接口。环控、低压配电、给排水、电扶梯等车站设备提供给本专业监控内容、监控工艺要求和监控设备数量基础资料。

②输出接口。

a. 本专业向通信专业提出通信的通道要求,向车辆基地、车站建筑、控制中心大楼提出房建要求,向结构专业提出预留孔洞要求,向供电专业提供负荷、受电点位置和用电量要求,向概预算专业提出投资估算和工程数量。

b. 接口界面处理:按各专业要求,在相关专业设备安装地点确定相应接口位置。

③重要协商接口。

a. 与各监控对象系统的接口→应与低压配电、通风空调、火灾自动报警和电扶梯等专业共同协商确定接口协议及接口形式。

b. 控制模式→应与低压配电、通风空调和给排水等专业共同协商根据各被控对象的控制模式确定实现方案。

(18)火灾自动报警

①输入接口。将水消防系统、自动灭火系统、环控系统(防火阀、排烟风机等)、防火卷帘等车站设备提供给本专业监控内容、监控工艺要求和监控设备数量的基础资料。

②输出接口。

a. 本专业向综合监控提出通信的通道要求,向车辆基地、车站建筑和控制中心大楼提出房建要求,向结构提出预留孔洞要求,向供电专业提供负荷、受电点位置和用电量要求,向概预算专业提出投资估算和工程数量。

b. 接口界面处理:按各专业要求,在相关专业设备安装地点确定相应接口位置。

(19)屏蔽门/安全门

①输入接口。信号专业为屏蔽门系统提供门开关控制信号。

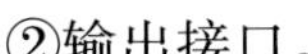

②输出接口。

a. 屏蔽专业向信号专业反馈门已关闭的状态信息。

b. 本专业向综合监控提出通信的通道要求，向车站建筑提出房建要求，向结构提出预留孔洞和荷载要求，向供电专业提供负荷、受电点位置和用电量要求，向概预算专业提出投资估算和工程数量。

c. 接口界面处理：按各专业要求，在相关专业设备安装地点确定相应接口位置。

(20)防淹门

①输入接口。

a. 信号专业向防淹门专业发出允许关门信号。

b. 综合监控系统根据防淹门专业要求提供 IBP 盘的按钮和指示灯。

②输出接口。

a. 防淹门专业为信号专业提供防淹门门状态信息。

b. 防淹门专业向信号专业发出关门请求信号。

c. 给综合监控专业提供防淹门所需监视的状态信息和水位信息等。

d. 本专业向综合监控专业提出监控的通道要求，向结构提出预留孔洞和荷载要求，向供电专业提供负荷、受电点位置和用电量要求，向轨道专业提出设置防淹门处轨道的做法、空间预留或对轨道道床的特殊要求，向概预算专业提出投资估算和工程数量。

(21)控制中心

①输入接口。

a. 线路→线路平面等。

b. 勘测→地质资料、规划资料和物探资料等。

c. 各系统→设备用房面积、管理用房面积及要求、用电量及要求等。

d. 概算→编制原则、采用的定额。

②输出接口。

a. 建筑总平面图、相关楼层平面布置图和剖面图→各系统、结构、给排水及消防、电力、通风与空调、楼宇智能化设计。

b. 输入、输出在整个建设过程中是相互影响的，只有理顺各专业接口内容，合理安排好各专业先后主次等关系，才能做到界面清晰、接口合理。概算专业根据控制中心各系统落实情况，以及技术经济指标和综合定额标准提出工程概算资料。

③重要协商接口。

设备用房→根据控制中心内设置的综合监控、通信、信号、FAS、AFC 等系统相关设备房的工艺布置要求，与各系统专业协商确定设备用房布置。

(22)车辆基地

①工艺专业。

a. 输入：车辆技术资料、各设计年度列车编组、交路和全日行车计划，站场平面、纵断面图、建筑总平面图和生产房屋平、剖面图。

b. 输出：站场、房建、给排水、电力、通风及空调、概算、接触网、通信、信号、FAS 专业技术要求和相关资料。

②站场专业。

a. 输入：规划场地地形图和勘测资料、接轨站平面、纵断面图，工艺站场技术要求、室外排水布置图。

b. 输出：站场平面、纵断面图和站场排水设计图。

③房屋专业。

a. 输入：站场平纵断面图、勘测资料、各专业房建技术要求和相关资料。

b. 输出：建筑总平面图和各建筑单体平剖面图。

④给排水专业。

a. 输入：建筑总平面图、站场排水沟设计图和各专业上、下水技术资料。

b. 输出：室外排水布置图、泵房、污水处理站房建、电力、通风及空调技术要求和相关资料。

⑤电力专业。

a. 输入：建筑总平面图和各建筑单体用电要求。

b. 输出：配电间房建技术要求和相关资料、变电所分布和容量。

⑥通风及空调专业

a. 输入：建筑总平面图、各建筑单体通风、空调要求和技术资料。

b. 输出：通风、空调用房房建、电力技术要求和相关资料。

(23)防灾

①输入接口。

a. 车站各专业图纸资料（建筑、结构、环控、给排水与消防、供电）。

b. 区间各专业方案的图纸资料

c. 车辆段各专业方案的图纸资料。

d. 控制中心各专业方案的图纸资料。

②提供资料。向各专业提供防灾设计的标准措施。

表 4-4 中反映了轨道交通工程各个系统间的内部接口关系情况，各专业均应与其相关的重要专业协调接口界面和接口内容，并由此划清设计界面和设计责任，为形成正确、完整、统一和具可实施性的设计文件打下基础，同时也为总体管理提供了有章可循的依据，建立了共同协商技术方案的平台。

轨道交通工程专业技术内部接口表　　表 4-4

序号	受资专业名称	专业代号	接口编号	接口内容	配合形式		责任专业	完成阶段			备注
					提资	协商		总体	初设	施设	
1	行车组织及运营管理										
2	线路										
3	限界										

续上表

序号	受资专业名称	专业代号	接口编号	接口内容	配合形式		责任专业	完成阶段			备注
					提资	协商		总体	初设	施设	
4	轨道										
5	车辆										
6	工程测量及工程地质										
7	车站建筑										
8	车站结构										
9	车站通风空调										
10	车站给排水及消防										
11	车站动力配电及照明										
12	区间										
13	路基及桥涵										
14	供电										
15	主变										
16	通信										
17	信号										
18	隧道通风										
19	区间给排水及水消防										
20	气体灭火										
21	火灾自动报警										
22	机电设备监控										
23	自动售检票										
24	门禁										
25	屏蔽门										
26	电梯、扶梯										
27	车辆段及综合基地										
28	控制指挥中心										
29	防淹门										
30	主控制系统										
31	防灾										
32	人防										
33	工程筹划										
34	概预算										

4.3 接口管理办法

轨道交通工程是一项涉及多个政府部门、多专业、关系复杂、技术难度大的系统工程，内外部各专业间接口繁多。为有效管理这些内外部技术接口，使各专业设计文件达到完整性、统一性、总体性和经济合理性要求，就必须制定一套可操作性强的管理文件作为接口管理的依据，并在管理中严格执行，保证设计文件的接口正确完整。轨道交通工程设计一般采用以下接口管理办法：

首先，在分析轨道交通建设特点和轨道交通接口一般规律的基础上，初步制定本工程内外部各专业之间的接口内容，并明确技术接口协调需要达到的目的和指定每个接口的具体负责人。

第二，在上步的基础上，根据各阶段技术接口协调特点制定各阶段技术接口的时间表，并明确接口的重点、难点。一般在方案阶段就需要首先开展外部技术接口协调工作，稳定外部边界条件。

第三，在各阶段的工作中具体落实接口并形成记录，外部接口形成政府部门的批复文件或会议纪要，而内部接口主要形成记录（包括互提资料、会议纪要等）。

第四，检查技术接口在设计中的落实。对外部技术接口检查采用责任负责人检查方式，而内部接口检查采用中间巡检（检查）和会签两级把关方式。

第五，落实技术接口实施，主要是做好设计完成后施工配合阶段的施工交底工作，明确工程实施过程中注意的重点，同时设计配合好施工，具体落实情况确保技术接口得到工程实施。

第六，随项目的阶段、性质、特点和工程内容适时调整，这种调整特别是在系统招标后设计联络过程中需要重点注意。

第七，注意及时检查由于局部技术接口变化所引起的相关技术接口内容的变化，必要时需要重新提交资料和协调以确保接口的统一性。

4.3.1 外部接口管理方式

（1）在设计各阶段与城市各相关单位、部门建立密切的联系，征求其意见，并把这些意见和要求客观地落实到设计中去，不能执行时，取得其理解和支持。

（2）在设计各阶段与城市有关主管部门举行定期或不定期的技术协调会议制度，以保证设计各阶段重大方案决策，文件中间结果和最终文件的稳定有良好的外部协调及预先确认作基础，减少了方案的反复或决策的失误，在各阶段方案稳定后及时报相关部门并获得相关政府部门的批文。

（3）与市政有关部门签订不同阶段所需要的意向书和协议书，书面落实技术协调结果。

（4）编制不同阶段向市政各部门提供报审及报批文件的技术协调进度表，确保报审及报批文件按时完成有关单位的内部及外部协调工作。

(5)随时配合业主协调各种突然出现的情况和问题,确保设计及工程顺利推进。

4.3.2　内部接口管理方式

各专业间的内部接口内容采用轨道交通工程专业技术内部接口表(表4-4)的形式规定,并用技术工作联系单(表4-5,用于总体对分包)和设计资料互提单(表4-6,用于总体内部)作为接口工作的重要记录。在管理过程中还要对设计过程内部技术接口的职责、传递渠道、方式、内容等问题进行控制,确保设计产品质量和可追溯性。

工 作 联 系 单　　表4-5

<table>
<tr><td>编号</td><td colspan="3">穗铁院[　　]联字(200　)第　号</td><td>发单时间</td><td colspan="2">年　月　日</td><td rowspan="3">急缓程度</td><td>正常</td></tr>
<tr><td rowspan="2">标题</td><td colspan="6" rowspan="2"></td><td>急</td></tr>
<tr><td>紧急</td></tr>
<tr><td>附件</td><td colspan="6"></td><td colspan="2"></td></tr>
<tr><td>签发</td><td></td><td>部门负责人
[项目经理
(负责人)]</td><td></td><td>会签
(校核)</td><td></td><td colspan="2">经办</td><td></td></tr>
<tr><td>主送</td><td colspan="3"></td><td>抄送</td><td colspan="4"></td></tr>
<tr><td>主要内容</td><td colspan="8"></td></tr>
</table>

设计资料互提单　表4-6

<table>
<tr><td>提 资 料 人</td><td colspan="2"></td><td colspan="2">提资方项目经理(负责人)</td><td></td></tr>
<tr><td>提 资 日 期</td><td colspan="2"></td><td colspan="2">要求返资日期</td><td></td></tr>
<tr><td>签发人及日期</td><td colspan="3"></td><td>受 资 料 人</td><td></td></tr>
<tr><td colspan="6">资料内容及要求(含附图编号、张数等):</td></tr>
</table>

1) 内部接口管理的阶段划分

根据轨道交通总体技术接口管理经验,技术接口管理按整个工程基本建设程序划分为工可、总体设计、初步设计、施工设计和后续服务五个阶段,考虑到各阶段不同的总体技术管理工作重点,技术接口工作重点也不尽相同。

在工可阶段,主要解决工程的可行性问题,技术接口工作重点解决线位站位规划、总体性外部条件可行性、投资落实等接口问题;在总体设计阶段,编制技术接口关系表,明确接口位置、接口内容与要求、输入资料,明确各系统相互间的技术关系,指导各系统专业进行资料收集、互提资料和接受审查资料;在初步设计阶段,编制技术接口界面划分表,明确接口设计内容,指导各系统专业有序按技术接口要求开展设计。在施工设计阶段,编制设计接口内容检查表,明确工程各部分的设计接口检查内容,针对工程规定各系统、各专业设计接口内容、位置,指导设计过程中和出图前的技术接口检查。在后续服务阶段,配合施工监理,组织检查接口的实施。

2) 内部接口内容的管理重点

从接口内容的重要性方面分析,将接口内容分为一般性提资和配合协商性接口。前者可应相关专业要求,直接提出接口内容作为下一道工序的输入。后者则必须与相关专业进行配合协商,并共同确定接口内容形成记录备案。

协商性接口是总体技术管理的重点,特别是对于各系统专业间容易产生模糊的接口界面,本着对管理和实施有利的原则予以划分。对于容易产生分歧的接口内容,及时召开协调会议予以协调稳定,适时地合理确定接口是保证工程质量和工程进度的必要条件和有力手段。

3) 内部接口协调和管理的主要手段

在编制接口文件时应充分了解建设单位和设计单位等各方意见,结合轨道交通建设经验进行编制,并根据工程进展情况逐步完善,适时进行调整和优化。接口文件制定并得到建设方和设计方认同后,就需要严格监督实施。

在总体技术接口管理过程中,将通过对各种提资的审查、设计方案审查、图纸会签检查接口的落实情况,并对各设计分包单位加强中间巡检,重点检查监督其接口设计的落实情况,确保在正式设计成果文件形成之前,将接口问题处理完成。如在施工过程中出现接口问题,组织设计单位立即赴现场处理,避免影响施工进程。对于机电系统的接口监督,应贯穿其用户需求书编制、设备供货合同签订、设计联络、施工安装和调试整个过程中,保证一致性及连续性。

4.4 总体技术设计接口管理重点、难点及应对措施

4.4.1 接口管理重点、难点

接口管理的重点与难点在于要求在项目设计全过程中,对内外部接口的内容、时机和责任管理到位,在推进设计工作中及时做好与市、区规划以及国土、建设、环保、城管、交通、消防、安全监督管理、供电、水务和电信等公用事业部门的技术协调与各项报建工作,努力使本项目达

到规划满意、环保满意、业主满意(包括乘客满意、运营满意、工程满意)的目标,特别是做好一个接口内容改变时引起的相关接口变化的检查落实。

4.4.2 各阶段接口协调重点、难点及对策和措施

1)工程可行性研究阶段

(1)外部接口

在工可编制阶段,重点将与表4-7中所列单位进行协调和收集相关资料,以便开展工作。

工可阶段协调重点及难点 表4-7

序　　号	政府部门	协调重点及难点
1	市政府	政府政策性指引
2	市规划局	用地规划要点、区域及单体、规划红线审批
3	市国土局	用地审批
4	市建设委员会	涉及不同政府部门意见协调统一,有关地方工程建设计价程序及要求
5	市交通委员会	交通规划政策性协调
6	市公安局交警支队	路面交通调整意见
7	市发改委	本线的计划建设要求、规划报建
8	市供电局	区域供电现况及发展
9	市自来水公司	市政供水现状及发展
10	市政园林局	排水及排污现状及发展情况、园林和绿化要求
11	市气象局	气象资料
12	市水利局、航道局	沟、渠、河流的相关要求
13	市人防办	人防设施要求
14	市财政局	有关投资的法规
15	市审计局	有关地方工程建设计价程序及要求
16	省地震局	当地地震评估及建议
17	市工商局	户外商业营利性项目审批
18	道路扩建办	道路扩建初、近、远期要求
19	市税务局	有关税收法规

本阶段工作难点在于与规划道路和区域规划的协调及与工程相关的前期工作,如报建、征地和审批等。

(2)内部接口

在工程可行性研究阶段,要针对轨道交通项目的基础边界条件确定线路、车辆、行车组织、车站设置等重大方案,该阶段内部接口协调的重点和难点包括:

①在工程建设必要性的前提下,协调客流预测与行车组织、车辆、线路等重要系统设置方案的协调性、统一性和完整性。

②明确规定各系统专业的设计范围,为建设单位确定设计招标范围和内容提供参考依据。

针对该阶段的内部接口重点，采取以下主要对策和措施：

①结合外部接口相关方提供的基础边界条件，科学合理地把握影响轨道交通建设规模重要系统间的接口划分，使得各系统论述清晰，避免重复，内容完整。

②根据轨道交通工程设计步骤，逐项推进各系统工作，保证接口资料完整、依据可靠、论证严谨和推导合理，使得工程可行性报告在接口方面论述严密。

2）总体设计与初步设计阶段

（1）外部接口

在总体设计与初步设计过程中，重点将与表4-8中所列单位进行协调和收集相关资料，以便开展工作。

总体设计与初步设计阶段协调重点及难点 表4-8

序号	政府部门	协调重点及难点
1	市政府	政府政策性指引
2	市地名委员会	车站或重要建筑物命名
3	市规划局	用地规划要点、区域及单体、规划红线审批，站位、线路走向的调整
4	市国土局	用地审批
5	市消防局	消防设施功能的完善、消防设计
6	市交通委员会	交通规划政策性协调
7	市交通局	跨越公路、道路的平面和纵断面高程要求及墩台位置
8	市公安局交警支队	路面交通调整意见、施工方案的调整
9	市卫生局	设计完善以满足卫生要求
10	市安全生产监督局	设计功能及施工方案安全生产的考虑
11	市供电局	外电引入接口设计
12	市自来水公司	水源引入接口设计
13	市政园林局	排水及排污方案
14	市环境艺术委员会	地面建筑物的环境艺术设计
15	市环保局	有关"三废"（气、水、渣）排放要求及建议的工艺要求、排水、排污方案
16	市气象局	通风空调、隧道通风设计参数及风亭、出入口朝向设计等
17	市水利局	需改道沟、渠、河流要求及设计方案
18	市港务局或航道局	隧道结构设计强度等
19	水务局、铁路局	与铁路、江河码头等的关系协调及接口引入方案
20	市人防办	人防设施设计
21	省地震局	抗震设计
22	市电信局	电信接口及引入设计
23	市公安局	公安在地铁的设计
24	道路扩建办	道路扩建初、近、远期要求
25	市质量技术监督局	方案实施过程的质量技术要求
26	市疾病防治中心	相关疾病防治措施设计
27	市一卡通中心	收费系统的接口设计

本阶段工作难点在于与规划道路、区域规划的协调及与工程相关的前期工作，如报建、审批；与水、电等相关管理单位的接口协调、重点地段拆迁及与业主的协调。

(2)内部接口

在总体设计阶段，总体单位的任务是各系统的主要方案设计。为达到该阶段的目标，内部接口协调工作的重点和难点是在工程可行性研究报告的基础上，稳定重大方案性接口内容，确保下阶段初步设计的接口方案前提，为初步设计的顺利开展打下基础。

针对该阶段的内部接口重点，采取以下主要对策和措施：以界面清晰、链接关系最简单，上下专业分工最合理和操作最简便为原则进行接口划分，为初步设计接口的确定提供依据；逐项审核各专业接口内容，保证内容完整，避免重大项目的遗漏发生。

3)初步设计阶段

在初步设计阶段，内部接口协调工作的重点和难点包括：

(1)在总体设计的接口原则基础上，确定各系统专业的初步接口界面和主要接口内容，从而保证初步设计文件的完整性和正确性。

(2)制定初步设计阶段的内部接口表，监督各系统设计单位按照接口内容完成初步设计，并按照总体对接口的管理规定，利用接口文件进行过程管理，使得设计过程做到有据可查并具追溯性。

针对该阶段的内部接口重点，采取以下主要对策和措施：

(1)从设计技术接口协调管理工作重要性角度考虑，由知识面较广、管理协调能力较强、经验较丰富的相关副总体进行统筹管理，并由专业负责人进行具体实施，保持管理工作的连续性。

(2)编写接口文件时，应考虑建设、设计等各方意见，并了解各设计单位的工作习惯、分工、费用清算办法、专业配置和工作思路等，按照轨道交通工程设计工作的客观规律制定接口，以最大限度地减小管理协调工作难度。

(3)接口划分采用循序渐进、由浅至深的方式，以设计总体为主体，并与各系统专业负责人结合工程实际共同编写，广泛听取各方意见。与执行单位平等协商后作出的规定才易于贯彻执行。

(4)实施动态过程跟踪管理，与专业间互提资料安排实施及设计输入评审融为一体进行监管，从用中管，从管中发现矛盾或缺陷，为评审优化改进提供依据，积累经验。

(5)建立技术接口管理登录制度，以检查互提资料质量为切入点，验证技术接口的严密性，以检查设计文件的总体性为突破口验证技术接口划分的科学性，从专业技术人员知识结构和人员配置分析入手探索技术接口划分的合理性。

(6)要求各专业以工作联系单和互提资料单的形式，将接口提资情况保留，作为后期文件依据。

4)施工设计阶段(含招标设计)

在施工设计阶段，工程将选择试验段先行动工建设，同时由于外部技术接口协调对象的复杂性及不同政府部门之间意见矛盾协调解决时间的不确定性，根据轨道交通建设经验，在整个施工设计阶段很可能进行部分先行开工，工点采用招标设计进行，因此施工设计阶段视情况可分为招标设计阶段和施工设计阶段。

（1）招标设计阶段

①外部接口。在招标设计阶段，重点将与表4-9中所列相关单位进行协调和收集相关资料，以便开展工作。

招标设计阶段外部接口协调重点及难点　　表4-9

序号	政 府 部 门	协调重点及难点
1	市地名委员会	车站或重要建筑物命名的调整
2	市规划局	线路走向、车辆段、高架车站建筑造型、建筑方案、景观设计、位置等，出入口、风亭、区间风井等位置和建筑形式，沿线高架区段高架桥式要求
3	市国土局	规划报建、施工临时用地、弃渣场地
4	市交通局	跨越公路、道路的平面和纵断面高程要求及墩台位置
5	市公安局交警支队	涉及施工方案的调整
6	市供电局	外电引入接口要求
7	市自来水公司	水源引入接口要求
8	市政园林局	排水及排污方案、高架站造型、地下站的地面绿化、高架线线路区间的园林、绿化要求
9	市环境艺术委员会	地面建筑物的环境艺术设计
10	市环保局	环境影响评价报告及国家环保总局批复意见落实、排污措施、环保和文明施工措施
11	市城管局	占道、围挡、管线拆改及破坏设施的恢复要求
12	市水利局	沟、渠、河流改道相关设计要求
13	市电信局	电信接口及引入设计、电缆的拆迁、改移
14	水务局、铁路局	与铁路、江河码头等的关系协调、及接口引入方案
15	市公安局（国安局）	公安在地铁的设计
16	道路扩建办	完善车站施工方案

本阶段工作难点在于与工程相关的前期工作，如报建、审批、线路设计方案确定以及各土建工点施工方案需与交通部门协调交通疏解方案。

②内部接口。在招标设计阶段，内部接口协调工作的重点和难点包括：

a. 根据初步设计方案，确定土建各专业间的接口界面和形式，保证标段划分准确，工程内容完整，工程量计算正确。

b. 根据初步设计方案，确定机电各系统间的接口界面和责任范围，保证用户需求书中设备元件技术要求和设备清单的完整和正确。

针对该阶段的内部接口重点，采取以下主要对策和措施：

a. 招标设计图纸、用户需求书等文件需经各相关专业进行会签，认可后方可正式发出。

b. 招标设计文件的接口形式和接口内容应与业主充分沟通，并了解相关生产厂商及施工单位对接口的做法，制定出合理、具可操作性的技术接口，为招标提供良好的平台。

(2)施工设计阶段

①外部接口。在施工设计过程中,重点将与表4-10中所列单位进行协调和收集相关资料,以便开展工作。

施工设计阶段外部接口协调重点及难点　表4-10

序号	政府部门	协调重点及难点
1	市地名委员会	车站或重要建筑物命名的调整
2	市规划局	车辆段、高架车站建筑造型、建筑方案、景观设计、位置等,出入口、风亭、区间风井等位置和建筑形式,沿线高架区段高架桥式要求
3	市国土局	规划报建、施工临时用地、弃渣场地等
4	市消防局	消防设施功能的完善
5	市建设委员会	建设管理
6	市交通委员会	交通规划政策性协调
7	市交通局	跨越公路、道路的平面和纵断面高程要求及墩台位置
8	市公安局交警支队	涉及施工方案的调整、交通疏解等问题的协调安排
9	市安全生产监督局	安全生产措施要求
10	市供电局	外电引入接口设计
11	市自来水公司	水源引入接口设计
12	市政园林局	排水及排污方案高架站造型、地下站的地面绿化、高架线线路区间的园林、绿化要求
13	市环境艺术委员会	地面建筑物的环境艺术设计
14	市环保局	环境影响评价报告及国家环保总局批复意见落实、排污措施环保、文明施工措施
15	市城管局	占道、围挡、管线拆改及破坏设施的恢复
16	市水利局	沟、渠、河流改道相关设计
17	市计委(市发改委)	本线的计划建设要求、工程筹划、工期安排
18	市电信局	电信接口及引入设计、电缆的拆迁、改移
19	市公安局(国安局)	公安在地铁的设计
20	道路扩建办	完善车站施工方案
21	市质量技术监督局	实施过程的相应质量控制措施

本阶段工作难点在于投资控制和各土建工点施工方案的可实施性。

②内部接口。内部接口协调工作的重点和难点包括:

a.在初步设计方案和招标设计图纸的基础上,继续细化接口内容,确定如设备安装接口、预埋件和孔洞接口、综合管线接口等细部接口内容,从而避免因接口不清晰导致的施工漏项或重复,保证建设进度和施工质量。

b. 重视设计细部接口,详细制定各系统专业在施工安装、管线敷设、设备调试等方面的接口内容,并与建设方共同确定施工单位间的施工接口以及设备供应商间的设备安装接口。

针对该阶段的内部接口重点,采取以下主要对策和措施:

a. 按施工设计文件深度不断细化接口文件,应关注每一个细节,尤其是预留孔洞、预埋件和缆线敷设等方面的接口,保证施工设计不产生遗漏和重复,从而避免在施工过程中出现因接口不明导致的设计变更。

b. 针对关键性接口问题,召开业主和设计单位等各方参加的技术协调会确定接口内容,并督促执行。

c. 严格控制设计文件会(签)审程序,进行全面接口检查,规避技术接口失控失误。要求各专业重点审核专业间接口内容的准确性和完整性,各专业应根据会签意见进行文件修改,直至相关专业无会签后在图纸会签栏签字。

d. 严格进行相关接口文件和资料管理,以信息管理为中心做好质量记录,将工作过程痕迹书面化,确保其可追溯性和提供验证依据及总结提高的基础,并按专用文件系统进行编号、组卷和登记存档。

5)后期服务

(1)后期服务阶段外部接口

后期服务阶段即设备调试及联调、试运营及竣工验收阶段,重点将与表4-11中所列单位进行协调。

(2)后期服务阶段内部接口

在后期服务阶段,内部接口协调工作的重点是在施工图设计的基础上,做好技术接口的施工交底工作,跟进施工现场关于技术接口施工实施情况,并对施工现场情况进行核对。对因接口错误或未明确接口而导致的施工误差、施工漏项或重复等进行针对性整改,做出相应处理,保证竣工验收工作的顺利进行。

针对该阶段的内部接口重点,采取以下主要对策和措施:

后期服务阶段外部接口协调重点及难点 表4-11

序　　号	政 府 部 门	协调重点及难点
1	市建设局	工程验收
2	市政园林局	园林、绿化要求
3	市环保局	环境影响评价报告
4	市财政局	成本控制
5	市审计局	审计
6	市质量技术监督局	竣工验收
7	市税务局	成本控制

①首先做好重要技术接口的设计施工交底工作。

②针对车站土建施工、装修和设备安装中易发生的接口问题，根据工程进展情况定期、不定期地赴施工现场进行核查，协助施工单位及时处理相关接口问题。

③对已经发现出现问题的技术接口，总体召集相关设计单位查明原因并研究协调解决，同时特别注意是个案还是总体性接口问题，举一反三，对类似可能存在的情况进行排查，避免再次发生类似问题。

④在设备调试过程中，因接口出现的调试问题应与业主、设备商、施工单位和设计单位各方协同解决。

⑤对于接口问题导致的设计变更，应及时处理，并分析原因，找出对策，写入设计总结以取得经验教训，提出改进措施并写入相关管理文件和制度以实现接口管理的良性循环。

4.5 变更设计管理

为履行设计总体总包单位的职责，规范轨道交通建设工程设计变更管理工作，总体总包单位需根据建设地的情况，在满足业主要求的条件下，制订合理的变更设计管理办法。因各地业主架构不尽相同，故变更设计管理办法在各地可能有所区别。

轨道交通工程不仅涉及面广，专业技术接口复杂，而且又多为地下工程，工程实施的周边条件可变因素较多，故在施工过程中会有一定数量的变更设计，而这种“变更设计”将直接影响工程的投资和质量。设计变更应严格区分为方案变更（非施工蓝图变更）和设计变更（施工蓝图变更），这样可以大大减少业主、设计管理单位在协调处理设计变更上的工作量。基于以上几个方面的考虑，变更设计管理思路为：从严控制变更设计并制定强制性审批程序和审批权限；制定变更设计分类标准和审批程序，流程应“简便、快捷”，不延误现场施工工期；合理界定变更设计范围、严格实施分类分层管理，控制设计质量，减少不必要的增加工程投资；强化设计人员现场配合施工，发现图纸问题及时处理；制定“变更原因分析”方法，明确责任和奖罚原则。

4.5.1 变更设计管理工作流程

变更设计管理工作流程详见图4-1。

4.5.2 变更设计管理办法

1）总则

轨道交通建设工程设计变更指是在轨道交通工程建设实施过程中，各种原因导致已审定有效施工图的内容变化。审定有效施工图纸是指经设计单位、总体单位、咨询单位及业主四方同时盖章通过的施工图纸。以施工图会审作为变更的分界，施工图纸会审（有效施工图纸）时的内容变化以及之后所发生的审定有效施工图纸的内容变化均为设计变更。

对于以下情况之一者，将以“方案变更审查”的形式进行：

（1）变更已经审查后的初步设计方案（包括增减工程项目）或初步设计审查后，按照审查

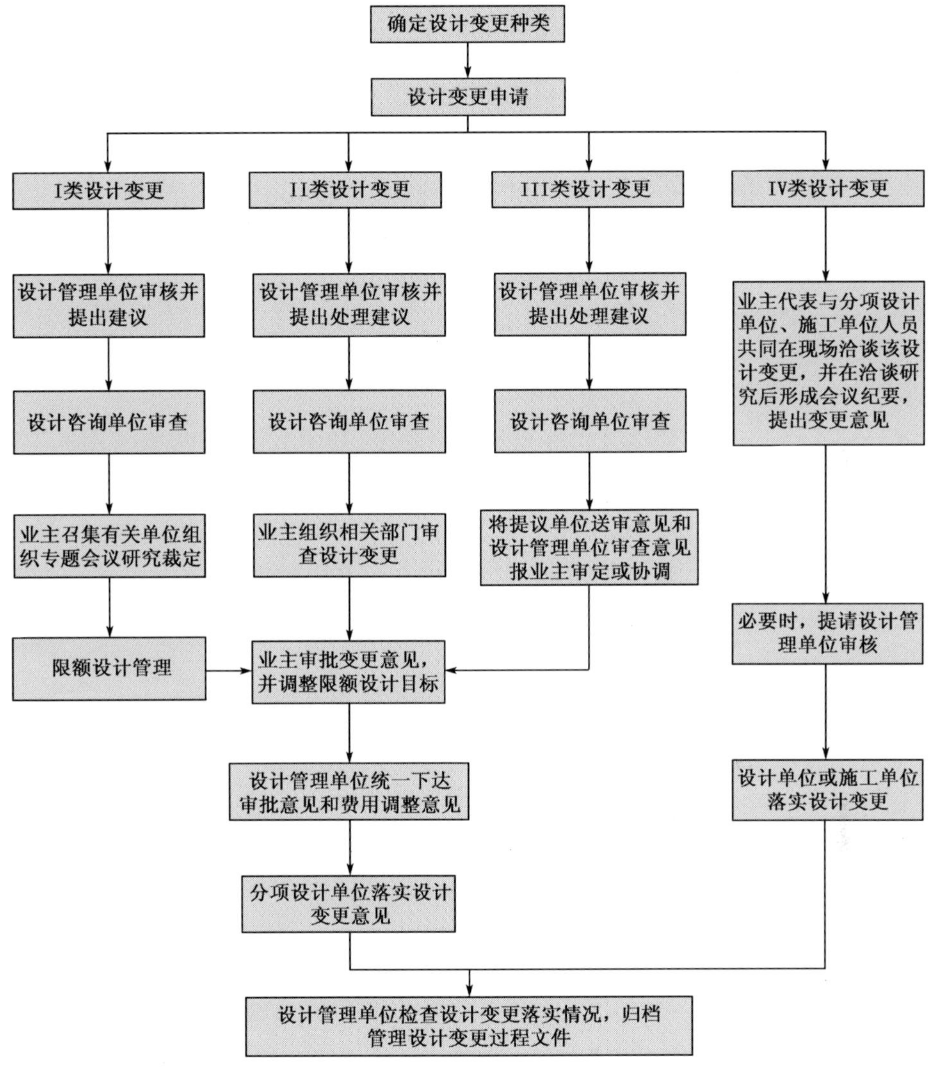

图 4-1　变更设计管理工作流程

意见修改的图纸若还需进行方案变化，该变化也为方案变更。

(2)变更业主已经审定过的中标设计方案。

自轨道交通建设工程初步设计审查通过至工程竣工期间，对设计文件的变更均应按变更设计管理办法执行。

2)设计变更分类

按照预算额的变化，设计变更共分为 I、II、III、IV 类，预算额度归为哪一类设计变更，即按哪一类设计变更执行。

(1)符合下列条件之一者为 I 类设计变更：

①变更经初步设计审查委员会审查批准的建设规模、技术标准、基本原则、线位、站位、基本工法、设备系统的功能和运营条件等重大技术方案。

②一次设计变更影响土建工程施工图预算（增或减）300 万元及以上，建筑装修、机电安装工程和设备采购概算投资（增或减）100 万元及以上。

（2）符合下列条件之一者为 II 类设计变更：

①虽未改变经初步设计审查委员会审查批准的方案，但变更的内容涉及工程局部设计方案和一般原则，且技术比较复杂。

②变更经设计联络后供货合同确定的主要设备类型（指影响系统功能的部分）及重要系统功能。

③影响土建工程施工图预算（增或减）300 万（不含 300 万）~100 万元，设备采购、建筑装修和机电安装工程施工图预算（增或减）100 万（不含 100 万）~50 万元。

（3）符合下列条件之一者为 III 类设计变更：

①改变局部设计原则、不降低技术标准和使用功能，技术方案简单，施工图的工程量变化较少，但影响不同专业的接口、技术条件和工程量。

②为完善工程接口必须进行的设计变更。

③引起土建工程施工图预算（增或减）100 万（不含 100 万）~20 万元，设备采购、建筑装修和机电安装工程施工图预算（增或减）50 万（不含 50 万）~10 万元。

（4）符合下列条件之一者为 IV 类设计变更：

①不改变设计原则，不降低技术标准和使用功能，技术方案简单，施工图的工程量变化小，不影响其他专业的技术条件和工程量的变化。

②在机电安装工程中，变更设备安装位置、基础预埋件、电缆桥架、槽管及径路等。

③引起土建工程施工图预算（增或减）20 万元以下（不含 20 万），设备采购、建筑装修和机电安装工程施工图预算（增或减）10 万元以下（不含 10 万）的变更。

3）设计变更程序

（1）确定提议单位

变更设计的提议单位可以是业主单位和非业主单位。业主单位是指业主或业主代表，非业主单位是指设计单位、设计总体单位、施工单位、施工监理单位、设计咨询单位和设备供货商。

（2）填报变更申请

①设计变更申请报告需满足特定的格式要求，填写格式可参考表 4-12，同时附审查意见表：I、II 类审查意见格式参考表 4-13，III 类审查意见格式参考表 4-14，IV 类审查意见格式参考表 4-15。

表 4-12 中“变更后工程数量变化”栏中的“主要工程项目”、“单位”、“原设计数量”、“变更后数量”分别填写变更引起变化的工程项目名称、对应的数量单位、原来的数量、变更以后的数量。如果引起变化的工程项目有许多项，则可以将工程项目的前三项填入变更申请单中，同时在变更申请单后附加一个附件文件，以包含要发生变化的所有工程项目的名称、单位、原设计数量和变更后数量。“变更后施工图预算增、减”栏由设计单位填写，填写发生变更后引起的工程项目预算变化的数值。

轨道交通建设工程设计变更申请 表 4-12

<table>
<tr><td>变更申请号</td><td colspan="3"></td><td>变更类型</td><td></td></tr>
<tr><td>提议单位</td><td colspan="3"></td><td>提议人</td><td></td></tr>
<tr><td>填报单位</td><td colspan="3"></td><td>经办人</td><td></td></tr>
<tr><td>项目名称</td><td colspan="3"></td><td>签发人</td><td></td></tr>
<tr><td>变更图号或内容</td><td colspan="5"></td></tr>
<tr><td>变更理由</td><td colspan="5"></td></tr>
<tr><td rowspan="5">变更后工程
数量变化</td><td colspan="2">主要工程项目</td><td>单位</td><td>原设计数量</td><td>变更后数量</td></tr>
<tr><td colspan="2"></td><td></td><td></td><td></td></tr>
<tr><td colspan="2"></td><td></td><td></td><td></td></tr>
<tr><td colspan="2"></td><td></td><td></td><td></td></tr>
<tr><td colspan="5">其余的工程数量变化见附表</td></tr>
<tr><td rowspan="2">变更后施工图
预算增、减</td><td>增加投资(元)</td><td colspan="4"></td></tr>
<tr><td>减少投资(元)</td><td colspan="4"></td></tr>
<tr><td>变更原因</td><td></td><td>是否改变设计方案</td><td></td><td>是否紧急处理</td><td></td></tr>
<tr><td>变更项目属性</td><td></td><td>专业名称</td><td></td><td>需要日期</td><td></td></tr>
<tr><td>附件名称</td><td colspan="5"></td></tr>
<tr><td>备注</td><td colspan="5"></td></tr>
</table>

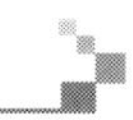

轨道交通建设工程Ⅰ、Ⅱ类设计变更申请审查意见表　　表4-13

项 目 名 称		变更申请号	
设计总体总包签署意见并对设计变更进行分类	签署人：　　年　月　日		
设计工点咨询单位签署意见	签署人：　　年　月　日		
设计总体咨询单位签署意见	签署人：　　年　月　日		
轨道交通公司建设部门工程部签注审核意见	经办人：　　签署人：　　年　月　日		
轨道交通公司建设部门总工室审核	签署人：　　年　月　日		
轨道交通公司建设部门总工程师审查意见	签署人：　　年　月　日		
轨道交通公司总师室审批意见	签署人：　　年　月　日		
轨道交通公司领导审批	签署人：　　年　月　日		

轨道交通建设工程 III 类设计变更申请审查意见表　　表 4-14

项 目 名 称		变更申请号	
设计总体总包签署意见并对设计变更进行分类	签署人：　　年　月　日		
设计工点咨询单位签署意见	签署人：　　年　月　日		
轨道交通公司建设部门工程部审核变更及类别	经办人：　　签署人：　　年　月　日		
轨道交通公司建设部门副总工程师审批意见	签署人：　　年　月　日		
轨道交通公司建设部门总工程师审批意见	签署人：　　年　月　日		

轨道交通建设工程Ⅳ类设计变更申请审查意见表 表4-15

项 目 名 称		变更申请号	
设计工点咨询单位签署意见	签署人： 年 月 日		
轨道交通公司建设部门项目部审批意见	经办人： 签署人： 年 月 日		
轨道交通公司建设部门工程部经理审批意见	签署人： 年 月 日		

"变更原因"可为落实审核意见、设计原因、业主要求、规划或不可预见的变化。"是否改变设计方案"栏中根据变更是否改变设计方案而选择"是"或"否"。"是否紧急处理"栏中根据变更的紧急程度选择"正常"或"紧急"。"变更项目属性"栏中根据变更的项目属性选择土建、装修、设备安装、设备采购中的一项。"需要日期"栏中填入所需要的变更处理完成日期。

变更申请单的附件是指和变更申请单一起提交至设计院的其他说明变更申请单的辅助材料，例如变更方案说明、变更优化报告、变更可行性说明、变更工程项目列表等。"附件名称"栏中填入变更申请单的附件电子文件的名称（包括电子文件的完整路径），如果某一个变更申请单有多个附件文件，则在附件名称之间用半角分号分开。"备注"栏中填入需要对变更申请单进行说明的其他信息。

②填报人为各工点设计单位，但涉及全线总体性和系统性的设计变更由总体设计单位提议。设计变更必须由设计单位作为变更的填报人，但涉及全线总体性或系统性的变更则应由总体设计单位填报。其目的是为了突出总体单位在工程实施过程中的总体协调作用。

③关于填报内容，申请表中要阐明变更理由（变更项目的必要性和技术合理性），列出变更范围、施工图的工程量及施工图预算变化，I、II、III 类设计变更应附变更方案、技术经济比较、变更依据以及由此引起的连带变更情况等资料。各项目变更申请表中均需正面说明是否有连带性变更，如有应列出变更所带来的连带性变更等内容。

(3) 申请审批程序

①I、II 类设计变更申请由设计单位送设计总体总包单位审核签署意见并对设计变更进行分类后，由设计总体总包单位送工点咨询单位签署意见，再由工点咨询单位送总体咨询单位签署意见后，由总体咨询单位送轨道交通公司建设部门审查。轨道交通公司建设部门项目工程师须对设计单位提出的设计变更五点说明（申请的必要附件之一，内容包括变更项目的必要性、技术合理性、变更范围、工程量及投资变化、引起的连带变更内容等）逐一审查，并从工程实施的角度提出审查意见（申请报告的必要附件之一）后签署。

轨道交通公司建设部门总工程师室组织审查并提出意见后，报送轨道交通公司；轨道交通公司总工程师室组织审查并提出意见，并报轨道交通公司总工程师批准。投资额增加比较大或对工程项目有颠覆性变化的 I 类设计变更，根据情况由业主送审查委员会审查。

②III 类设计变更申请由设计单位送设计总体总包单位审核签署意见并对设计变更进行分类，由设计总体总包单位送工点咨询单位签署意见后再由工点咨询单位送轨道交通公司建设部门审查。

轨道交通公司建设部门工程部确认为 III 类设计变更并提出审核意见后，送轨道交通公司建设部门总工程师室。由轨道交通公司建设部门副总工程师组织审查并提出意见后，报总工程师批准。

③IV 类设计变更申请由设计单位送工点咨询签署意见（同时送设计总体总包单位备案）后直接送轨道交通公司建设部门相关的工程部审查，工程部经理批准并由工程部按季度汇总报轨道交通公司建设部门总工程师室。

IV 设计类变更申请不需经过总体总包单位的审核，由工程部经理批准即可实施，但需抄送总体总包单位备案。

④设计咨询单位在签署意见之前，总体咨询单位与相关的工点咨询单位之间必须相互沟通，必要时可组织讨论。

⑤各单位、各部门在收到“申请”后要尽快组织研究，并签署意见。对于 I、II 类设计变更申请，设计总体总包单位和设计咨询单位均须在 5 日内完成意见的签署，同时对退回的设计变更进行备案；对于 III 类设计变更申请，设计总体总包单位和工点设计咨询单位均须在 3 日内完成意见的签署，同时对退回的设计变更进行备案；对于 IV 类设计变更申请，工点咨询单位应在 2 日内完成意见的签署，同时对退回的设计变更进行备案。

⑥对 I、II 类设计变更申请,设计总体部、设计咨询单位以及轨道交通公司建设部门工程部,应对变更项目的必要性、技术合理性、变更范围、工程量投资变化及引起的连带变更内容等五个方面进行认真审查,提出书面审查意见,必须具有以上五个方面的意见才能上报,否则,不得上报。

⑦施工图工程量及投资变化须附相应的计算书;连带变更情况要有相应的资料,接口发生了变化,必须通知相关连带变更专业,并应将连带变更的专业情况书面上报总体总包部,总体总包部应组织会审,确定变更项目。

4)申请设计变更的依据

设计变更必须有明确的指令方可实施。设计变更指令的作用主要是指所有的设计变更均须由业主掌握,均须经业主同意后方能实施,同时也要求各项目工程师校对。工程部经理都要知道是什么地方和什么原因引起设计变更,并可随时掌握工程的变化。设计变更指令参见表 4-16,表中的“完成时间”是指设计单位完成设计文件后报送至建设总部的时间。业主指令的发送方式:III 类及以上变更指令主送设计总体总包部,抄送设计单位;IV 类设计变更指令主送设计单位,抄送总体总包部。业主的指令须在“变更申请”之前发出,作为报送“变更申请”中的支持文件。

设计变更指令 表 4-16

<table>
<tr><td>变更名称</td><td colspan="5"></td><td>发指令时间</td><td></td></tr>
<tr><td>设计单位</td><td colspan="5"></td><td>完成时间</td><td></td></tr>
<tr><td>依据、文件</td><td colspan="7"></td></tr>
<tr><td>签发</td><td></td><td>部门经理</td><td></td><td>会签</td><td></td><td>经办</td><td></td></tr>
<tr><td>主送</td><td colspan="3"></td><td>抄送</td><td colspan="3"></td></tr>
<tr><td>变更内容</td><td colspan="7"></td></tr>
<tr><td>变更要求</td><td colspan="7"></td></tr>
</table>

轨道交通公司建设部门根据以下文件或意见发出书面变更指令:

(1)审查委员会已明确的审查意见和政府的书面文件。

(2)轨道交通公司主持的专题会议或批准的项目。

(3)会议纪要:①由轨道交通公司总工程师或副总工程师、轨道交通公司建设部门总经理和总工程师或副总工程师主持召开的专项技术方案审查会议确立的项目;②由副总工程师、总工室、工程部经理主持的图纸会审确立的项目(III 类以下);③项目部主持的各种专业会议确立的项目(Ⅳ类以下)。

(4)轨道交通公司建设部门总工程师例会或周例会等各类会议纪要明确的项目和批示文件。

设计变更的提议单位可以是非业主单位,但是变更的指令必须由业主发出。变更指令的签发人可为:

(1)Ⅰ、Ⅱ类设计变更为轨道交通公司建设部门总经理、总工程师;

(2)Ⅲ类设计变更为轨道交通公司建设部门总工程师、副总工程师;

(3)Ⅳ类设计变更为各工程部经理。

对于Ⅳ类以下(含Ⅳ类)不发生投资变化的设计变更,可以用“现场工程变更洽商单”(见表4-17)等形式,项目部现场商定,但须有“书面文件”。有关“书面文件”是指项目工程师与设计、监理、施工和咨询等各相关单位一起共同讨论所形成的会议纪要。

现场工程变更洽商单　　表4-17

<table>
<tr><td>变更名称</td><td colspan="3"></td></tr>
<tr><td>设计单位</td><td></td><td>变更类别</td><td>Ⅳ及以下</td></tr>
<tr><td>工程量变化</td><td colspan="3"></td></tr>
<tr><td>费用变化</td><td colspan="3"></td></tr>
<tr><td>变更理由</td><td colspan="3"></td></tr>
<tr><td>变更方案及费用增减</td><td colspan="3">业主代表:　　总体总包代表:　　咨询代表:
设计代表:　　监理代表:　　施工代表:
年　月　日</td></tr>
</table>

5)设计变更的执行

(1)各类设计变更申请报告经业主审批后,由轨道交通公司建设部门项目部通知设计单位完成设计变更。

(2)设计单位在收到业主批准的设计变更申请报告后,一般应在30天(Ⅰ类)、15天(Ⅱ类)、7天(Ⅲ)、3天(Ⅳ类)内完成设计变更,并填报“设计变更通知单”(表4-18)。“设计变更通知单”应说明哪些图纸是有效和哪些图纸作废。

设计变更通知单　　表 4-18

<table>
<tr><td colspan="2">项 目 名 称</td><td colspan="5"></td><td colspan="1">项 目 代 号</td><td colspan="2"></td></tr>
<tr><td colspan="2">项目图号</td><td colspan="5"></td><td colspan="1">变更类别</td><td colspan="2">类</td></tr>
<tr><td>变更原因</td><td colspan="9"></td></tr>
<tr><td rowspan="3">变更内容</td><td colspan="7" rowspan="3"></td><td colspan="2">工程费</td></tr>
<tr><td colspan="2"></td></tr>
<tr><td colspan="2"></td></tr>
<tr><td>设计单位</td><td colspan="9"></td></tr>
<tr><td>设计</td><td></td><td>校核</td><td></td><td>项目负责人</td><td></td><td>签发</td><td></td><td>日期</td><td></td></tr>
</table>

注：本表与业主批准的相同类别设计变更申请报告一并交付方为有效。

（3）设计单位在填好“设计变更通知单”后，将“设计变更通知单”与业主审批的“申请报告”一并送设计总体总包单位资料组，经设计总体总包单位审查后转送业主下发执行。

（4）设计总体总包单位在将“设计变更通知单”（包括“申请报告”）转送业主的同时，抄送一份给总体设计咨询单位和相关的工点设计咨询单位，设计咨询单位若认为“设计变更通知单”存在问题，应在 2 日内报告业主暂缓执行，并要求设计单位重新修改“设计变更通知单”。

（5）对于现场施工急需的Ⅳ类设计变更，经业主工程部批准，在业主尚未批复申请前，可将设计变更草图先行送工点设计咨询单位，审查同意后，交付施工单位先行实施，随后补办相关手续。

6）设计变更的其他规定

（1）对同一专业、同一内容、同一类型和同一地点等发生的设计变更，不允许分拆进行。

（2）发出的“设计变更通知单”必须附有业主批准的“申请报告”，否则一律无效。

（3）设计变更未获同意而已实施的工程项目所发生的费用，由实施单位负责。

（4）凡提高标准扩大功能和概算外增加的项目，都由轨道交通公司批准方可变更。

（5）下述现场急需的设计变更可以先行实施，随后补办相关手续：

①由工程部提出并报告送轨道交通公司，且经轨道交通公司总工程师室组织开会同意的Ⅰ、Ⅱ类设计变更；

②由工程部提出报告，经总工程师室组织开会同意的Ⅲ类设计变更。

(6)初步设计方案变更审查程序：先由设计单位申报变更方案给轨道交通公司建设部门签署意见，再由轨道交通公司建设部门送轨道交通公司总工程师室组织审查，并形成会议纪要，作为下一步进行有关设计变更的依据。

(7)招标方案变更审查程序：先由设计单位申报变更方案给轨道交通公司建设部门，再由轨道交通公司建设部门总工程师室组织业主、设计和设计咨询等单位进行审查，并形成会议纪要。

4.5.3 变更设计管理重点

(1)原则上，白图施工在整个工程中是不允许的，只有"有效施工图纸"方可作为施工的依据。根据目前工程的特点，若现场确实需要，必须由项目工程师组织设计、施工、监理和咨询等各相关单位对白图进行会审，以会审的会议纪要作为依据暂时先行实施，之后须尽快提供蓝图。

(2)应分清设计变更与合同变更的关系。设计变更是指设计方案等被改变，将引起相应的工程量变化，它只是合同变更的依据之一，不一定会引起合同变更；而合同变更的原因有很多方面，例如商务变更等可引起合同变更。

(3)由于某一专业设计变更所引起的连带其他专业的变更，由总体总包负责协调。

(4)土建招标设计与施工图设计的差异属于方案变更。在施工图会审时，以方案变更的会议纪要作为变更依据，与方案变更有差异的属于设计变更。

(5)按照政府审查意见修改后的图纸，不需要办理设计变更。

(6)设计单位提供施工图时，需一并提供施工图预算，以保证设计文件的完整性。

(7)在同一专业的同一项设计变更申请中，投资额有增加和减少时，可以相互抵消；不同类的变更申请，金额的增加和减少不能相互抵消。

(8)引起永久结构变化的工法改变属于Ⅰ、Ⅱ类设计变更，不引起永久结构变化的工法改变属于Ⅲ类设计变更。

(9)由于Ⅲ类设计变更的范围加大，项目工程师要逐一审查申请中的五点说明，并提出审查意见。

5 投资控制和设计后服务管理

5.1 投 资 控 制

投资管理是实现有效控制轨道交通工程投资的前提，通过对工程全寿命投资目标的控制和分解，进行限额设计、运用价值工程理论优化设计，是降低工程投资和提高投资效益的积极而主动的技术手段。

5.1.1 运用价值工程理论优化设计

设计标准和规模是影响工程投资的关键，在坚持功能第一的前提下，从功能价值分析入手，在保证工程安全和基本功能需求的基础上，减少冗余功能，优化有效成本费用的功能贡献，以达到发挥成本费用效益的目的。

运用价值工程理论推进优化设计的路线，即从项目定位与经济环境的整体评估和功能分析入手，以建设"安全便捷、环境协调、技术先进、造价合理"的轨道交通系统为目标，通过对线路预定目标、线路途经地区经济和人口分布情况、城市轨道交通规划及线路换乘情况、沿线区域规划发展情况、客流研究结论和轨道交通资源共享的审视角度入手，合理评估线路预期服务客流指标和线路功能服务水平，以此确定线路行车组织运营方案以及各系统具体配制功能目标。同时，将进一步结合各车站具体站位，分析物业发展的潜力，综合考虑沿线景观和环保功能的具体要求，对全线总体功能目标定位以及各车站、系统和车辆段的功能目标定位进行综合系统地价值规划。

5.1.2 运用限额设计控制投资

在价值工程思路的指导下，围绕价值分析确定限额投资目标，通过在设计过程中加强对项目（子项目）设计管理，使设计结果的投资不超过在设计前确定的该部分投资计划，确保设计过程投资控制在预定目标之内，其核心在于限额目标的合理确定和严格的过程控制（包括严格的设计变更管理）。具体设计限额管理工作流程详见图5-1。

1）限额目标的确定和分解

业主和总体单位根据工程可行性研究报告的投资估算确定投资限额目标，并将此目标按单项工程以及分项、分部工程进行分解，落实各个分项限额目标。在限额目标分解中，还需对工程数量同步加以分解和控制。当系统方案、单项设计发生变化时，应对分解目标及时加以调整修订，但总限额目标不得改变。

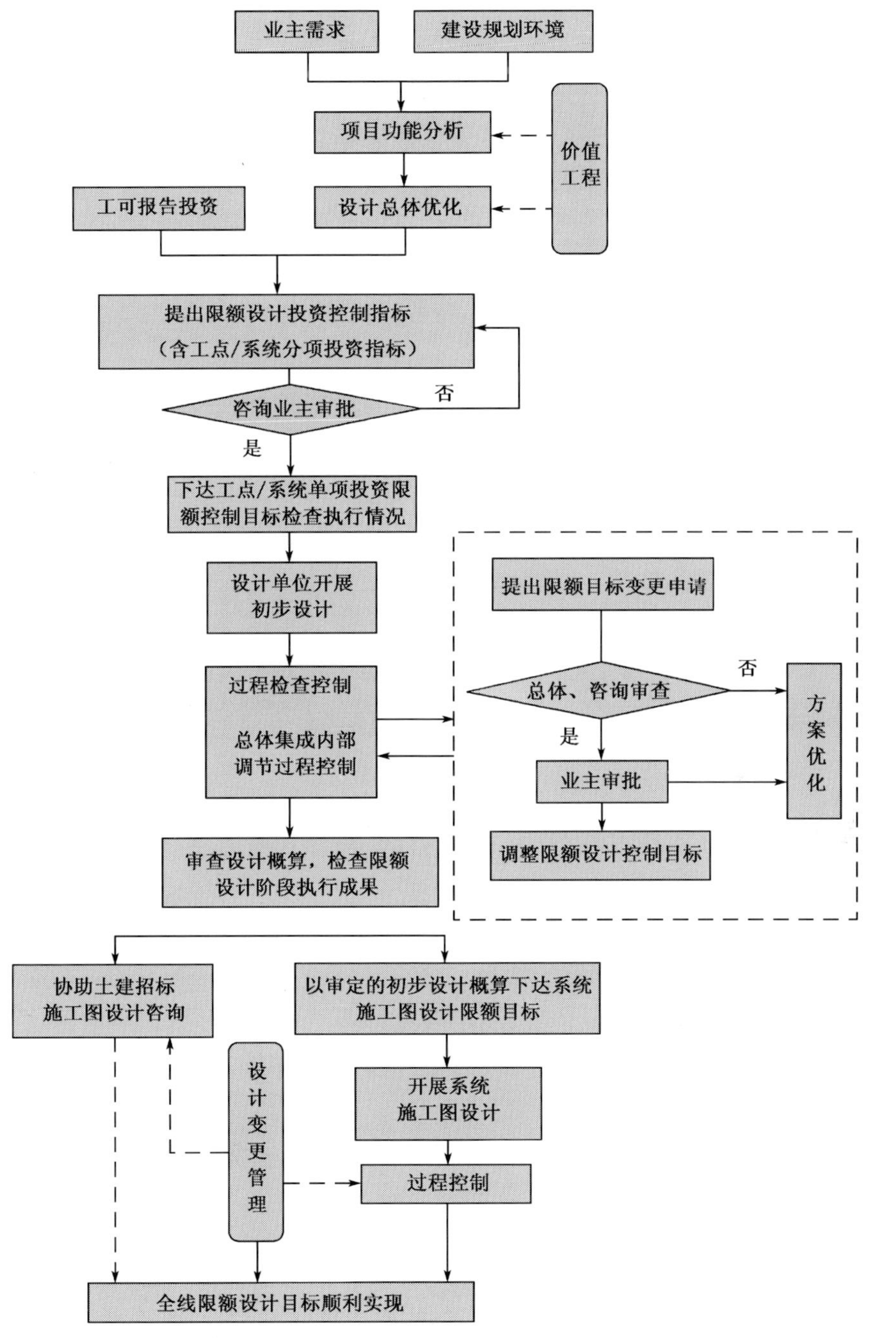

图 5-1　限额设计管理工作流程

2）各设计阶段限额设计的工作要点

（1）总体设计阶段

确保方案论证的完整性和深度，使之合理可行，严格控制投资规模在工程可行性研究报告的投资估算范围内。采用的技术经济指标要合理，估算要达到适宜的编制深度。

(2)初步设计阶段

本阶段是确定工程投资规模最关键的阶段。

初步设计阶段按照批准的投资估算进行限额设计,控制的对象主要是工程数量和设备标准及数量。为此,初步设计阶段的限额设计工程量应以总体设计阶段审定的设计工程量和设备标准为依据。在初步设计限额中,各专业设计人员在拟定设计原则、技术方案和选择设备材料过程中应先掌握工程的参考造价和工程量,严格按照限额设计所分解的投资额和控制工程量,在保证使用功能的条件下进行设计,并以单位工程为考核单元,事先做好专业内部的平衡调整,提出节约投资的措施,力求将工程造价和工程量控制在限额内。

(3)施工图设计阶段

施工图设计阶段,设计单位发出的施工图预算要严格控制在批准的概算内。主要控制以下几方面:

①施工图设计严格按照批准的初步设计所确定的原则、范围、内容、项目和投资额进行。本阶段限额设计的重点放在工程量的控制上,控制的工程量是经审定的初步设计工程量,并作为施工图设计工程量的最高限额,不能突破。

②设计人员在限额设计中要参考设计任务书及已审定的概算书、工程量和设备单价表等。

③当建设规模、设计方案发生重大变更时,要重新编制或修改初步设计及其概算,并报原主管部门审批。其限额设计的投资控制额也以新批准修改的或新编的初步设计概算为准。

5.1.3 工程投资控制的主要管理手段

工程投资控制涉及工程全过程,要求业主、咨询、设计和施工各参建单位共同采取有效的管理手段,具体管理手段如下。

1)建立联合互动机制,进行职能分工,使投资控制得到有效保证

(1)从制度方面使投资控制得到有效保证

结合业主管理意图和工程实际情况,制定限额设计工程流程和管理细则,报咨询单位和业主批准后作为工程设计管理的基本原则,设计全过程严格执行。

(2)从合同方面使投资控制得到有效保证

在设计合同中明确限额设计责任、工作程序要求和奖罚激励原则,以法律合约手段保证限额设计责任的有效落实。

(3)从过程方面使投资控制得到有效保证

①根据价值工程成果,通过对项目功能和业主需求的全面分析,研究其与项目全寿命周期成本的合理匹配,并在综合比较同类工程技术经济指标的基础上,提出项目限额设计指标建议,报总包、咨询单位和业主批准后作为本工程限额设计的控制依据。

②设计工作遵循“安全第一、标准适度、经济合理”的原则开展,在投资限额目标的基础上,结合项目设计内容进一步分解投资,明确投资控制主要指标,在编制设计概、预算时逐步细化落实。

③在保证项目功能和设计质量的前提下,设计工作按投资限额开展,在限额设计范围内充

分运用价值分析、多方案技术经济比较等技术手段，对设计方案进行优化，降低工程投资并严格控制投资概算。方法详见图 5-2。

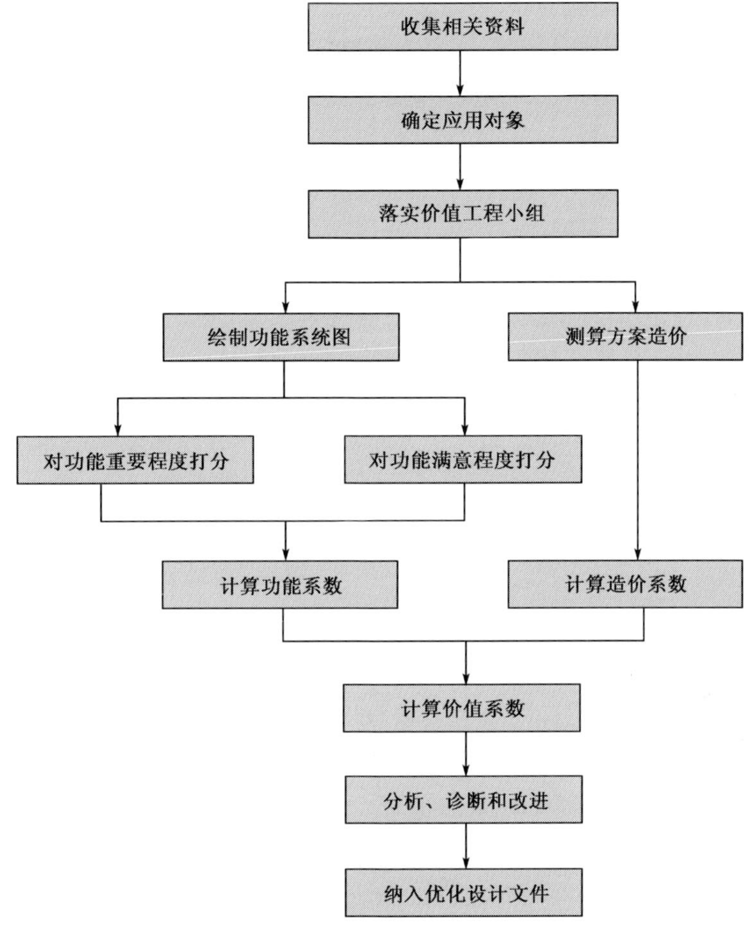

图 5-2 应用价值工程优化设计流程

④设计方案比选要进行技术经济比较，推荐采用性能价格比最优的方案。经济比选应根据阶段设计成果，采取相应的投资估算指标，保证估算的准确性。

⑤将限额设计作为设计例会的重要内容，定期根据设计工作进展情况，检查限额设计目标执行情况，及时对影响投资控制的因素进行分析，采取有效措施，保证工程投资控制在预定目标范围内。

⑥严格控制初步设计和施工图设计的变更，设计变更必须提出经济影响后果分析，重大方案变更必须提出技术经济比选方案，经审批后方可实施，同时要确保工程概、预算不突破限额目标。

2）进行目标控制

在设计、施工阶段严格按程序控制技术标准，对突破审定的规模或任意提高的标准，要查明原因，视情况追究相关单位和当事人的责任。对确属原设计欠合理或边界条件发生了重大变化,虽经努力仍难以控制的情况,则专项专题报告业主审定。

(1)各工点、各系统设计限额目标统一由总体部进行分解和平衡;工点项目设计实施分部分解管理,根据本单位设计管理程序,将总包单位下达的设计限额进行细化分解。分解细化的深细度应结合出图计划,工程部位便于随机检核确定。

(2)各工点项目应将设计分解细化指标报送总体设计咨询,以便结合图纸会签并随机检查限额设计情况。

(3)设计人员在工作过程中,应加强工程经济的观点,做好技术经济比选,优化工艺选择。各工点项目在正式分批出图前均应检察设计限额增减幅度,若发现超标应分析原因,提出有效措施,优化设计。

(4)设计、咨询、总包单位和总体部将按制度规定实施巡检,其中限额设计是重点检察项目,并与设计单位共同研究处理超标的设计方案。

(5)设计限额超标若因非主观原因造成,则按以下方法处理:

①全线总设计限额超标,由总体部负责分析处理。各工点(或系统)设计限额超标由各设计单位项目负责人处理。

②原发性错误造成超标,主要由原初步设计时工程数量或编制概算计算错误引起的,其责任由设计单位自负。

③诱发性原因造成超标,主要由外界条件(含规划要求)变化、工程地质和水文地质条件变化、按审查意见变更设计(不含初步设计审查意见)、设备超标和设备布置、业主提出新的功能和要求等引起的,均需提出书面简要说明和分析。

④当非设计单位自身原因引起工程规模、设备功能等发生重大设计变更时,经设计总体、咨询和业主批准后方可对原下达的设计限额进行调整。

通过管理手段抓好纵向投资限额控制,确保宏观不失控;各工点系统设计单位都要精打细算,杜绝互相攀比、随意提高标准、加大规模,保证微观不失调,取得最佳投资效益。

5.2 设计后服务管理

5.2.1 设计施工配合

配合施工是自提交施工图至工程竣工期间,设计总体单位对工程及实施过程中出现的问题进行配合、协调和解决的过程,是施工阶段设计工作的重要组成部分,也是实现项目设计质量目标的重要环节。

1)设计施工配合指导思想和原则

根据国家发改委《基本建设设计工作管理暂行办法》文件精神,做好总体总包的施工配合工作,必须坚持全局观念,牢固树立为下道工序服务的思想,以保工程进度、质量为宗旨,积极配合施工,及时解决施工中出现的问题。必须把配合施工工作看成是设计过程中的一个重要环节,是完善设计、检验设计质量及设计管理质量、提高设计及管理水平的重要手段。

设计配合施工工作应遵守以下原则：

(1)要坚持及时处理存在问题的原则。任何有关设计的问题，一定要及时解决，原则上不超过两日。小问题不及时解决，久拖会变成大问题。

(2)要坚持主动配合的原则，深入现场，预见、发现存在的问题，将问题处理在过程中。

(3)要坚持记录施工配合日志，使问题、经验得以保留和沉淀。

(4)要坚持业主、设计总体、设计工点、施工监理和施工承包商共同协调一致的原则。各级目标一致，要当好业主的参谋和助手，如实向业主反映工程推进情况，针对存在问题提出建设性意见供业主决策和指导工作时参考。

(5)要坚持分层管理的原则，对发现的设计问题区分总体性和局部性、系统性和单一性的不同。首先弄清问题的情况和性质，坚持前者由总体组处理，后者由分项设计工地代表解决。处理过程中坚持取得专业间的协调和认识上的一致，再按商定的方案及意见进行处理，切忌头痛医头，脚痛医脚，就事论事、简单应对的方法，防止引起连锁变更。

2)设计配合施工的内容

(1)技术交底：对施工设计图纸的主要内容、设计意图、实施难点、监控重点、制约因素（包括既有规划的管线和邻近设施等）和施工注意事项等向施工技术人员进行详细介绍，并回答提出的问题。

(2)现场交桩：配合施工单位了解和熟悉工程现场，对测量桩位一一点交，如需要可参与施工复测。

(3)对施工单位提出的实施性施工组织方案认真研究，参加评审。

(4)驻施工现场跟踪服务，了解施工情况，掌握施工进度和质量，适时协调和处理施工中有关设计的问题，跟踪施工重要环节并进行设计验证。

(5)变更和修改设计：根据工程实施情况，对按程序批准的必要的变更进行设计变更或变更确认，随着对现场实际情况的深入了解和对周边条件的认识深化，提出需要的优化设计建议，经业主认可后予以实施。

(6)参与现场事故处理，对于施工组织技术方案，应会同施工监理进行把关，采取有效的预防控制措施，最大限度地排除事故风险。若事故一旦发生，在业主领导下，积极配合施工单位和施工监理及时进行处理。

(7)参加系统机电设备调试、联调和工程检查交接验收，提供技术支持，解答设计技术问题。

(8)提供缺陷期服务，从设计角度对缺陷期出现的各类问题进行原因分析，对设计原因引起的缺陷进行研究并提出修复方法及补救措施，属非设计原因的，应提供技术支持。

3)设计总体单位配合施工的管理职责

(1)设计施工配合制度的制定与管理。

(2)组织对施工现场的设计巡检。设计总体应对设计单位配合施工人员的到位情况、设计图纸供应情况、计划执行情况、各类技术工作联系单落实情况、总体设计意图贯彻落实情况、全线功能是否确保、设计标准是否统一、设计接口是否正确紧密、配合施工是否及时有效等进行检查，并督导相关单位据实进行整改落实。

(3)协调设计单位解决施工现场出现的设计问题。组织各设计单位为施工、安装、装修提供设计配合服务，包括参加例会、专题会议，如施工现场发现勘察资料不符，通知和会同勘察单位落实补充勘察，更新基础资料。组织参加施工监理安排的过程验收，处理施工、安装、装修过程中与勘察设计有关的问题。

(4)参与设备调试及联调工作的配合协调，提供技术支持，解决存在的设计技术及接口问题。

4)设计单位配合施工的职责

(1)设计单位必须配备合格的配合施工人员，协调处理施工过程中出现的设计问题。

(2)设计单位负责向施工单位进行技术交底，介绍设计意图，解释设计文件内容，说明各专业及系统间接口关系，明确施工注意事项及需要特别强调的问题。

(3)根据施工现场的实际情况，检查核对设计图纸，对错漏、矛盾的图纸进行修改、补充完善，满足现场施工对图纸的需求。

(4)参加有关的施工现场生产会议(每周例会，突发事件、问题协调处理会等)，收集和征求施工单位、施工监理单位、咨询单位、设计总体及业主对设计的意见，及时协调、处理有关设计方面的问题，签署与设计有关的协议和纪要。

(5)深入工地现场，及时了解工程施工情况，预见工程中可能出现的问题，把握难点和关键点，提示施工监理和施工单位采取相应规避风险的措施，并解决现场的设计配合问题。

(6)配合施工应及时协助施工单位解决问题。对施工单位提出的有关设计问题，配合施工人员应在2个工作日内给予答复，并按规定的程序尽快落实。对在配合施工中发现的重大问题或需多方协调解决的问题，应在1个工作日之内通报设计总体和业主。

(7)填写配合施工记录。按时向设计总承包单位提交设计施工配合月报。内容包括：施工概况、设计变更内容(包括变更的项目、依据、处理意见)、存在的问题及对下阶段工作的建议等。

(8)参加现场施工检查与核对，参加子项工程及隐蔽工程验收和竣工验收工作。

(9)按规定进行变更设计及代用材料等的确认。

(10)参加设备及系统的单项调试、系统联调及试运行工作。

(11)配合施工过程中，进行与设计有关的资料收集、分析、整理及归档工作。

(12)对不符合设计要求的施工情况，根据问题的性质及时知会现场施工监理或报告业主采取纠正措施。

5)设计配合施工的一般工作流程

(1)设计总体配合施工管理工作流程，见图5-3。

(2)工点、系统设计配合施工工作流程，见图5-4。

(3)施工现场事故处理配合。当设计单位了解到施工现场发生事故时，应立即通知总体总包部。总体总包部与设计单位接到事故报告后应立即派有丰富经验的技术人员，及时赶赴事故现场，配合处理。当出现人身安全或经济损失较大、影响较大的事故时，总体总包部负责人及相关领导均应带队赶赴事故现场,与有关单位和人员迅速组成事故处理小组。设计单位参与事故现场会议,剖析事故原因,并提出处理方案建议,总体总包单位配合跟踪事故处理过程。总体总包部应根据事故处理过程,组织设计单位召开专门会议,通报情况,吸取教训,引以为戒。制订相关预防与整改措施,防止同类事故发生。总体总包部组织设计单位协助做好事故善后工作,消除不良影响,设法将事故延误工期抢回来,将损失减至最低限度,并根据施工实际情况及时调整与优化设计。

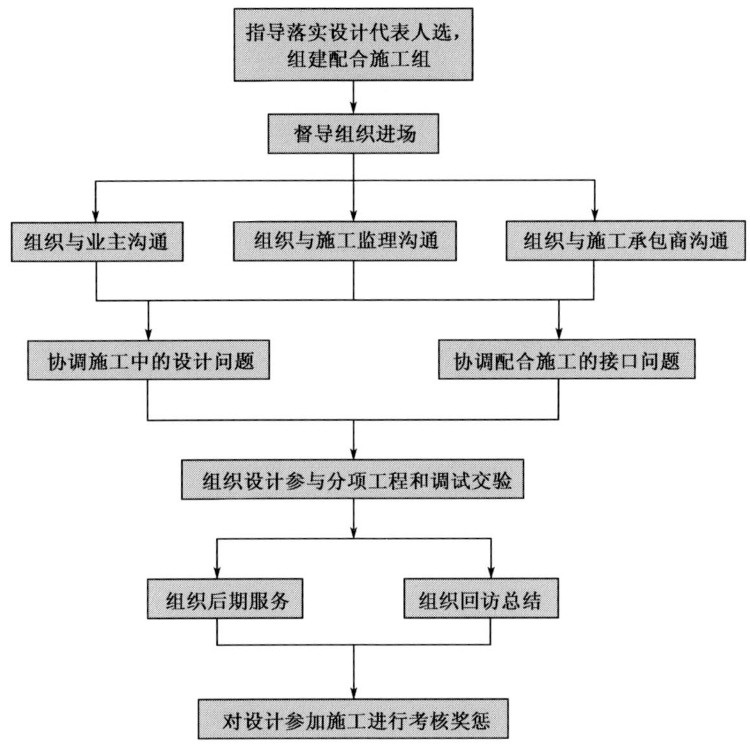

图 5-3 设计总体配合施工管理工作流程

5.2.2 设计总结、验收和回访

为促进轨道交通技术沉淀,提高轨道交通设计质量,为以后新线建设提供宝贵的经验教训,设计总体应积极组织进行设计总结,有条件时可正式出版。设计总结应包括以下主要内容:

(1)工程总概况、各工点和专业系统工程概述;

(2)各专业、工点系统重要技术标准,重要设计参数和技术经济指标;

(3)各站总平面图、站厅站台平面图和横剖面图;

(4)各站主要结构参数和工法、区间工法及示意图;

(5)各机电系统图;

(6)车辆段主要功能、规模和总平面图;

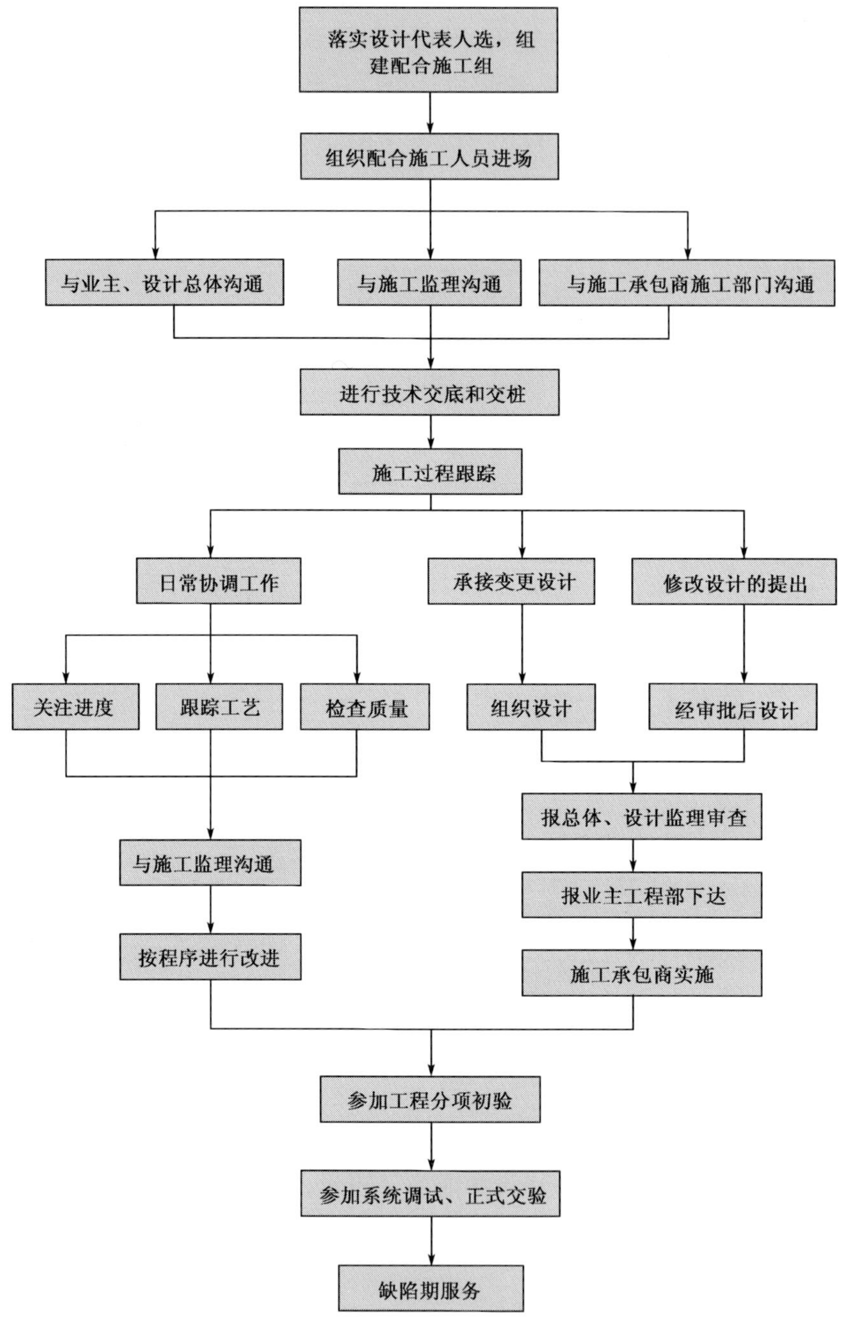

图 5-4　工点、系统设计配合施工工作流程

(7)运营后现场照片；

(8)施工中及验收中发现的主要问题及解决办法；

(9)除总结成功经验外,还要求对项目(专业)自身存在的技术问题和管理中的不足或教训进行剖析,提出改进建议。

设计总体应参与并组织工点参与相关系统和工点验前检查、初步验收、竣工验收和其他政府部门组织的验收，如消防验收等，按政府质量监督部门要求完成设计自检报告，并纳入竣工档案资料。对验收中出现的问题应及时给出解决方案，满足最终验收及开通的需求。

新线建成投入运营后，设计总体应组织系统和工点设计单位进行设计回访，通过与运营对口单位座谈、现场观察、分析和对比，查找问题，并找出相应的解决办法。为促进技术积累，设计回访应形成书面报告。

6 各阶段总体管理的重点、难点及注意事项

6.1 工程可行性研究阶段工作的重点、难点及注意事项

6.1.1 工作重点及难点

项目必要性、技术可行性、经济合理性是可行性研究阶段工作的重点与难点。

1)项目建设必要性分析

以城市经济与财力、城市总体规划、城市交通规划、轨道交通线网规划为基础,分析项目在轨道线网中的作用、项目在城市交通和总体规划中的地位和作用、项目对城市发展的重要意义和作用以及项目对改善城市环境的作用,最终提出项目建设的必要性。

2)运营功能分析与定位

分析轨道交通线网规划的整体情况,特别是相邻线路可能产生的分流和资源共享的可能性,对线网中运营设备分布、线路辅助线配置、控制中心的规划进行分析和了解,为轨道交通功能合理定位提供支持。运营基本功能定位应正确把握运营功能、车站功能、车辆段及停车场功能和消防功能四个主要方面。

根据功能定位和客流特征来研究技术方案,制定相应的技术标准和系统配置,确定合理的建设规模和工期。

3)设计技术标准

设计技术标准的拟定涉及各系统的合理定位,如线路敷设方式、车站埋深、车辆选型与编组、供电方式、受电方式、通风空调模式、信号制式和通信制式等。以运营要求和功能合理定位为基础,设计技术标准的拟定是确保轨道交通设计文件的总体性、系统性、统一性、系统功能平衡和接口协调管理的关键,并直接影响投资的额度和效益,因此要充分考虑技术先进性和经济合理性。

4)资源共享

根据国内轨道交通建设的成功经验,轨道交通设计要站在线网的高度对轨道交通网络进行深入研究与统筹规划。工可研究阶段,要进一步研究论证车辆选型、车辆段及综合基地、主变电站、控制中心的布置和功能,力求做到人力资源、运营设备和设施资源、土地资源等多方面的共享和综合利用。车辆选型应研究车辆和信号系统在轨道交通网络中相互调配的可能性。大型轨道维修和检测设备应考虑通用性,并改进车辆检修体制,在预防性计划维修的基础上,推进状态维修和在线维修等先进的维修理念,同时统筹考虑联络线的布置,为资源共享提供便

捷的条件。

5)线路设计及敷设方式

线路平面走向敷设方式应适应城市规划和线网规划的要求,结合功能要求和线路条件,选择合理的线路方案及敷设方案,尽可能减少限速地段,合理运用高站位低区间经济坡度实现节能目标。线路敷设方式应适应城市规划和环境的要求,根据城市总体规划,有条件时线路可考虑采用高架线的形式,以期降低工程造价及运营费用。

对地下线路敷设应减小施工振动、噪声、尘土等对居民的影响,重视环境保护,特别是重视高架车站及区间与周边环境的协调,减少对居民生活环境条件的影响。对振动与噪声敏感点应采取减振降噪措施,同时应处理好线路敷设方式与方便居民出行和沿线土地利用价值的关系。

6)工程规模控制

全面分析影响工程规模的众多因素,从源头抓起,抓控制因素,深化对客观条件和边界条件的认识,在运营功能分析和功能定位基础上,按照拟定的技术标准,对设备系统功能的配置进行分析研究,最大限度地实现资源共享和系统功能匹配。同时,结合地勘成果,充分调研与工程项目密切相关的建筑物、构筑物、管线和交通等现状情况,进一步研究车站站位、车站规模、区间隧道工程及施工方法,稳定工程线站位和土建规模,通过从系统配置到工程实施方案的研究,实现工程规模的有效合理控制。

7)换乘节点及车站设计

换乘节点是各条线路的交织点,也是线网的控制点。换乘节点的设计应做到合理规划和换乘便捷。重要换乘节点换乘方式的研究是可行性研究工作的重点之一,换乘节点的设计应体现统一规划、统一设计、同步或分期实施的原则。车站设计应贯彻以人为本的设计理念,应体现标准化和模块化,对于高架车站应轻盈和通透,尽可能集约化、轻量化和景观化,并有效控制其体量大小。对换乘站要重点作进一步研究,做到换乘方便,可实施性强。

贯彻大交通和公交一体化的原则,统一考虑轨道交通线网与地面公交的综合交通规划。根据城市的交通现状及综合交通规划,处理好轨道交通与铁路、公交的接驳与换乘关系,充分体现以人为本的设计理念,方便乘客乘坐和换乘各种交通工具。

另外,还应根据车辆及设备配置,研究设备国产化,提高国产化率,从而降低工程造价和今后运营成本。

6.1.2 注意事项

(1)从城市发展实际需要出发,根据城市经济、城市总体规划、轨道交通线网规划以及综合交通规划,确定项目在轨道交通线网中的作用、在城市交通和总体规划中的地位和作用以及对城市发展的重要意义和作用,从而阐述轨道交通建设的必要性。

(2)以项目管理为手段,以城市经济、城市规划、交通规划和客流预测为依据,以研究各站点技术方案为重点,贯彻以线布点和以点定线的原则,研究各系统的功能和标准,在标准和规模初步确定的基础上,进行工程筹划和经济分析评价论证。

(3)以价值工程理论为指导,以功能第一、标准和规模适度、专业技术功能匹配为出发点,对各功能之间及功能与成本之间的关系进行分析研究评价,致力于提高功能价值,降低功能成本。

(4)各专业的编制成果须经过全面的总体性协调,围绕质量总目标达到统一,实现各专业相匹配和技术先进的总体质量目标。

(5)协调配合形成工作合力优势。工作中注重保持与市规划、交通、供电及市政等部门同行的友好合作关系,在业主的组织领导下,主动争取其支持、帮助或共同参与完成编制工作,使可行性研究报告的编制工作顺利和有序地进行,以达到业主所期望的目标。

6.2 总体设计阶段工作的重点、难点及注意事项

6.2.1 设计的总体平衡

在工可研究的基础上,总体设计阶段不再是停留于工程可行性的目标上,而是要注重工程实施和各系统的平衡,选择合理、适用及经济的技术方案。如作为轨道交通工程的龙头专业,线路设计是体现总体性的重要内容,必须从线路、行车、信号等专业综合考虑,才能实现系统功能最优。轨道交通设计是一项庞大的系统工程,是功能需求和投资目标基础上的系统统一,不是单纯的区段线路拼接和系统叠加。因此,它需要根据工程总目标,运用价值工程的理论,建立设计成果评价指标体系,从而对工程的行车功能、车站功能、车辆段及停车场功能等进行全面研究,并在此基础上对线路平纵断面及辅助线设置进行系统优化,实现工程功能满足和系统综合最优。

6.2.2 运营功能分析

对轨道交通建设来说,社会效益是目的,环境效益是条件,经济效益是基础。服务、效率与成本的最佳结合是三个效益的集中反映。总体设计工作应体现出建设为运营服务、运营为乘客服务的理念。以满足运营需求,实现能力、流程、功能、规模、安全、服务、观瞻、技术和经济等各方面的统一。

总体设计阶段应在工可研究的基础上进一步分析城市建设规划的总体思路,把握城市交通综合规划及轨道交通规划网中的线位和客流特点,完成运营功能分析,分析结果要充分体现先进、适用及经济的特点。

6.2.3 设计技术标准编制和落实

结合线路功能完成各系统的技术标准,在技术标准的编制过程中,根据可行性研究报告投资估算设定的单位工程投资限额目标开展设计和技术标准的制定工作。在方案比较、功能选择、设备选型过程中都必须根据价值工程理论进行相应深度的技术经济比较,并进行投资的合理分解,确定各系统及工点的下阶段限额设计目标。

6.2.4 工程规模控制

尊重城市总体规划，服从城市轨道交通网络规划，根据周边建设条件，密切配合城市开发，全方位开展技术研究，深入进行方案比选，配合现场调查，进一步落实工程方案的可实现性和可比性，以达到工程方案最完善的目的。

在总体设计阶段必须要树立工程规模控制的总体思路，在满足需求的前提下，进行高架线路与地下线路的全方位比较；研究典型车站的建筑方案，根据轨道交通的建设经验明确车站设备用房种类、数量和面积分配，以体现控制规模的目的；注重环境保护和收集市政管线资料，尽量少拆迁，少迁改和少扰民；落实节能设计，保障系统的可持续发展。

6.2.5 工程投资控制

长期以来，轨道交通工程作为公益性项目，主要依靠国家和地方政府投资，一次性投入大，经营效益低，已成为经常性的财务负担，制约了轨道交通建设的持续发展。因此，轨道交通工程必须从总体设计做起，努力将“经营轨道交通”的理念贯穿到设计工作中。

(1)降低工程造价是实现“经营轨道交通”的基础，也是设计工作的重点。

实现“经营轨道交通”目标的基础是降低工程造价，减少财政负担，形成良性循环。设计工作的开展必须以降低工程造价为重点，以价值工程理论为指导。

①资源共享：科学的建设时序，充分的资源共享。

②线路敷设：合理确定埋深，降低工程运营费用。

③系统配置：研究配线方案，合理设置辅助线；系统标准兼容，设备选型优质低价。

④车站布置：整合设备布置，减小车站规模。

⑤结构施工：合理确定工法，注意规避风险。

(2)充分利用轨道交通资源是实现“经营轨道交通”的动力，也是设计工作的方向。

①城市规划：结合站点综合开发，培育客流，结合线网进行综合交通规划；结合综合开发实现经营轨道交通理念。

②系统配置：合理组织运营，采用先进的管理模式，减少运营成本；推行车辆状态维修和在线维修，提高利用率，降低购置成本；优化系统配置，推广系统集成，减少管理成本。

③车站布置：方便乘客，吸引客流，增加运营收入；优化布置，方便管理，降低管理成本；合理利用空间，进行商业、报业、广告业及公益性开发。

④沿线开发：合理规划政府划拨土地，提高综合配套开发效益；合理分配段址，优化工艺，提高车辆段综合开发潜力。

6.3 初步设计阶段工作的重点、难点及注意事项

6.3.1 重大技术方案审查

初步设计阶段主要审查技术标准落实、技术接口的协调、工程方案设计、系统构成与功能

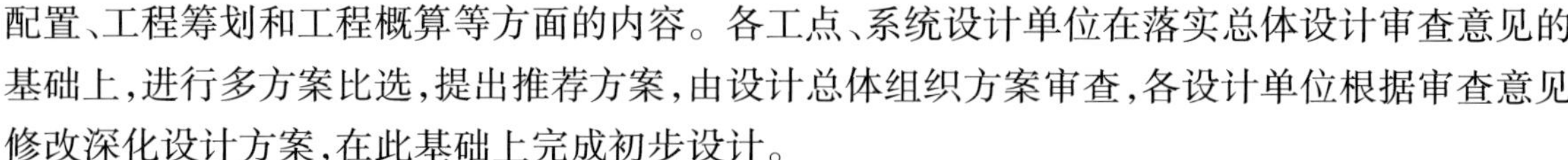

配置、工程筹划和工程概算等方面的内容。各工点、系统设计单位在落实总体设计审查意见的基础上,进行多方案比选,提出推荐方案,由设计总体组织方案审查,各设计单位根据审查意见修改深化设计方案,在此基础上完成初步设计。

初步设计阶段需提交设计总体部审查的主要技术方案有:

(1)行车组织和运营设计;

(2)限界设计;

(3)线路平面和纵断面;

(4)各车站设计方案;

(5)区间隧道设计方案;

(6)各系统设计原则、系统功能、系统构成及主要技术参数;

(7)车辆段设计方案;

(8)控制中心设计方案;

(9)工程筹划;

(10)工程概算。

6.3.2 初步设计阶段技术指导文件的编制

初步设计阶段技术指导文件包括《文件组成与内容》、《文件编制统一规定》、《工程概算编制办法》、《技术经济比较统一指标》、《技术接口文件》等。

1)《文件组成与内容》的编制

《文件组成与内容》是规范和统一全线各工点、各系统设计文件内容和设计深度的技术文件。

初步设计阶段的《文件组成与内容》主要包括设计说明书、设计图纸、概算三部分。设计说明书主要包括工程概述、设计咨询和专家审查意见的执行情况、设计依据、设计原则、设计方案、与其他专业和系统的接口关系等内容,还包括工程数量表、主要设备材料数量表、图纸目录等设计说明书附件。设计图纸主要包括原理图、系统图、平面图和主要剖面图等内容。概算单独成册,按照相关定额规定和设计总体所发的概算要求及格式编制。

2)《文件编制统一规定》的编制

城市轨道交通工程建设是一项复杂的系统工程,设计工作所涉及的专业多、领域广,接口极其繁杂,为保证设计工作的总体统一性和经济合理性,重视设计文件内在质量的同时,也要重视外在质量。在参与工作单位多、专业多和工作周期长的条件下,详尽的统一规定是十分重要的。

《文件编制统一规定》是规范全线各专业设计说明编制格式及封面样式、图纸图幅大小、图纸会签栏格式、图纸图号编制代码、图纸会签等内容的技术文件。初步设计阶段的《文件编制统一规定》对设计说明书和图纸两部分进行了规范。

3)《工程概算编制办法》的编制

工程设计概算是设计文件的重要组成部分,是具体体现设计成果和设计水平的一个重要

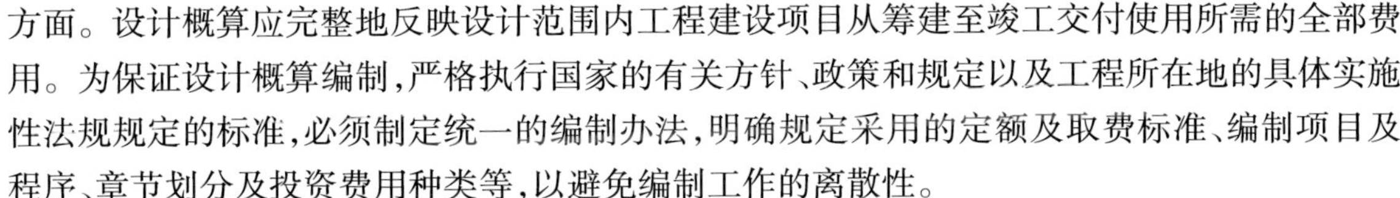

方面。设计概算应完整地反映设计范围内工程建设项目从筹建至竣工交付使用所需的全部费用。为保证设计概算编制，严格执行国家的有关方针、政策和规定以及工程所在地的具体实施性法规规定的标准，必须制定统一的编制办法，明确规定采用的定额及取费标准、编制项目及程序、章节划分及投资费用种类等，以避免编制工作的离散性。

4)《技术经济比较统一指标》的编制

方案确定的依据是较为客观的技术经济比较，统一基数和尺度是十分重要的。不仅各方案需要统一比较的标准，而且各工点亦应统一比较尺度，这就需要事先颁发或约定统一技术经济比较指标。统一指标的提出需要大量的积累和工程类比，这是重要的基础性工作。

5)《技术接口文件》的编制

《技术接口文件》是指导、检查和验证工程设计各子系统设计的完整性、安全性、可靠性、合理性和经济性的重要文件，它不仅是选择土建工程方案，也是各设备系统确定功能定位和规模的依据之一，更是保持系统总体完整性和协调运作一致性以及充分发挥轨道交通工程功能、降低造价和提高效益的重要保证。

6)通用图和参考图

通用图和参考图由设计总体总包组织编制，对有关专业可进行标准化、模块化设计的部分进行分析和划分，提出通用图和参考图编制要求，由相关设计单位或相关专业编制通用图或参考图。初步设计阶段的通用图和参考图详见表6-1。

初步设计阶段通用图和参考图一览表 表6-1

专 业	序 号	设计通用图名称	应 用 范 围	备 注
土建	1	标准地下站设计参考图	地下车站	
	2	车站与区间接口设计参考图	全线	
	3	防水设计通用图	全线	
	4	人防设计通用图	全线	
	5	区间联络通道设计参考图	全线	
通风空调	6	人防通风设计参考图	全线	
牵引供电	7	接地通用图	地下车站	
给排水及消防	8	人防给排水及消防设计参考图	全线	

6.3.3 初步设计工程概算的编制

初步设计工程概算是设计文件的重要组成部分，是全面反映建设项目从筹建到施工直至交付运营所需全部投资费用的文件。工程设计概算随设计文件审核批准后即作为项目控制投资和进行工程结算的依据，并对施工招标和设备材料采购具有指导作用。因此，概算编制必须真实反映建设项目的投资情况，贴近工程实际，真正起到控制工程投资的作用。具体措施有以下几个方面：

(1)在初步设计初期，配合各专业完成设计方案技术经济比选，在确保实现工程运营功能及技术标准先进性的前提下，加强设计方案的技术经济分析比较，挖掘投资节约潜力，争取实现最优的功能价格比。只有在设计阶段通过经济比较和方案优化确定好合理的工程造价，才能为项目建成后的经营奠定良好的基础，并最终使项目取得良好的经济效益。

(2)初步设计图纸完成后，按照总体设计阶段确定的设计概算编制办法及编制原则，统一全线概算采用定额和取费标准，组织初步设计概算编制工作。在编制过程中，首先要严格执行国家及省市在工程造价管理方面的有关政策和规定，确保设计概算编制工作的总体性、完整性和统一性，在此基础上尽可能地贴近工程实际，做好概算资料的收集整理工作，力求使概算采用的价格能及时反映当前市场的实际价格变化，尤其是设备系统。目前工程设备选型变化很快，新技术不断涌现，设计概算应跟上这种变化，加强对新材料、新设备价格的掌握程度。

(3)建立行之有效的限额设计管理制度，协助业主制定限额设计管理细则，并根据阶段设计成果，细化分解投资控制指标。在初步设计概算编制过程中，监督设计限额目标的执行情况，负责审查单项设计方案的投资是否突破设计限额，严格控制发生设计变更及突破限额的可能性。如超出限额，应认真分析原因，根据不同情况分别采取措施。

6.3.4 设计接口及工作协调

接口管理是设计总体总包管理的重要内容，是保证项目设计工作整体性和统一性的关键措施，是设计总体总包工作开展的管理主线之一。

轨道交通工程接口协调可以分为外部接口与内部接口。

1)外部接口

外部接口是指轨道交通工程与城市外部条件的接口关系。这包括轨道交通工程与城市规划与用地、文物保护、城市交通、城市道路、城市供电、城市供排水、城市环境与景观、城市人防、城市消防、地质与地震灾害、铁路、航空和航运等。

外部接口确定了工程的边界条件，是设计工作开展的基础和前提。稳定外部接口，保持与接口单位良好沟通是贯穿项目开展全过程的重要环节。

2)内部接口

内部接口是指轨道交通内部各系统间的接口关系、子系统间的接口关系、子系统内部各设备间的接口关系。轨道交通内部各系统间的接口关系又包括基础(接口)条件、总图接口、工程与设备系统接口。

6.3.5 初步设计阶段主要外部条件的稳定

1)沿线用地条件的落实

(1)全面了解沿线土地性质及用地规划

①向国土部门了解当前的国家土地政策、轨道交通沿线的土地性质及用地归属，特别是注意涉及集体土地及国家重要部门的用地；向规划部门了解沿线的用地规划，特别是了解在建项目、待建项目及规划项目，如用地条件许可，也可争取规划部门同意少量车站用地及车站上部开发。

②根据掌握的资料，与规划部门一起对沿线车站站位进行调整，初步确定用地条件。

③由规划部门统一协调，车站建筑物尽可能与沿线在建、待建项目结合。

(2)落实用地条件

根据掌握的资料及与规划部门的协商，进行方案设计，在方案设计过程中，与沿线用地单位配合。

(3)准确确定轨道交通的永久及临时用地范围

①在总体方案确定之后，应划定沿线的永久及临时用地范围。

②对于地下车站出入口、风亭、区间、车站站前配套的交通广场、车辆段等用地，应作为永久用地；永久用地范围为建筑物边线范围，同时应适当考虑一定的影响范围，具体范围应与规划部门协商。

③对于用于交通导改、管线拆改及施工场地的施工占地，应作为临时用地，特别是施工场地布置应标准化，根据不同的施工工法，由总体确定布置原则，在确保施工的同时，尽最大可能压缩施工用地。

(4)办理各种用地、规划审批手续

①在总体设计方案确定之后，划定用地范围，向规划部门申报规划意见书。

②根据规划意见书与沿线用地单位签订用地协议。

③在初步设计审定之后，根据用地协议及土地部门意见，向规划部门申报规划用地许可证；该许可证是土地使用的合法依据，并可据此实施拆迁工作。

④在施工图完成之后，向规划部门申报工程规划许可证。

(5)落实沿线用地及规划手续报审工作程序

2)管线拆改加固方案的落实

(1)管线资料的落实

①地下工程施工应确保地下管线资料翔实和准确；管线调查应分阶段进行，特别注意前期调查的准确性，以保证方案的可实施性及对投资的控制。

②在前期准备阶段，首先由勘察单位进行沿线地下管线资料的收集及调查；在方案设计阶段，由设计单位与各管线专业公司进行管线资料的核实；在总体设计方案确定后，由勘察单位对施工影响范围内的管线进行详查；施工之前，由施工单位对施工影响范围内的管线进行详查，并发出施工通告，请各专业公司进行现场确认。

(2)管线拆改移方案的确定

①在方案设计过程中，设计单位与各专业公司进行管线改移、加固的可行性咨询；

②总体设计方案确定后，由各专业公司进行管线的拆改移方案；

③请有资质的单位根据各专业公司的方案进行管线综合；

④管线综合需规划部门进行审批。

(3)管线拆改移的实施

施工之前，根据施工最新调查的管线资料，重新调整管线综合；根据管线综合，由业主确定的各管线施工单位进行管线拆改的设计和施工。

(4)管线拆改移工作程序

管线拆改移工作包括了拆改设计、拆改配合。

①拆改设计。

a. 管线迁改设计阶段分为方案设计、初步设计及施工图设计，分别在总体设计、初步设计及初步设计修编阶段完成。

b. 地下管线迁改（含线缆割接）设计，是指影响地铁建设（含施工场地范围内）的沟槽、管道及其内部所有管线的迁改设计。

c. 地下管线探察及地下、地面建筑物及构筑物勘察与迁改设计范围涵盖所有与本工程有关的施工范围。

d. 设计单位对管线探测资料进行现场踏勘核对复查，与各管线主管部门了解管线情况，对管线探测资料与现场实际情况不符者进行修正，并完善到相关设计中。

e. 充分了解和掌握沿线各种管线的专项规划，在管线改移时应充分考虑规划管线的要求，近远期结合。

f. 对于影响地铁建设的重大管线（如次高压燃气、110kV 以上电力线缆等），应结合改迁技术经济的可行性，在方案设计阶段对地铁主体工程设计提出指导意见，为地铁主体工程施工工法提出合理建议。

g. 由于客观条件限制无法改迁的管线，需进行悬吊或其他保护处理的，设计单位明确保护管线的种类规格，并在后续工作中指导主体施工单位制订保护措施。

h. 初步设计阶段，对主要改迁管线进行平面竖向综合考虑，深化设计，确保实施可行。

i. 施工图设计阶段，进行管线综合设计，并报相关主管部门和单位批准。

j. 在初步设计及施工图设计阶段，做好工程设计与工程经济接口的划分及匹配工作，确保标段之间的界面分工与工程经济的一致性。

k. 综合平衡各管线改移平面、标高之间的关系、管线与主体工程之间的关系、管线改移的工期和造价与主体工程的工期和造价之间的关系、管线与交通疏解的关系；以实际物理尺寸作平面、断面和剖面图，并征求管线运行单位的意见，确定各项目工程的可实施性和经济最优性。

l. 认真研究各管线标高、管线井标高与道路标高的关系、管线井圈的处理，要确保在路面使用过程中不会出现塌陷等病害。

m. 充分考虑交通疏解与管线迁改施工场地的可供性、与周边业主的关系，对存在的场地问题需汇总成专题报告并报业主；交通疏解设计同时应与管道改迁占道相结合，综合考虑优化设计。

n. 交通疏解与管线迁改应结合规划条件和要求开展设计，须向交通、交警、规划、城管等部门和管线运行单位征求意见和报批，并取得书面审批意见，根据意见完成修改后送审。

o. 施工图出图前，设计单位根据管线迁改、交通疏解和主体设计进行现场放线，确保交通疏解、管线迁改与主体工程的协调性，稳定方案和各项工程的可实施性。

p. 各施工图统计工程量，特别是道路破除的工程量，设计总承包单位须严格审查，并对其负责。

q. 交通疏解设计包括现状交通流量调查分析、交通总体影响评价及各施工点交通分流方案研究等，交通疏解设计单位结合现场施工需要，配合相关单位及时提交交通组织及交通设施设计，开展占道方案设计，协助报批。

r. 根据最终的占道实施方案，及时补充、调整相关施工图设计。

s. 按工程需求和业主要求，提交各项设计成果。

②拆迁配合。

a. 根据管线迁改设计及施工方案，确定临时用地范围；并配合收地拆迁，提交收地范围设计图（包括临时与永久性收地拆迁）。

b. 根据地铁工程设计及用地红线，提交收地范围设计图。

c. 根据地铁工程施工方案及围挡，提交临时用地的收地范围图。

d. 配合收地拆迁，开展相关的临时与永久用地报批、报建工作，并根据工程实际需要，实时更新红线设计及其报批工作；对用地红线的准确性及红线与工程实施实际情况的一致性负责。

e. 配合拆迁部门开展的收地拆迁谈判工作，并提供技术支持以及设计、资料支持。

f. 配合拆迁所引起的相关设计，如建构筑物处理、地面恢复、拆除设计等。

g. 所有配合拆迁的设计，需与周边业主协调，并获得其确认。

h. 根据拆迁需要，负责按业主指令开展的其他配合设计工作。

3）交通疏解方案的确定

（1）轨道交通线路一般沿城市繁华道路，工程施工特别是明挖法施工对交通影响较大，交通导改方案及实施可行性直接影响土建施工工法的确定。一般在选择明挖、暗挖或盖挖工法时，主要的影响因素是交通导改方案的可行性。因此，总体设计单位要详细进行交通影响分析，制定可行的交通导改方案，在尽可能减少施工对交通影响的同时，为降低工程投资创造条件。

（2）在方案设计时，对施工沿线的道路交通进行影响性分析，结合设计方案进行区域或局部交通疏解方案研究；在总体方案确定后，与交通管理部门进行交通导改方案的可行性咨询；在初步设计审查时，请交通管理部门对初步设计的交通导改方案进行确认；施工之前，将详尽的交通导改方案报交通管理部门审批。

6.4 施工图设计阶段工作的重点、难点及注意事项

6.4.1 组织各专业落实初步设计审查意见

（1）各设计单位对初步设计、规划、消防及人防专项审查意见进行逐条回复，并将回复意见书面报告设计总体总包单位。设计总体总包单位组织对回复意见进行审查后，要求工点设计单位将审定后的初步设计阶段所有审查意见落实到施工图设计文件中。

（2）根据初步设计审查意见，需要对初步设计方案进行重大修改和调整的，总体方应组织工点设计单位对设计方案进行设计优化，在总体方审查方案的前提条件下，请业主对修改方案

进行审查确定,以作为后续施工图设计的依据。

6.4.2 统一技术标准,编制技术指导性文件

施工图设计阶段编制的技术指导文件包括《文件组成与内容》、《综合管线图绘制统一规定》、《施工图设计预留孔洞和预埋件统一规定》、《机电系统对土建施工图的总体要求》、《风、水、电专业在施工图设计阶段的总体要求》、《施工图设计预算编制要求》以及各专业设计参考图等。

落实到工点及系统设计中,使车站设计标准化,以便于施工管理和运营维护。

6.4.3 加强对设计接口的管理,以减少设计错漏

总体应重点审查施工图设计阶段的技术接口方案以减少设计错漏,在施工图阶段应主要加强对以下接口内容的管理:

(1)组织对施工图设计输入进行审查,以保证设计输入资料的准确性。

(2)总体负责编制施工图设计阶段详细和完整的技术接口文件,经讨论和业主审批后,下发工点设计单位执行。

(3)机电设备招标完成后,根据供货商提供的设备型号、规格尺寸和技术参数重新审查、核对与相关机电系统的设计接口。具体的方式包括:

①相关机电专业共同参与业主组织的设计联络。

②由总体组织专题技术接口会议。

③由专业总体统一下发核对后的接口技术要求等。

总体总包单位应定期(或不定期)到各设计单位进行设计巡检,或对重要的设计接口组织专门的接口协调会议,以检查设计接口的正确与否。

(4)加强与规划、市政园林、交通和自来水等政府部门的对外接口协调,参与规划部门组织的出入口、风亭以及主变电站方案的审查会议,参与市政园林或自来水公司组织的轨道交通给排水与市政给水和排水接驳系统接口的审查会议,以稳定对外的接口关系。

(5)对施工中发现的技术接口错误,应组织设计单位提出处理方案,审查后报业主和施工单位,以免影响工程施工进程。

6.4.4 参与招标与技术谈判

(1)根据设计为用户服务的原则,设计总体单位与设计单位应积极派人参与业主组织的工程和设备材料的招标评标工作与技术谈判。

(2)设计总体总包单位与设计单位应按业主工程总体策划要求,积极参与并配合业主进行勘察、设计、设备采购、施工的招标评标以及参与技术谈判等工作,按业主的要求交付招标的相关技术资料和设计文件。

6.4.5 严格控制设计变更,进行限额设计

制定操作性强的轨道交通工程设计变更管理办法,在设计变更的管理过程中严格按照管

理办法执行,审查各项变更设计申请,控制变更设计的工程数量和投资。

6.4.6 设计后续服务工作(配合施工及现场事故处理)

设计后续服务是总体设计工作的重要组成部分,提供及时和全面的后续服务工作是设计总体单位的责任。

设计后续服务工作重点如下:

(1)协助业主和施工、监理单位组织完成施工前技术交底和图纸会审工作。

(2)由总体组织对完成的施工图进行设计复查。

(3)成立以设计总体为核心,专业总体和各工点、系统设计单位参与的施工配合小组,定期进行工地巡检,参与工地监理例会,及时处理施工过程中发现的问题,在工程实施全过程给业主和现场施工单位提供周到的技术支持和服务。

(4)配合业主及施工监理单位完成现场交桩、基槽检验、控制网复测、竣工测量和贯通测量等工作。

(5)组织工点设计单位对施工过程中的设计方案变化和修改及时进行设计变更,审查变更设计文件,控制变更金额,并将设计变更报业主批复。

(6)参与业主组织的重大技术问题的论证,并提出解决方案。

(7)参与系统设备的单机调试和系统联调等工作,及时处理在调试过程中出现的各种技术问题

(8)参与处理现场发生的各种质量和安全事故。

(9)参与并组织工点参与竣工验收和其他政府部门组织的验收(如消防验收等)工作,配合业主完成相关的竣工验收工作。对验收中出现的问题及时给出解决方案,满足最终验收及开通的需求。

(10)组织工点设计单位清理设计变更并对设计变更进行汇总,参加并协助业主做好竣工决算审计工作。

(11)协助业主向国家有关部门的工程报建工作(包括向规划、市政园林、劳动部门、交警、消防、卫生防疫、水利、航务、人防、供电和通信等有关部门)。

(12)组织设计回访,编写设计总结,为后续线路建设提供可借鉴的资料。

(13)参与项目后评审工作,并负责完成必要的核算和澄清工作。

7 轨道交通勘察总体总包管理

7.1 勘察总体总包工作内容

勘察总体总包是勘察设计总体总包工作的一部分，在实际工作过程中，勘察总包管理的大部分工作包含在设计总包管理工作中，勘察总包管理仅侧重于信息管理和部分的合同管理。

在勘察总体管理的模式中，业主、勘察总体、设计总体和勘察单位各方职责应明晰。业主作为工程管理单位，应按线实行勘察项目经理制，组织项目招投标工作，负责工程施工管理，控制工程投资、质量和进度，并进行综合协调。设计总体作为勘察成果的使用者，其工作内容包括处理勘察与设计的技术接口，编制和审核勘察技术要求，参与勘察报告审查等。勘察总体则代表业主对勘察过程实施管理，并提供相应的技术支持，如审查勘察纲要、现场监督和检查勘察工作等。勘察单位负责勘察工作的具体实施，提交勘察报告，并进行施工配合，提供相应的技术服务。

7.1.1 组织机构设置

勘察总体组织机构一般按图7-1设置。

主管院领导的主要职责：审批勘察总体管理办法，协调院内的资源，保障勘察总体部正常开展工作；检查勘察总体部的日常工作，签发勘察总体部的文件和指令；对重大问题作出决策，协调与业主的关系。

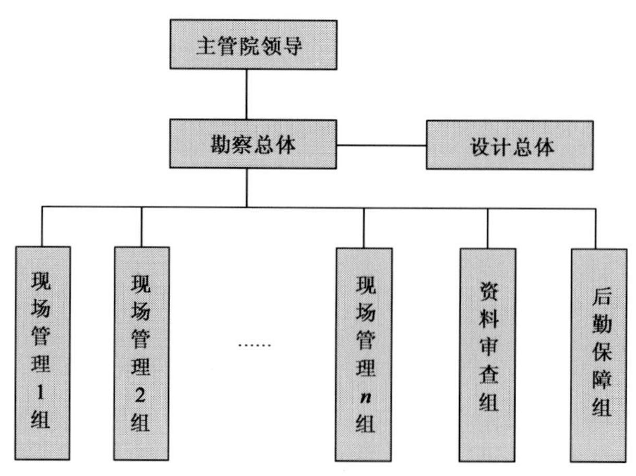

图7-1 勘察总体组织机构设置

勘察总体的主要职责：确定勘察总体组或人员的分工和岗位职责；主持编写勘察管理实

施方案,并负责管理勘察总体部的日常工作;主持勘察总体工作例会;审核勘察单位提交的开工报告、勘察方案和进度计划;审核签署勘察单位的申请、支付证书和竣工结算;组织编写勘察总体报告;参与勘察成果的验收。

现场管理组的主要职责:负责本标段现场勘察管理工作的具体实施;受理勘察单位提交的计划、方案、申请和变更,并向勘察总体提出报告;负责本标段钻孔的验收,有效监督和控制工作进度;根据本标段工作实施情况做好工作日记;负责标段的工程计量工作,审核工程计量的数据和原始凭证;检查勘察单位的安全生产和文明施工。

资料审查组的主要职责:根据设计总体部总体安排,制订勘察成果审查计划;督促勘察单位按时提交中间资料和正式报告;负责成果审查,出具审查意见;检查勘察单位是否按审查意见修改。

后勤保障组的主要职责:负责文件的收发,交通工具的安排,办公用品的采购。

7.1.2 工作内容

勘察总体总包工作的主要内容包括质量控制、投资控制、进度控制、合同管理、信息管理和协调勘察单位间的技术接口,简称为"三控两管一协调"。其中,"三控"的工作要达到如下目标:

(1)质量控制目标:勘察质量符合规范要求。

(2)投资控制目标:勘察总造价不超过合同总价。

(3)进度控制目标:达到合同要求的关键工期和总工期。

勘察总体总包的具体工作内容包括如下几个方面:

(1)协助业主审查设计总体单位下发的勘察技术要求,审查勘察单位的勘察纲要,指导勘察单位编写勘察报告。

(2)现场监督和检查勘察单位是否按技术要求开展工作,钻孔质量是否达到设计要求;负责检查勘察单位的现场安全文明施工,发现问题时,督促勘察单位整改,同时上报业主。

(3)有效监督和控制勘察工作进度。

(4)及时接收和落实设计总体部与勘察工作有关的工程变更信息,并及时向有关部门反馈地质条件的异常情况。

(5)审核勘察单位实际完成的工作量是否属实,是否符合设计要求,对勘察单位完成的工作量进行签证。

(6)组织勘察单位提交中间资料,负责检查勘察单位的中间资料和勘察成果是否满足技术要求,参与勘察成果的验收,出具勘察成果初步验收及终审验收勘察总体意见。

(7)组织召开勘察工作例会。

(8)编写初步勘察总体报告和详细勘察工作总结报告。

(9)负责协调勘察单位间的技术接口。

(10)应业主要求,配合工程设计和施工的需要,提供相应的技术服务。

7.2 勘察总体技术要求

由于轨道交通勘察具有线路长、工作量大和涉及专业多的特点，为保证不同线、不同工点设计单位能编制相对统一的技术要求，按照统一的技术标准实施勘察，广州轨道交通各线勘察的工作应执行《广州市轨道交通线网勘察总体技术要求》(其他城市可参照执行)。

《广州市轨道交通线网勘察总体技术要求》是依照国家相关规程、规范和技术标准，结合广州市的工程地质特点，在总结一号线、二号线、三号线的勘察实践的基础上编制的。该技术要求由《广州市轨道交通线网岩土工程勘察总体技术要求》及《岩土工程勘察报告名称与目录编写指南》、《岩土工程勘察计算机辅助制图指南》、《广州轨道交通沿线岩土分层系统》、《岩土工程勘察岩土参数建议值表》(式样)四个附件组成，对执行标准、勘察目的、勘察方法、钻孔布置、钻孔编号、钻孔深度、钻探取样、水文地质试验、室内试验、原位测试、成果分析等内容提出原则性的规定，对勘察报告、图纸及其电子文件的格式和内容给出指导性的要求，并统一各线对岩土分层的定名与编号。

广州市轨道交通线网勘察总体技术要求首先在四号线、五号线的勘察、设计过程中得以应用，为满足四号线、五号线出现的高架线路勘察设计的需要，在技术要求中补充增加了高架桥梁钻孔布置、钻孔深度、取样及试验等方面的规定。随着勘察范围的扩大，对轨道交通沿线的工程地质条件有了新的认识，如四号线在东涌一带揭示到含卵石粗砾砂层，在三号线嘉禾至矮岗一带揭示到第三系岩层。为此，对《广州轨道交通沿线岩土分层系统》进行了补充和修改：增加亚层〈3-3〉、〈5〉~〈9〉层时代成因由原来的“红色砂岩类”岩石残积层~微风化带，改为“碎屑岩类”岩石残积层~微风化带。

在《广州市轨道交通线网勘察总体技术要求》的规定下，广州轨道交通各线编制了较为完整统一的勘察报告，有效地协调了勘察成果与其他专业之间的需求，加深了轨道交通勘察、设计及施工各方对轨道交通沿线工程地质条件的认识。

下面对《广州市轨道交通线网岩土工程勘察总体技术要求》及《岩土工程勘察报告名称与目录编写指南》、《岩土工程勘察计算机辅助制图指南》、《广州轨道交通沿线岩土分层系统》、《岩土工程勘察岩土参数建议值表》作简要介绍。

7.2.1 《广州市轨道交通线网岩土工程勘察总体技术要求》

1)总则

(1)本技术要求按广州市轨道交通线网研究中所涵盖的工程范围与要求，为满足各阶段研究、设计和施工的需要，根据国家和行业有关标准而制定。

(2)本技术要求系可行性研究阶段、初步勘察阶段、详细勘察阶段和施工阶段岩土工程勘察总体技术要求，主要从满足研究、设计和施工的需要方面，对岩土工程勘察提出原则性的规定，并规定了勘察工作一般情况下应交付的成果，以及取得这些成果通用的作业方法。本技术要求须与可行性研究阶段岩土工程勘察技术要求、初步勘察阶段各标段岩土工程勘察技术要求以及详细勘察阶段、施工阶段各工点岩土工程勘察（或专题勘察）技术要求（以下统称工点技术要求）一并使用。

(3)各工点技术要求将根据该工点的设计需要，给出有关的工程概况、勘察工作量（勘探点布置及数量、终孔深度或高程、取样数量或比例等）、主要勘察方法等要求，需要时还给出该标段、工点（或专题）的特殊要求。其他原则性的规定和通用的作业方法则执行总体技术要求。

(4)设计总体单位在勘察开工之前，汇总、提供工点技术要求，转交工程概况、线路平剖面图、结构平剖面图和地形图等与设计有关的基础资料；业主批复（或同意）后，发至勘察单位执行。

(5)勘察单位根据总体技术要求、工点技术要求和设计基础资料编制勘察实施大纲，经业主批复（或同意）后实施。

(6)在勘察实施之前，必要时在实施过程中，业主委托设计总体单位就技术要求或技术问题向勘察单位进行技术交底，勘察单位应参加技术交底。

(7)业主（或业主委托设计总体单位）对总体技术要求、工点技术要求有最终解释权；对技术要求不够详尽之处，业主委托总体设计单位补充或修订；勘察单位应执行经业主批准（或同意）的补充通知或修订文件。

(8)勘察中，必须采取切实可靠的措施，确保地下管线和管道不因勘察而遭到损坏，避开架空电缆；保持勘探点周围的环境卫生，保护绿化；确保行人、车辆以及勘察者自身和勘察机具的安全；水上勘察尚应确保船只和水上航道的安全；做好防火、防盗工作。

2)线路概况与勘察范围

(1)广州市轨道交通线网（以下称线网）往东延伸至萝岗，往南延伸至南沙，往西延伸至浔峰岗、佛山市魁奇路等地，往北延伸至花都汽车城和广州新白云机场。随着广州市经济建设的发展，线网覆盖范围有可能进一步扩大。线网经过的范围均属于勘察范围。

(2)线网经过的地段，在地貌上包括珠江三角洲冲积平原区、花岗岩（混合岩）丘陵区（或台地区）和石灰岩盆地，在构造上经过增城凸起、广花凹陷、东莞盆地和三水断陷盆地。

(3)勘察范围内，发育了第四系、第三系、白垩系、侏罗系、三叠系、二叠系、石炭系、泥盆系和震旦系地层，部分地层在燕山阶段被岩浆岩侵入；勘察范围内，发育了多条规模不等的断裂。

(4)在珠江三角洲平原区，经过的河流、河涌和池塘较多。

(5)轨道交通线路敷设方式包括地下线、地面线和高架线。

(6)土建施工采用多种工法。地下区间采用明挖法、盾构法或矿山法施工，地下车站采用明挖法、盖挖法或明挖法与矿山法相结合施工，高架线多采用桥墩加吊装整体梁或节段拼装梁施工。

3)勘察阶段的划分

(1)本技术要求岩土工程勘察包括可行性研究阶段岩土工程勘察、初步勘察阶段岩土工程勘察、详细勘察阶段岩土工程勘察，以及必要时增补的水文专题勘察、地球物理勘探和施工阶段岩土工程勘察等。

(2)根据轨道交通勘察特点,要求后一阶段勘察(或后续勘察)应引用经过修订的前一阶段(或前次勘察)合适的勘察成果,以保持成果的连续性和完整性;要求与邻近标段或工点的勘察成果相互印证。

4)勘察执行标准

(1)轨道交通岩土工程勘察执行现行国家(或行业或地方)适用的标准(规范、规程等),使用国家法定计量单位,使用规范的名词和术语。

(2)线网勘察主要执行下列国家和行业标准以及广州市标准:

①国家标准《地下铁道、轻轨交通岩土工程勘察规范》(GB 50307);

②国家标准《岩土工程勘察规范》(GB 50021);

③国家标准《土工试验方法标准》(GB/T 50123);

④国家标准《土的分类标准》(GBJ 145);

⑤国家标准《工程岩体试验方法标准》(GB/T 50266);

⑥国家标准《建筑地基基础设计规范》(GB 50007)或广东省标准《建筑地基基础设计规范》(DBJ 15-31);

⑦国家标准《建筑抗震设计规范》(GB 50011);

⑧国家标准《铁路桥涵地基和基础设计规范》(TB 10002.5);

⑨国家行业标准《铁路工程地质勘察规范》(TB 10012);

⑩国家行业标准《建筑桩基技术规范》(JGJ 94);

⑪国家行业标准《建筑基坑支护技术规程》(JGJ 120);

⑫国家行业标准《软土地区工程地质勘察规范》(GBJ 83);

⑬广州市标准《广州地区建筑基坑支护技术规定》(GJB 02);

⑭国家行业标准《铁路路基设计规范》(TB 10001);

⑮国家行业标准《铁路路基施工规范》(TB 10202);

⑯中国工程建设标准化协会《岩土工程勘察报告编制标准》(CECS 99);

⑰住房和城乡建设部《建筑工程勘察文件编制深度规定》(试行)(建质〔2003〕114 号)。

(3)在轨道交通线路勘察方面应优先执行国家标准《地下铁道、轻轨交通岩土工程勘察规范》(GB 50307),在勘察手段和操作方面可优先执行国家标准《岩土工程勘察规范》(GB 50021)。对于岩溶发育区的桥涵工程,勘探孔布置、终孔深度、取样及试验等方面执行国家行业标准《铁路工程地质勘察规范》(TB 10012)。

(4)在软土分布区,其相应的要求(如取样)可执行国家行业标准《软土地区工程地质勘察规范》(GBJ 83)。

(5)当招标、设计和施工所需的岩土工程参数按《岩土工程勘察规范》(GB 50021)难以恰当求得时,对于基坑、桩基和路基等工程,可执行《建筑地基基础设计规范》(DBJ 15-31 或 GB 50007)、《建筑桩基技术规范》(JGJ 94)、《建筑基坑支护技术规程》(JGJ 120)、《广州地区建筑基坑支护技术规定》(GJB 02);对于高架结构,可执行《铁路桥涵地基和基础设计规范》(TB 10002.5)。

(6)判断场地和地基的地震效应执行国家标准《建筑抗震设计规范》(GB 50011)。

(7)划分填料组别应执行国家行业标准《铁路路基设计规范》(TB 10001)或国家行业标准《铁路路基施工规范》(TB 10202)。

(8)执行与上述标准相关的国家标准、国家行业标准和适用于本勘察的地方规程,以及有关工具书等。

5)勘察目的

(1)在可行性研究阶段,应了解选择线路方案的工程地质条件、影响线路方案的主要工程地质问题。勘察目的是大致反映勘察范围的地貌特征、区域地质、工程地质、水文地质,了解地震、气象和河流水文概况,提交必要的气象要素和河流水文要素,满足工程可行性研究的需要。

①以收集资料为主,每个地貌单元应有一定的勘察资料;大致了解区域地质和水文地质条件,对线路通过区域的工程地质条件进行基本评价。

②对控制线路方案的地段,应了解地层、岩性、构造、水文地质及不良地质现象和特殊地质问题,并进行可行性评价。

(2)在初步勘察阶段,应在工程可行性勘察的基础上,进一步查明线路方案的工程地质、水文地质条件。要求初步查明《地下铁道、轻轨交通岩土工程勘察规范》(GB 50307)规定的内容,为各线设计、施工提供岩土方面的依据。

(3)初步勘察阶段的勘察目的如下:

①初步查明勘察范围的地形地貌特征、构造特征、地层分布、地层层序、地质年代、岩层产状、岩层接触关系。

②初步查明岩土特征、岩土分布、岩土界面,划分和描述岩土层工程特性,提出隧道围岩分级和土石可挖性分级,尤其应注意划分和描述同一时代的岩层但工程特征差别大的岩性;查明基岩面的埋深与起伏。

③初步查明勘察范围内及其附近的不良地质作用、地质灾害和特殊性土(如断裂、软土、液化砂土、膨胀性岩土、风化深槽等)以及特殊地层和岩性(石灰岩及其洞穴、煤系地层及其采空区)的特征和分布;初步预测其发生和发展趋势,以及对线路危害的程度和影响。(煤层采空区虽由人类活动所致,但从对工程影响而言,将其与不良地质一并论述。)

④初步查明地下水的类型、埋藏情况、渗透性、腐蚀性、涌水量、补给来源、变化幅度及地表水(河流)与地下水的水力联系(必要时)。

⑤初步查明软土的分布范围、厚度、固结状态、富水性和震陷特征以及地下硬土层的埋深与起伏,查明砂层(包括软土中对固结排水和强度改善有作用的砂土层)的分布与厚度、透水性和液化特征等。

⑥初步查明岩土物理力学性质,确定地基承载力,并提出基础埋深建议。

⑦初步判定场地和地基的地震效应。

⑧了解、收集勘察范围及其附近区域是否存在有毒物质(含有毒气体)的资料。

(4)详细勘察应根据初步设计方案进行勘察。应详细查明沿线工程地质、水文地质条件,提供编制施工图设计所需的工程地质资料。

(5)详细勘察阶段的勘察目的如下:

①详细查明《地下铁道、轻轨交通岩土工程勘察规范》(GB 50307)规定的相关内容。

②详细查明各工点岩土层分布范围及厚度、成因类型、埋藏条件及其物理、力学性质,必要时尚需查明土层的应力历史;查明溶洞、土洞、人工洞穴和采空区等不良地质现象及地基中的有害气体。

③详细查明基岩面的埋深与起伏;查明可供选择的持力层和下卧层的埋藏深度、厚度及其变化规律,若有软弱下卧层必须查明其抗剪强度和压缩性。

④详细查明沿线水文地质条件,进行水文地质试验,确定施工图设计所需的水文地质参数,对于暗挖法和盾构法应进行隧道涌水量预测;提出控制地下水措施,判定地下水及地表水对混凝土和金属材料的腐蚀性。

⑤对于特大桥应收集 300 年一遇洪水(潮水)位、河床冲刷和通航标准等资料。

⑥详细查明岩土物理力学性质,提供可靠的基础设计参数;对基础的稳定性作出评价,提出基础处理措施。

⑦当抗震设防烈度大于或等于 7 度时,应判别地基土液化势,判定场地和地基的地震效应;按照抗震设防烈度提供液化地层资料;对基础设防提出建议。

⑧根据上部结构形式和荷载条件,结合地基条件提出基础建议;对于高架结构,给出桩基的类型、规格和入土深度的建议,给出桩周各土层摩阻力和桩端阻力,估算单桩承载力,必要时提出试桩方案和建议。

⑨提供沉降计算参数和指标;对于高架结构,有条件时进行桩基沉降估算。

⑩对于高架结构,提出沉桩可能性分析意见及钻孔灌注桩施工注意事项和措施。

⑪详细查明基础的施工条件及其对周围环境的影响,并提出预防措施和监测方案。

⑫对于高架结构,当遇欠固结软土或大面积填土引起地面大面积沉降时,应适当考虑负摩擦力。

(6)施工阶段岩土工程勘察应针对施工过程中的问题,查明施工所需的特定地质现象,为采取工程措施或设计变更进一步提供某一方面的岩土依据。

(7)专题勘察应查明设计、施工所需的特定(特殊)地质现象,为设计、施工提供依据。

6)勘察方法

(1)根据《地下铁道、轻轨交通岩土工程勘察规范》(GB 50307)的相关规定,可行性研究阶段勘察方法如下:

①调查和收集有关勘察资料;

②适当进行钻探勘察工作。

(2)调查和收集有关资料的具体要求如下:

①主要应收集勘察范围内区域性的地质构造、工程地质、水文地质、河流水文、气象、地震和地貌等资料,以及勘察范围内重要及高大建(构)筑物的地基资料、勘察范围的岩土工程施工经验。对于高架结构,特别需要所跨越的河流水文资料和勘察范围内的桩基施工经验。

②对调查、收集的资料内容,应结合可行性研究阶段勘察的目的进行分析、解释、验证和利

用,可编制独立的分析、解释和验证报告,报告内容包括文字报告、平面图、工程地质纵断面图、钻孔柱状图以及必要的测试资料等;也可以归纳其主要内容编入可行性研究阶段岩土工程勘察报告中。

③应收集勘察范围及附近的区域地质图,包括基岩地质图、水文地质图、第四纪地质图和构造地质图。要求将最能反映区域地质特征的地质图与线路图进行叠加,编制成图像文件(如 *.jpg 文件)或进行矢量化处理(如 *.dwg 文件)。利用地质图,对勘察范围的区域地质进行分析、解释,了解勘察范围可能遇到的断裂、褶皱等构造分布情况,根据资料初步了解断裂的活动性,并分析不良地质条件对工程的影响。

④对收集到的地质钻孔柱状图,选择可以利用的适当钻孔,按《广州轨道交通沿线岩土分层系统》进行重新分层,以便于统一编制地质剖面图。

⑤应收集勘察范围的线路所穿过河流的水文资料。水文资料包括 100 年一遇洪水(潮水)位、200 年一遇洪水(潮水)位、各条河流的流速(最大、最小、平均)、流量(最大、最小、平均)、水位(最高、最低、平均)、流向及以上数据的年份、极值出现的时间。将水文要素编入可行性研究阶段岩土工程勘察报告。

⑥收集、利用新气象资料,将气象资料编入可行性研究阶段岩土工程勘察报告。

⑦对收集到的其他资料[工程地质、水文地质、地震、地貌、建(构)筑物地基和施工经验等],可归纳其主要的、适当的内容编入可行性研究阶段岩土工程勘察报告的有关章节。

⑧了解、收集勘察范围及其附近区域是否存在有害物质(含有害气体)的资料,将结果编入可行性研究阶段岩土工程勘察报告的有关章节。

(3)初步勘察阶段和详细勘察阶段主要采用钻探方法,并进行室内试验、原位测试和抽水试验;各种勘察方法或手段应互相印证,综合分析各种勘察结果。

(4)视工程需要亦可采用物探进行专题勘察,物探专题勘察应结合钻探方法提出综合性成果,钻探成果与物探成果必须相互印证,形成能直接为设计、施工利用的综合资料。具体要求在工点技术要求中明确。

(5)必要时,可采用调查和实测方法进行勘察(如对煤层采空区进行专题调查等)。

7)钻孔布置和钻孔编号

(1)可行性研究阶段钻孔布置要求:

①按地貌单元沿线路右侧布置钻孔,每类地貌单元一般不少于 6 个钻孔,在每个车站和区间均应布置钻孔。

②原则上,钻孔间距为 250 ~ 300m,在地质条件较复杂地段,钻孔间距为 200 ~ 250m。如收集的钻孔资料可利用,宜适当略减钻孔布置。

③地质条件特别复杂或对线路选线和工法研究有重大影响的地段,钻孔间距可加密至 100m。

(2)初步勘察阶段钻孔布置要求:

①钻孔沿线路布置,每个初拟车站和区间均有钻孔控制,每个地貌单元应有钻孔控制。

②一般情况下,主要线路要素点(直缓点、缓圆点、圆弧中点、圆缓点、缓直点)可布置

钻孔。

③线间距较宽的区间和明挖法区间，钻孔布置在左右线的中间；线间距较窄的暗挖区间，钻孔按单线布置，一般布置在右线。钻孔间距约为100m，受地形、地物的影响，孔位可适当调整，钻孔间距为80～150m。地质条件较复杂，对线路选线和工法研究将有较大影响的地段，钻孔间距约为50m。

④初拟车站钻孔沿线路外侧分两排交错布置，每排钻孔间距约为50m，受地形、地物的影响，孔位可适当调整，钻孔间距为为40～80m。

⑤高架线（含区间和车站）的钻孔宜布置在初拟桩位上，高架区间孔距为100～120m，高架车站孔距为40～50m。

⑥过珠江水系段，水上钻孔间距可视情况适当调整，可加密至50m。

⑦车辆段钻孔按网格状布置，孔距一般为100m，控制建（构）筑物的钻孔孔距宜为50m。

（3）详细勘察阶段钻孔布置要求：

①钻孔应考虑线路特点、施工方法、建（构）筑物的建筑和结构特点布置，其中，出入口和风亭等应有钻孔控制。

②明挖区间、车站的钻孔可布置在结构外边线2m处；明挖通道、风道等钻孔可布置在其中心线上；结构外侧基坑深度1倍范围宜布置钻孔，放坡开挖的结构外侧可能发生边坡滑体范围应布置钻孔；车站长轴向中柱或抗拔桩位置应布置钻孔。各侧钻孔间距为25～40m，复杂场地应加密；中柱的钻孔数量视车站结构和场地复杂程度而定。

③暗挖法区间隧道钻孔沿左右线两侧交错布置在结构边缘外侧3～5m的位置，每侧孔间距约为40～50m，复杂地段可加密。

④暗挖车站钻孔沿主隧道两侧布置，距结构边缘3～5m；两条主隧道之间的位置应有钻孔控制；暗挖通道和风道应有钻孔控制，可在一侧（或两侧交错）布置。主隧道每侧孔距约为25～30m，复杂场地应加密。

⑤盖挖法车站每个柱位应有钻孔控制，围护结构钻孔沿结构边缘外侧3～5m的位置布置。

⑥车站横剖面（每个车站一般编制3～5个有代表性的横剖面）宜布置3个钻孔，车站纵横剖面相交处宜布置钻孔。

⑦高架结构（车站和区间）每个承台或独立柱位应有钻孔控制。地质条件简单的地段，在同一承台中，每2～4个基桩布置1个钻孔；地质条件复杂、高架线路曲线段、大跨越地段，在同一承台中，每个基桩布置1个钻孔。在同一承台中，当相邻钻孔揭露的中微风化岩面高差与孔距之比大于1时，应加密钻孔，查明持力层的厚度差异。当钻孔未能进入中微风化岩时，应在柱位附近增加原位测试手段评价土体的侧壁摩阻力。

⑧车辆段建（构）筑物、主要线路、道岔和挡墙位置均要求有钻孔控制。其中，建（构）筑物的钻孔布置在柱位上，钻孔间距为25～30m。

⑨沉管法区间（河段）钻孔应布置在水下放坡开挖基槽及管节停放、临放范围。钻孔按网格状布置，沿线路钻孔间距为40～50m，垂直线路视基槽位置布置2～3排钻孔，行距

为25～30m。

⑩盾构井、竖井、中间风井和轨排井等的钻孔沿结构边缘外侧3～5m的位置布置，结构拐角处应有钻孔控制。盾构始发井及盾构到达井端头应有钻孔控制（可与区间及车站详勘孔相结合）。

⑪天然基础的建（构）筑物钻孔间距，可按国家标准《岩土工程勘察规范》（GB 50021）的相关内容确定。

⑫详勘阶段，如果发现对工程有重大影响的不良地质作用，例如断裂、溶洞和采空区等，应补充或加密钻孔。

（4）施工阶段钻孔根据具体的施工或设计变更需要布置。

（5）专题勘察（如断裂勘察、洞穴勘察）的勘探点根据特定（特殊）地质现象的复杂程度布置。

（6）钻孔编号采用广州市轨道交通工程钻孔编号系统。

①可行性研究阶段钻孔编号为M＊Z1-×××，其中“M＊”代表轨道交通（地铁）＊号线，“Z”代表钻孔，“1”代表可行性研究阶段，“×××”为三位阿拉伯数字，表示钻孔序号。补充勘察的钻孔，编号为M＊Z1-B×××。专门的抽水孔利用附近钻孔编号，在钻孔序号前加S。

②初步勘察阶段钻孔编号为M＊Z2-＊×××，其中“M＊”代表轨道交通（地铁）＊号线，“Z”代表钻孔，“2”代表初步勘察阶段，“＊”代表标段，“×××”为三位阿拉伯数字，表示钻孔序号。如“M6Z2-A001”表示六号线工程A标初勘第1号钻孔。原则上，钻孔编号顺序应自小里程至大里程。专门的抽水孔利用附近钻孔编号，在钻孔序号前加S。

③详细勘察阶段的工点钻孔编号为M＊Z3-＊＊-××，其中“M＊”代表轨道交通（地铁）＊号线，“Z”代表钻孔，“3”代表详细勘察阶段，“＊＊”为工点代号。车站代号采用车站名称的第一个汉语拼音字母的大写，区间代号采用区间名称前两个字的第一个汉语拼音字母的大写，如二号线北延段远景站的代号为YJ，远景站至广州体育馆站区间的代号为YG。“××”为勘探孔序号，一般为两位数。在勘察报告的文字、图表中，在不误解的情况下可简化勘探孔编号。

④专门的抽水孔利用附近钻孔编号，在钻孔序号前加S。

⑤施工阶段的钻孔编号依此类推，在施工阶段岩土工程勘察技术要求中具体明确。

8）钻孔深度

（1）钻孔深度一般应同时满足下列要求：

①地下线（含车站、区间）钻孔深度应超过结构底面进入中等风化和（或）微风化带3～5m，且无软弱夹层；如未能满足要求，则应继续钻进至结构面之下10m终孔。

②当明挖基坑底板处为土层时，钻孔深度应不小于2倍基坑深度。

③地面线（含车站、区间）挖方段钻孔深度应超过结构底面（路基垫层）连续进入中等风化和（或）微风化岩层5m，或进入土层10m；填方段钻孔深度应在地面之下连续进入中等风化和（或）微风化岩层5m，或进入土层10m。

④桩基础（承重）的钻孔深度应进入嵌岩面以下 3～5 倍桩径，且无软弱夹层；如未能满足要求，则继续钻进，终孔深度超过 40m 时，视工程需要和岩土条件由业主与设计总体单位共同确定。

⑤高架线钻孔深度要求连续进入中等风化和（或）微风化带嵌岩面以下 3～5 倍桩径（一般为嵌岩 6～9m），且无软弱夹层；未能进入连续中等风化和（或）微风化带 6～9m 的钻孔，深度应达到桩底压缩层计算深度下 1.5～2.0 倍桩径；对于岩溶发育地段及地下采空地段的高架结构，钻孔深度要求钻至基底以下完整基岩不小于 10m；如未能满足要求，则应继续钻进，终孔深度超过 50m 时，视工程需要和岩土条件由业主与设计总体单位共同确定。

⑥沉管段钻孔深度应达到水下开挖基槽以下 10m 终孔。

⑦钻孔深度应满足取样、测试和抽水等要求。

⑧如遇断裂、洞穴和煤层等，一般要求加深钻孔，穿过断裂、洞穴和煤层时视具体情况，通过业主与设计总体单位协商终孔深度。

（2）可行性研究阶段和初步勘察阶段钻孔深度除满足《地下铁道、轻轨交通岩石工程勘察规范》（GB 5307）的相关规定外，一般不小于 35m。

（3）详细勘察阶段钻孔深度应根据线路类型、线路埋深、地面特征和车站结构特点等确定，深度同时应满足取样、测试和抽水等的要求。

（4）施工阶段钻孔深度根据具体的施工需要或设计变更需要确定。

（5）专题勘察勘探点深度根据特定（特殊）地质现象的复杂程度而定。

（6）各工点钻孔深度的具体要求在工点技术要求中明确。

9）钻探

（1）如果地物不明显，不宜按地物直接将孔位标放实地，应该用仪器按坐标测放孔位；如受障碍物的影响需移动孔位，在可行性研究阶段，钻孔平行线路方向移动距离一般不大于 20m，垂直线路方向移动距离一般不大于 5m；初步勘察阶段，移动距离一般不大于 5m；详细勘察阶段和施工阶段，钻孔的移动距离一般不大于 2m；柱位、桩位钻孔移动距离不大于桩径。超过移动范围，勘察单位应报设计总体和业主审批。钻探完毕，用仪器测量各勘探孔的 X 坐标、Y 坐标和孔口高程（按轨道交通坐标网和高程网）。

（2）钻探操作（含钻具规格、回次进尺、岩芯采取率、编录等项）、取样操作必须执行《岩土工程勘察规范》（GB 50021）的相关规定，保证岩芯采取率，并要求按回次记录 RQD 值。

（3）仔细鉴定岩芯，按《岩土工程勘察规范》（GB 50021）的相关规定鉴定、描述岩土特征。注意观察、记录钻孔中的异常气味。

（4）准确记录钻探进尺、不同岩性的分层厚度和采样位置。厚度大于 0.5m 的岩土层应分层描述。

（5）如有缩孔、坍孔等异常现象，应注明其位置和严重程度。

（6）当钻孔揭示断裂带、采空区、岩溶发育和花岗岩等球状风化体（孤石）时，应详细评价并保留岩芯。

（7）量测每个钻孔的初见水位和稳定水位。

(8)钻探完毕,封孔应密实(捣实),恢复原质路面。

(9)应逐孔、逐箱拍摄岩芯彩色照片,每箱岩芯应拍摄1张照片,照片上的标记(勘察名称、孔号、箱号和终孔深度等)应清晰。宜用数码照相机拍摄,以便于计算机保存和编辑。

(10)按业主要求保留岩芯。

10)取样

(1)取样操作必须执行《岩土工程勘察规范》(GB 50021)的相关规定。

(2)取样一般间距为2~3m,土层厚度大于8m时,可按上、中、下取3组样品。对于厚度大于0.5m小于2m的土层,必须重点取样。在厚度大于2m的各土层(含全风化层)或者厚度小于2m分布较广的特殊土层中取不扰动样。纯净的砂取扰动样。

(3)软土取样必须符合《软土地区工程地质勘察规范》(GBJ 83)的相关规定,用薄壁取土器取不扰动样。

(4)可行性研究阶段岩土样品孔数不宜少于总孔数的2/3。

(5)初步勘察阶段岩土样品孔数不宜少于总孔数的2/3,取样孔应均匀分布在勘察范围内,不同的地貌和地质单元应有取样控制孔,可根据勘察现场的情况确定取样孔。

(6)详细勘察阶段岩土样品总孔数(含初步勘察钻孔)不少于有效勘察总孔数的1/2,要求取样孔能控制主要建(构)筑物。

(7)高架线钻孔取样的主要部位为岩层,地下线钻孔取样部位在隧道洞身和车站基坑深度范围内。

(8)高架结构在详细勘察阶段,各取样孔中非持力层的取样数量每层为1~2组,所有钻孔中持力层的取样按照2m间距采取。

(9)初步勘察阶段和详细勘察阶段应在每个车站、区间采取地下水样,有水文地质试验孔位的,要求分岩层和土层取水样,一般孔位的,取混合水样,各层取样不得少于3组。应采取沿线各地表水样,经过河流应分别采取涨退潮期水样各1组。

(10)在砂层、混合土和残积土进行标贯试验时,利用标贯试验采取的扰动土样测定土的颗粒组成。

11)水文地质试验

(1)要求根据已完成的勘探孔判断适宜的抽水部位,另外再布置抽水孔,以便更为可靠地揭示勘察范围内的水文地质条件。

(2)初步勘察阶段宜按地质或地貌单元做抽水试验,一般每个地质或地貌单元布置2个抽水孔,详细勘察阶段宜按工点做抽水试验。

(3)在水文地质条件复杂地段,初、详勘阶段应设置观测孔。

(4)勘察项目组将抽水孔布孔方案报勘察总体和设计总体审核,经批复后实施。

(5)水文地质外业和内业工作应严格执行国家和行业有关规范或适用于线网勘察的规程、规定等,提供时间-流量-水位关系等曲线,提供各层的渗透系数(k)和钻孔涌水量值(q)。要求水文地质试验结果能反映勘察范围的水文地质特征。

(6)计算基坑涌水量,说明计算的依据、取值条件及简要的计算过程。

12）室内试验

（1）室内试验执行《岩土工程勘察规范》（GB 50021）的相关规定，以及其他适用的规定。

（2）提供如下土工试验指标：相对密度、天然含水率、天然密度、天然孔隙比、饱和度，液限、塑限、液性指数、塑性指数，压缩系数、压缩模量、直接剪切试验指标（包括天然快剪强度 q 和固结快剪强度 C_q 的黏聚力 c、内摩擦角 φ）、静止侧压力系数 K_0（由其他试验结果经计算提出）、渗透系数。视需要选做固结系数、各级压力下的孔隙比试验，并利用固结系数计算基床系数。根据需要进行三轴压缩试验，提供 UU（不固结不排水试验）和 CU（固结不排水）试验的 c、φ 值。根据需要进行软土固结试验，整理固结试验的 e-lg$p$ 曲线，确定先期固结压力 P_c、压缩指数 C_c 和回弹指数 C_s。根据需要，对灰岩残积土、花岗岩类残积土等土层进行自由膨胀率试验。上述试验指标中，各土层压缩系数、天然快剪强度 q、固结快剪强度 C_q 的试验数量占该土层样品总数量的1/3；固结系数、渗透系数每土层提供有效数据 6 个；三轴压缩试验应提供对应土层有效试验数据 6 个。高架结构详细勘察阶段仅做常规土工试验项目。

（3）岩石试验项目如下：相对密度、天然重力密度、单轴极限抗压强度（天然、饱和及风干状态下，风干抗压强度试验仅在需要提供岩石软化系数时选做）、弹性模量（E）、泊松比、抗剪强度（c、φ 值）。其中，相对密度、重力密度（天然、饱和）、弹性模量（E）、泊松比、抗剪断强度（c、φ 值）等各类岩石每层提供有效数据 6 个；根据岩石性质及岩芯情况，提供岩石软化系数有效数据 6 个。对于高架结构，详细勘察阶段应对每个孔位的中、微风化岩层进行岩石天然抗压强度试验。当难以由岩石抗压强度试验测定岩石强度指标时，可进行岩石点荷载试验。根据评价岩体完整性需要，应选择波速测试孔中的岩样进行岩块波速试验。

（4）砂土、粉土、砂质黏性土和砾质黏性土应做颗粒分析试验，提供不均匀系数和曲率系数等参数，还应提供砂土的水上、水下坡角。盾构段黏性土及部分岩石全风化和强风化层应进行颗粒分析试验，统计石英、粉粒和黏粒含量。

（5）水样分析和腐蚀性评价执行《岩土工程勘察规范》（GB 50021）的相关规定。水样分析一般应包括该规范所列项目，不得漏测铵盐和硝酸根离子。高架结构应对地表水和地下水样品进行水质分析，必要时进行土的腐蚀性评价。

（6）按《地下铁道、轻轨交通岩土工程勘察规范》（GB 50307）提供岩土的热物理指标。

（7）车辆段有挖填方的地段应做填土的击实试验（施工阶段解决）。

（8）视工程需要，可增加测定软土中的有机质和富里酸含量。

（9）如设计和施工单位有其他特殊试验要求，由设计单位与设计总体、业主另行商定。

13）原位测试

（1）每个钻孔均按《岩土工程勘察规范》（GB 50021）的相关规定进行标准贯入试验。此外，本技术要求规定标准贯入试验应提供下列资料：实测击数、试验孔号、试验深度和试验的岩土层，并进行统计。必要时保留适当标贯样，进行颗粒分析。

（2）在软土、砂层和覆盖层厚度较大的区域，根据勘察结果选择有代表性的位置，按《岩土工程勘察规范》（GB 50021）的相关规定进行静力触探试验。对于软土，必要时进行现场十字板剪切试验。

(3)在合适的地段选择钻孔做波速测试(测井),宜在取样孔中进行。岩土波速测试项目(指标)如下:岩体、土层的横波波速和纵波波速以及岩体完整性系数(岩块波速测试时要在波速测试孔中取岩样)。绘制波速深度(v_p-H)曲线,结合钻孔资料,分层统计波速平均值,计算波速比,提出分层波速与波速比值。

(4)一般情况下,利用波速测试孔实测各岩土层电阻率值(测井法),为供电等专业提供设计依据。要求最终提供反映各工点、各岩土层平均状况的电阻率值(含极端值)。

(5)初勘阶段,每一地质单元波速测试和电阻率测试各布置2孔。详勘阶段,波速测试每个工点一般布置4孔(初、详勘共计),电阻率测试各工点不少于2孔(初、详勘共计)。车辆段在初步勘察阶段波速测试和电阻率测试一般布置4孔,详细勘察阶段根据车辆段设计的需要进行布置。

(6)实测沿线勘察范围及附近坡地的岩层露头产状,观察、描述边坡失稳时岩体(土体)可能的位移方向,判断是否对工程产生不利影响。

(7)利用钻孔测试地温,一般每个区间布置2个地温测试孔,测点深度间隔为2m。当区间较长时,适当增加地温测试孔数量。

14) 成果分析

(1)收集、分析区域地质资料,要求说明主要区域构造和地质特征,如断裂、石灰岩及洞穴、煤系地层及采空区的分布特征等。

(2)在可行性研究阶段和初步勘察阶段,应划分岩土工程分区(初步勘察阶段要求与邻近标段一并考虑)。

(3)对原位测试和室内试验等所得参数进行统计,提供样本数、最大值、最小值、平均值、标准差、变异系数和标准值,参加统计的样本数$n \geqslant 6$。

(4)在可行性研究阶段以岩土分区为单位统计不同岩土样本,提供统计结果,给出岩土参数范围值。在初步勘察阶段以岩土分区为单位统计不同岩土样本,在详细勘察阶段以工点为单位统计不同岩土的样本,提供统计结果,给出设计所需的岩土参数建议值。

(5)在初步勘察阶段以岩土分区为单位进行岩土工程评价,尤其要客观评判不良地质作用可能带来的工程风险。在详细勘察阶段以工点为单位进行岩土工程评价,提出工程措施建议,尤其要明确指出不良地质现象对施工的危害性。

(6)按《广州轨道交通沿线岩土分层系统》划分岩土层。

(7)根据试验统计结果和岩土特征工程经验(类比),按不同岩性的各岩土层提供如下建议值:岩石地基承载力特征值、土的承载力特征值的经验值、桩侧摩阻力特征值的经验值、桩的端阻力特征值的经验值、桩的极限侧阻力标准值、桩的极限端阻力标准值、土体与锚固体极限摩阻力标准值、岩石与锚固体极限摩阻力标准值、岩层和土层地基系数(基床系数)、静止侧压力系数、土的泊松比、基底摩擦系数、边坡坡度高宽比允许值。

(8)按国家标准《地下铁道、轻轨交通岩土工程勘察规范》(GB 50307)提供的基床系数和热物理指标,提出隧道围岩分级和土石可挖性分级。在详细勘察阶段,隧道热物理指标应采用实测值。

(9)提供车辆段场坪范围内需进行软基处理的软土平面分布图和软土顶、底面等高线图以及液化砂层分区图和中等风化岩面等高线图。

(10)在详细勘察阶段,划分车辆段的填料组别。

(11)对于换乘站,应同时分析两条线路相交部位的勘察成果,资料应互相利用,互相印证。

15)报告编写

(1)要求勘察报告资料完整,内容可靠,条理清晰,文字、表格、图件相符。

(2)勘察报告包括文字部分、表格和图件。编制报告的具体要求,可参照执行《岩土工程勘察报告编制标准》(CECS 99)和《建筑工程勘察文件编制深度规定》(试行)(建质〔2003〕114 号)的各项规定。

(3)勘察报告的文字部分包括“岩土工程评价与工程措施建议”,这部分的编制应执行国家标准《岩土工程勘察规范》(GB 50021)中关于“岩土工程分析评价和成果报告”的规定,以及国家标准《地下铁道、轻轨交通岩土工程勘察规范》(GB 50307)中关于“成果分析与勘察报告”的规定。

(4)详细勘察阶段各工点勘察报告应分析和利用各线路《地质灾害危险性评价报告》和《地震安全性评价报告》成果,对是否存在地质灾害进行判别,提供各工点地层的动力参数,以供抗震设计使用。

(5)高架线除提供按照《岩土工程勘察规范》(GB 50021)要求整理的工程地质报告和图件外,还要求以下内容:

①提供按极限状态设计所需的岩土物理力学指标;

②对建筑场地的不良地质现象,如滑坡、崩塌、泥石流、岩溶和土洞等,有明确的判断、结论和防治方案;

③确定和预测地下水位并进行地下水化学分析;

④提供现场或其他可供参考的试桩资料及附近类似桩基工程经验资料;

⑤抗震设防区按设防烈度提供必要的液化地层资料;

⑥有关地基土膨胀性分析;

⑦提出桩的类型、规格和入土深度的建议,给出各土层桩侧极限摩阻力和桩端极限阻力,估算单桩承载力;

⑧提出沉桩可能性分析意见、钻孔灌注桩施工中需要注意的事项和需要采取的工程措施,评估桩基施工对周围环境的影响。

(6)勘察报告的表格可包括插表与附表。插表是支持文字说明的表格,附表是汇总、统计各类岩土参数的表格。所有岩土参数均要求经过分类、汇总、统计之后列表表示,不能将实验室或外业作业的原始表格不加统计直接列入勘察报告之内。凡经过统计后得到的结果,均要求利用计算机软件的统计功能列表。

(7)勘察报告的图件可包括插图与附图。插图是支持文字说明的图件,附图是直接反映勘察成果的图件。图件内容包括区域地质图、钻孔平面图、钻孔断面图、抽水试验曲线图、钻孔柱状图和岩芯照片等。其中,数量较多的钻孔平面图、钻孔断面图、钻孔柱状图和岩芯照片可另外装订成册。

(8)重要的支持性内容(如岩矿鉴定和必须附上的原始资料等)可作为附件列在勘察报告之后。

(9)按轨道交通勘察要求,钻孔应投影到线路(或网格线)上做成纵断面图。平面图和纵断面图上均应表示出地形、线路和站位等要素。

(10)车辆段勘察完毕,尚应进行专门的断面工程地质填图(断面垂直基线,断面线间距为25~30m,按水平比例1:200和竖直比例1:200作图并打印成纸质文件)。工程地质填图成果可通过业主另行提供给车辆段设计项目组。

(11)要求勘察报告全部实现数字化,所有文字、表格和图件均应能够进行编辑。其中文字用Word格式,统计表格用Excel格式,矢量化图件用AutoCAD R14格式,岩芯照片等图片宜用jpg格式(亦可粘贴到Word格式中)。凡AutoCAD格式图件均要求能够在通用的R14版本中进行编辑。

(12)可行性研究阶段岩土工程勘察报告按研究范围编制,初步勘察阶段岩土工程勘察报告按标段编制,详细勘察阶段和施工阶段岩土工程勘察报告按工点编制,专题勘察报告按专题和工点(或若干工点)编制。

(13)提供区域地质图(要求与线路叠加),在煤系地层和石灰岩分布范围,尚应提供煤系地层及其采空区分布图、石灰岩及其洞穴分布图。

(14)为了统一格式,应依照本节下列的规定或指南编写岩土工程勘察报告(包括文字部分、表格、图件及电子文件),所列项目不得遗漏,勘察项目组可根据实际情况和附件中的相应规定适当增加或删减有关章节。

①《广州轨道交通沿线岩土分层系统》;

②《广州市轨道交通岩土工程勘察报告名称与目录编写指南》;

③《广州市轨道交通工程岩土工程勘察计算机辅助制图(AutoCAD)指南》;

④《岩土工程勘察岩土参数建议值表》(格式)。

7.2.2 广州轨道交通沿线岩土分层系统

广州轨道交通沿线岩土分层系统具体内容详见表7-1。

广州轨道交通沿线岩土分层系统 表7-1

岩土大层号	岩土层名称	岩土层号	岩土层名称	时代与成因	说明
1	填土层	〈1〉		Q_4^{ml},人类活动	
			杂填土	Q_4^{ml},人类活动	
			素填土	Q_4^{ml},人类活动	
			耕植土	Q_4^{ml},人类活动	

续上表

岩土大层号	岩土层名称	岩土层号	岩土层名称	时代与成因	说明
2	淤泥层和淤泥质砂土层			Q_4^{mc},海陆交互相沉积	
		〈2－1A〉	淤泥	Q_4^{mc},海陆交互相沉积	
		〈2－1B〉	淤泥质土层	Q_4^{mc},海陆交互相沉积	
		〈2－2〉	淤泥质粉细砂层(或灰色粉细砂层)	Q_4^{mc},海陆交互相沉积	
		〈2－3〉	淤泥质中粗砂层(或含蠔壳片中粗砂层或灰色中粗砂层)	Q_4^{mc},海陆交互相沉积	
		〈2－4〉	海陆交互粉质黏土、粉土层	Q_4^{mc},海陆交互相沉积	①
3	砂层			Q_{3+4},冲积,洪积	
		〈3－1〉	冲积-洪积粉细砂层	Q_3^{al+pl} 或 Q_{3+4}^{al+pl},海相冲积、陆相冲积-洪积	
		〈3－2〉	冲积-洪积中粗砂层	Q_3^{al+pl} 或 Q_{3+4}^{al+pl},海相冲积、陆相冲积-洪积	
		〈3－3〉	含卵石粗砾砂层	Q_3^{al+pl} 或 Q_{3+4}^{al+pl},海相冲积、陆相冲积-洪积	
4	冲积—洪积—坡积土层			$Q_3^{al+pl+dl}$,冲积,洪积,坡积	
		〈4－1〉	冲积-洪积土层	Q_3^{al+pl},冲积,洪积	
		〈4－2〉	河湖相淤泥质土层	Q_3^{al},河湖相沉积	②
		〈4－3〉	坡积土层	Q_3^{dl},坡积	
5	残积土层			Q^{el},残积	
		〈5－1〉	可塑状黏性土,稍密～中密状粉土	Q^{el},碎屑岩类岩石残积(上层)	
		〈5－2〉	硬塑状黏性土,密实状粉土	Q^{el},碎屑岩类岩石残积(下层)	
		〈5H－1〉	可塑状黏性土	Q^{el},花岗岩残积(上层)	
		〈5H－2〉	硬塑状黏性土	Q^{el},花岗岩残积(下层)	
		〈5C－1A〉	软塑状黏性土(含红黏土)	Q^{el},石灰岩分布区残积	
		〈5C－1B〉	可塑状黏性土(含红黏土)	Q^{el},石灰岩分布区残积	
		〈5C－2〉	硬塑状黏性土(含红黏土)	Q^{el},石灰岩分布区残积	
		〈5Z－1〉	可塑状黏性土	Q^{el},上元古界震旦系残积(上层)	
		〈5Z－2〉	硬塑状黏性土	Q^{el},上元古界震旦系残积(下层)	
6	岩石全风化带	〈6〉		碎屑岩类岩石风化	
		〈6H〉	花岗岩全风化带	花岗岩风化	
		〈6C〉	泥炭质灰岩全风化带	泥炭质灰岩风化	
		〈6Z〉	变质岩全风化带	Z,上元古界震旦系风化	

续上表

岩土大层号	岩土层名称	岩土层号	岩土层名称	时代与成因	说明
7	岩石强风化带	〈7〉		碎屑岩类岩石风化	③
		〈7H〉	花岗岩强风化带	花岗岩风化	
		〈7Z〉	变质岩强风化带	Z,上元古界震旦系风化	
8	岩石中等风化带	〈8〉		碎屑岩类岩石风化	
		〈8H〉	花岗岩中等风化带	花岗岩风化	
		〈8C-1〉	泥炭质灰岩或泥灰岩中等风化带		
		〈8C-2〉	石灰岩和硅质灰岩中等风化带		
		〈8Z〉	变质岩中等风化带	Z,上元古界震旦系风化	
9	岩石微风化带	〈9〉		碎屑岩类岩石风化	
		〈9H〉	花岗岩微风化带	花岗岩风化	
		〈9C-1〉	泥炭质灰岩或泥灰岩微风化带		
		〈9C-2〉	石灰岩和硅质灰岩微风化带		
		〈9Z〉	变质岩微风化带	Z,上元古界震旦系风化	

注:①该层夹在全新统海陆交互相淤泥、淤泥质土中。

②该层夹在冲积-洪积土层(Q_3)中。

③根据轨道交通勘察实践,石灰岩分布区一般缺失或难以划分全风化带和强风化带,故本表未列出该岩层的强风化带。

7.2.3 《广州市轨道交通岩土工程勘察报告》名称与目录编写指南

1)报告名称编写指南

《广州市轨道交通工程岩土工程勘察报告》的全称一般包括工程名称、勘察阶段、勘察次数,采用汉字书写,一般不夹带其他文字或符号(需要特殊表达方可明确意思的情况除外),编写式样如下:

工程名称
(标段或工点名称)+勘察阶段
(勘察次数)+岩土工程勘察报告

例如:

广州市轨道交通五号线工程(滘口—文园)
可行性研究阶段
岩土工程勘察报告

广州市轨道交通五号线工程
×标段初步勘察阶段
岩土工程勘察报告

广州市轨道交通五号线工程
××站详细勘察阶段
岩土工程勘察报告

广州市轨道交通五号线工程
××至××区间详细勘察阶段
岩土工程勘察报告

当需要进行第二次勘察时：

广州市轨道交通五号线工程
×标段(××段)详细勘察阶段
第二次岩土工程勘察报告

广州市轨道交通五号线工程
××站详细勘察阶段
第二次岩土工程勘察报告

依此类推。

2)报告目录组成

广州市轨道交通工程可行性研究阶段、初步勘察阶段和详细勘察阶段岩土工程勘察报告目录一般包括如下内容：

1 概　　述

(勘察报告的前言或引言部分)

1.1 任务依据
1.2 工程概况与勘察范围
1.3 勘察要求与目的
1.4 勘察方法与完成工作量
1.5 勘察执行标准
1.6 勘察工作概况和质量评述

2 自然地理环境

2.1 地面条件与地貌特征
2.2 区域气候特征
2.3 河流水文特征

3 区域地质特征

3.1 主要区域构造特点

3.2 断裂

3.3 褶皱

3.4 地层与岩性

3.5 侵入岩

3.6 其他岩性与特殊地质

4 岩土工程特征

(作为勘察报告的重点内容,侧重本次勘察的实际情况编写)

4.1 岩土分层及其特征

4.2 岩土分界线

4.3 不良地质与特殊地质

5 水文地质条件

5.1 地下水的赋存与补给

5.2 地表水和地下水的腐蚀性评价

5.3 抽水试验与渗透系数

5.4 基坑(或隧道)涌水量预测

6 土石可挖性分级和隧道围岩分类

6.1 土石可挖性分级

6.2 隧道围岩分类(不必要时,可删减)

6.3 填料组别(不必要时,可删减)

6.4 (必要时,可增加内容)

对于第7部分内容,可根据不同勘察阶段、不同工法的特点或要求在本目录如下范围内拟定标题。

(1)编写可行性研究阶段、初步勘察阶段岩土工程勘察报告拟采用:

7 岩土分区及其特征

7.1 工程地质分区及其特征

7.2 地基土的分析与评价

7.3 各工点地质条件评价(初步勘察阶段)

(2)详细勘察阶段岩土工程勘察报告一般按照工点编写,编写时拟采用:

7 工程地质条件评价

在详细勘察阶段,结合本工点的结构特点和敷设方式,对工程地质特征、水文地质特征和地基土特点进行评述。如果工程地质条件简单,也可并入第10章。

(3)编写详细勘察阶段暗挖区间隧道岩土工程勘察报告拟采用:

7 隧道洞身经过的岩土条件

7.1 隧道洞身主要围岩类别

7.2 隧道洞身岩石抗压强度

7.3 (必要时,可增加内容)

(4)编写详细勘察阶段高架结构(或桥梁)岩土工程勘察报告拟采用:

7 高架结构(桥梁)岩土条件评价

7.1 桩型选择

7.2 桩基持力层

7.3 单桩竖向承载力估算

7.4 桩基沉降估算参数

7.5 沉桩可行性分析

7.6 沉桩对周围环境影响及防范措施

8 场地和地基的地震效应

8.1 建筑场地类别

8.2 砂土地震液化

8.3 软土的震陷

8.4 抗震设防烈度

9 岩土物理力学指标及其参数建议值

9.1 关于统计指标和参数建议值的说明

9.2 岩土参数建议值

9.3 室内试验统计指标

9.4 原位测试统计指标

10 岩土工程条件评价和工程措施建议

10.1 岩土工程条件评价

10.2 不良地质对工程的影响

10.3 工程措施建议

10.4 下一步勘察工作建议

11 其他(或有关说明)

(需要特别提出或说明的事项可增加本章)

3)报告编写说明

(1)一般说明

①报告目录组成是在总结现有的《广州市轨道交通工程岩土工程勘察报告》的基础上,为勘察单位今后编制广州市轨道交通工程各线、各工点和各勘察阶段岩土工程勘察报告提出的指导性文件之一,目的是为了基本统一今后勘察报告目录组成,提高勘察与管理水平,使勘察成果更好地为设计和施工服务(其他城市亦可参照执行)。

②报告目录组成主要适用于编写可行性研究阶段、初步勘察阶段和详细勘察阶段岩土工程勘察报告;施工阶段岩土工程勘察报告以及专题勘察报告(如水文地质试验报告、工程物探报告等)的内容针对性较强,报告目录组成应根据工程和勘察特点另行编写。

③勘察单位在使用报告目录组成时,可根据勘察项目的规模选择其中的内容,当勘察项目规模较小,不包含的内容或没有必要编写的内容,可以不列,标题编号依次更改。

④今后,《广州市轨道交通工程岩土工程勘察报告》采用技术文件编制通用的四级标题编号,即1,1.1,1.1.1,1.1.1.1。当四级编号不够用时,可增至五级编号,第五级标题编号为(1)、(2)、(3)、…。编号与标题之间空格,不设标点符号。

⑤编制岩土工程勘察报告应概括其主要内容,不超过五级标题编号,当内容较少时可采用二级或三级标题编号。第一级编号及其标题居中书写,用黑体字,比报告内容的字体大一级;第二级编号及其标题顶格书写,用黑体字;第三级、第四级和第五级编号及其标题缩格书写,用宋体字;勘察报告的内容(行文)缩格书写,用宋体字。

⑥报告目录组成一般只规定第一级、第二级标题和第4章的第三级标题(4.1.1~4.1.9),其余的第三级标题和第10章的第二级标题仅为推荐标题,编制单位根据工程规模和需要在标题内容说明的原则下自行规定。

⑦勘察报告表格的顺序主要依据目录顺序而定。表格可以集中放在文字报告之后、平面图和剖面图之前。

(2)标题内容说明

1 概　　述

(本章是勘察报告的前言或引言部分。)

1.1 任务依据

(本节要求说明本次勘察的任务来源,例如业主的批准文件、委托函、会议纪要,以及批复的技术要求和勘察实施方案等,注明文号、内容和发文时间等。)

1.2 工程概况与勘察范围

(工程概况与选择的勘察手段有关,本节要求说明轨道交通工程概况或工点概况,当工程范围与勘察范围不一致时,还应当说明本次勘察的范围。)

1.3 勘察要求与目的

（本节要求转述业主批复的技术要求简要内容，包括钻孔工作量。）

1.4 勘察方法与完成工作量

（本节内容是指实际采用的勘察方法和实际完成的工作量。）

1.5 勘察执行标准

（列出本次勘察实际采用的标准，可以包括参考书。）

2 自然地理环境

（本章主要依据收集到的资料（包括上一阶段勘察资料）和现场踏勘观察到的情况编写，要求简明扼要。）

2.1 线路地面条件与地貌特征

（如果为某一工点勘察，应删除“线路”两字。在市区内勘察可侧重描述地面条件，包括交通条件。）

2.2 区域气候特征

（用文字简要表述气候特征和主要气象要素，或列表表示气象要素。）

2.3 河流水文特征

（如果勘察范围没有地表水系，本节可删减。）

3 区域地质特征

[本章主要依据收集到的资料（包括上一阶段勘察资料）和实际勘察的情况编写。]

3.1 主要区域构造特点

[在全线（或标段）的勘察报告中，可用简要文字描述与勘察范围有关的区域构造特点，目的在于为编写后文的内容打下基础，不要将关系并不密切的大地构造内容大篇幅地写入本节。对于工点勘察报告，本节可删减。]

3.2 断裂构造

[在存在断裂的情况下，本节是勘察报告的重点内容之一，要求依据实际勘察的情况并结合收集到的资料（包括上一阶段勘察资料）进行编写。如果既有资料和实际勘察均未发现断裂，本节可删减，但要求在“3.4 地层与岩性”中说明未发现断裂的事实。]

3.3 褶皱

（本节编写的内容包括向斜、向斜盆地、背斜和单斜等内容。如果构造简单，本节可删减。）

3.4 地层与岩性

（要求由新到老说明地层年代、层位和岩性特征。可以引用区域资料，但应侧重说明勘察范围的岩性特征。）

3.5 侵入岩

（如果未发现侵入岩，本节可删减。）

4 岩土工程特征

(本章是勘察报告的重点内容之一,要求按工程实际需要编写。)

4.1 岩土分层及其特征

[本节是勘察报告的重点内容之一。要求按《广州轨道交通沿线岩土分层系统》编写。第三级标题是岩土分层的大层名称,不得遗漏。当某一工点缺失该大层时,可注明"本层缺失"。请注意本节与"3.4地层与岩性"的区别:"地层与岩性"是从地层学的角度描述所揭示的地层,要求简明扼要;"岩土分层及其特征"是从工程设计和施工的角度划分岩土层,要求分别描述其工程特征,并尽可能详细,主要特征(如岩石遇水软化等)不得遗漏。]

4.2 岩土分界线

[说明哪些岩土层做土工试验,哪些做岩石室内试验。从物理力学的角度划分岩层和土层(非岩石成因概念)。]

4.3 不良地质与特殊地质

[本节从工程设计和施工的角度特别指出勘察中发现的不良地质与特殊地质现象(如软土、砂层和石灰岩等)。如果地质条件较简单,本节可删减。]

5 水文地质条件

[本章与"2.3 河流水文特征"的区别在于:本章以勘察中的抽水试验和水质分析为基础进行编写,"2.3 河流水文特征"以调查收集的资料为基础进行编写。]

5.1 地下水的赋存与补给

(当地下水较贫乏、勘察内容较简单时,本节内容可适当删减,但地下水位(稳定水位)的内容不得缺失。)

5.2 地表水和地下水的腐蚀性评价

(要求说明执行规范、腐蚀项目和腐蚀等级等。)

5.3 抽水试验与渗透系数

[一般要求简要说明抽水试验过程和渗透系数计算模型(包括简要计算过程),最后给出所选用的渗透系数。]

5.4 基坑(或隧道)涌水量预测

(要求给出预测模型、采用的边界参数和渗透系数,以及涌水计算简要过程。)

6 土石可挖性分级和隧道围岩分类

[按国家标准《地下铁道、轻轨交通岩土工程勘察规范》(GB 50307)的规定,根据勘察中揭示到的岩土特征,对岩土层进行土石可挖性分级和隧道围岩分类,不得未经岩土特征描述而事先划定岩土层的分级和分类。必要时,按国家行业标准《铁路路基设计规范》

(TB 10001)第6.1条(含附录C)、《铁路路基施工规范》(TB 10202)表B.0.1,划分填料组别。]

7　根据不同勘察阶段、不同工法

[本章的编写内容不同,按需要而定。在可行性研究阶段、初步勘察阶段应进行岩土分区,描述每个分区的特征;或者,初步勘察阶段亦可根据工程需要以若干区间为单元,描述工程地质、水文地质条件。岩土分区应考虑地貌、地质构造、岩土特征和水文等综合条件,不再单独划分水文地质分区(特殊地段的水文专题勘察除外)。详细勘察阶段暗挖区间隧道洞身的岩石抗压强度最高值应在本章给出,以便于隧道掘进工具的选择。高架线必要的各类桩型参数设计等,可放入本章。]

8　场地和地基的地震效应

[本章按国家标准《建筑抗震设计规范》(GB 50011)的规定编写,采用该规范的名词术语。其中,抗震设防烈度(原称"场地地震基本烈度")可引用场地地震安全性评价报告。勘察中的声波测试内容放在本章处理。]

9　岩土物理力学指标及其参数建议值

(本章要求简要说明勘察报告中的岩土物理力学指标的统计方法,根据这些统计指标和岩土特征提出设计所需的建议值,并说明依据和来源。本章内容包括电阻率测试。)

10　岩土工程条件评价和工程措施建议

[本章的编写原则上执行国家标准《地下铁道、轻轨交通岩土工程勘察规范》(GB 50307)第16章"成果分析与勘察报告"。可根据勘察情况和工程实际重新编排内容,在分析主要不良地质条件(包括特殊岩土)对工程影响的同时一并提出工程措施建议。如果"下一步勘察工作建议"较多,也可以单列一章。]

11　其　　他

[需要特别提出或说明的事项可放入本章。]

4)表格组成

(1)表格可包括插表与附表。

(2)插表是支持文字说明的表格,可直接插入文字报告的相应部位。插表编号由章号与流水号构成。

(3)附表是汇总、统计各类岩土参数的表格,一般放在文字报告之后。附表编号为附表1、附表2、…、附表n。

(4)附表内容指南:

①勘探点主要数据一览表；
②各岩土层分层顶面标高、埋深及厚度统计表；
③各岩土层力学参数建议值表；
④各岩土层土工试验统计表；
⑤各岩土层岩石试验统计表；
⑥砂土地震液化判别表；
⑦抽水试验汇总统计表；
⑧水质分析统计表；
⑨粒度分析统计表；
⑩各岩土层标准贯入试验统计表；
⑪各岩土层电阻率统计表；
⑫岩石室内波速试验成果表；
⑬声波测试统计表；
⑭静力触探土层力学性质汇总统计表；
⑮有关原始数据的汇总表。

(5)统计表、建议值表和成果表是直接为设计项目组提供设计参数的表格，一般要求简明；汇总表是将原始数据分层、分类汇总统计的表格，可以较详细。

5)图件组成

(1)图件可包括插图与附图。

(2)插图是支持文字说明的图件，可直接插入文字报告的相应部位。插图编号由章号与流水号构成。

(3)附图是直接反映勘察成果的图件，一般放在文字报告和表格之后。

(4)附图内容指南：
①区域地质图(含主要构造)；
②钻孔布置平面图；
③工程地质断面图(包括纵断面和横断面)；
④钻孔抽水试验成果图；
⑤声波、电阻率测井试验成果图；
⑥静力触探试验曲线图；
⑦钻孔柱状图(对于高架结构揭露中微风化岩的钻孔，在柱状图中注明天然抗压强度；对于高架结构未揭露中微风化岩的钻孔，在柱状图中注明持力层天然容许承载力)；
⑧岩芯照片。

7.2.4 广州市轨道交通工程岩土工程勘察计算机辅助制图(AutoCAD)指南

1)基本要求

(1)所有图形(包括钻孔布置图、断面图、柱状图和图例等)，均应制成在 AutoCAD R14 版本制图软件中能够应用并编辑的图件形式。电子文件名称与纸质文件名称一致，电子文件扩展名为 dwg 格式。

(2)断面图和柱状图应采用理正专业软件编制。

(3)CAD 专业软件形成图形所使用的字体不能超出 Fs. shx、Ht. shx 、Hztxt_e. shx 、Hztext. shx、Romanc. shx、Romans. shx、Tssdchn. shx 及 Tssdeng. shx，必须能够转换。

(4)提交任何阶段性报告或最终报告提交时，均应同时提交相应图件的电子文件。如不符勘察技术要求和本指南，则应重新提交。

(5)提交钻孔布置图时，应提交原坐标图。

(6)原则上图素颜色跟随图层，禁止图素图层混编。

(7)所有图形均能分解成简单的图素，以便编辑。

2)钻孔布置图

(1)钻孔布置图编制要求

①钻孔布置图内一般应包含线路、地形、钻孔符号、钻孔编号、图例、说明、指北针和图签等。

②线路、地形依照线路专业提供的文件给出。

③钻孔符号包括既有钻孔和新布置的钻孔。钻孔符号中，施钻完毕的钻孔和既有钻孔可用实心圆来表示，其中取样孔用半实心圆来表示。未能施钻的钻孔以空心圆表示，并在说明中给予说明。

④钻孔编号依照勘察技术要求提供的钻孔编号，一般不得更改。

⑤图例应包含钻孔符号、钻孔编号和其他符号及其说明。图中不同类型、不同阶段的钻孔均应有图例。

⑥说明包含接收线路图的时间、版本，以及编制依据、钻孔施钻情况等的必要内容。

⑦钻孔布置图上应有指北针，指北针的大小应适宜，放在合适的位置。

⑧图签内容按勘察单位的管理制度确定，至少包含制图人和校核(或审核)人。可置于图的右下角，或置于图框内下方。

⑨当勘察范围较大，钻孔布置图需独立成册编制时，应有封面。

(2)钻孔布置图电子文件图形分层

①钻孔布置图电子文件图形分层规定详见表 7-2。

钻孔布置图电子文件图形分层规定 表 7-2

图　　层	内　　容	图　　色	线宽(mm)	备　　注
0	图框	7	—	①
原始地形	地形图	9	0.180	按原图层
线路图	线路图	—	0.6(线路)	按原图层
钻孔符号	钻孔符号	—	0.254	②
钻孔编号	钻孔编号	—	0.254	③
地质分界	地质区域分界线	—	0.254	线形按默认
图例	图例	—	0.254	

续上表

图　　层	内　　容	图　　色	线宽(mm)	备　　注
说明	说明	—	0.254	
图签	图签	—	0.254	①
指北针	指北针	—	0.254	
封面	全图封面	7	0.254	④

注:①图框可单独成层,图签可与图框放置在一个图层。
②不同阶段布置的钻孔应在不同的图层。
③不同阶段布置的钻孔编号应在不同的图层。
④依照相关规定,需要设置封面时,应有此图层。

②若需标注其他内容,图层名以中文形式表达,中文意义能表达相应图层的内容。

③各图层线宽和图色可根据实际情况设置,应使图形简洁明了,钻孔易于识别。

(3)钻孔布置图制图单位及出图比例尺

①计算机制图单位采用公制(米制)。

②电子文件中,1个制图单位代表实际距离1m(1∶1000)。

③计算机出图比例为1∶1。

④钻孔布置图比例尺(纸质文件):工程可行性研究阶段为1∶5000,初步勘察阶段为1∶2000,详细勘察阶段区间和车辆段为1∶1000,车站为1∶500。

3)工程地质断面图

(1)工程地质断面图编制要求

①工程地质断面图一般应包含线路纵断面、钻孔柱状图、地层、水位线、标贯、取样、标尺、图例、说明和图签等。

②线路纵断面依照线路专业提供的文件进行叠加。

③钻孔柱状图应包含钻孔编号、孔口高程、岩性花纹和分层标高等。

④地层应包含钻孔孔口连线、地层分界线、地层编号、地质年代及成因符号。

⑤水位线是钻孔稳定水位高程的连线。

⑥标贯和取样在钻孔柱状图中用不同的图案表示其位置,标贯应注明标贯击数。

⑦标尺为竖直标尺,竖直标尺应有刻度和高程数值。

⑧图例是对岩土层编号、地质年代及成因、岩性花纹、钻孔符号、水位线、断裂构造线、标贯、取样、风化程度符号和砂土的分类符号等的示例。

⑨说明包含接收线路图时间、版本以及编制依据和钻孔施钻情况等必要内容。

⑩图签内容按勘察单位的管理制度确定,至少包含制图人和校核(或审核)人。可置于图的右下角,或置于图框内下方。

⑪编制沿线路工程地质断面图时,图中应有围岩类别及相应的简要地质描述。

⑫当勘察范围较大,工程地质断面图需独立成册编制时,应有封面。

(2)工程地质断面图电子文件图形分层

①工程地质断面图电子文件图形分层规定详见表7-3。

工程地质断面图电子文件图形分层 表 7-3

<table>
<tr><th>图 层</th><th>内 容</th><th>图 色</th><th>线宽(mm)</th><th>备 注</th></tr>
<tr><td>0</td><td>图框</td><td>7</td><td></td><td>①</td></tr>
<tr><td>partic</td><td>路面文字说明</td><td rowspan="5">按原图层</td><td rowspan="2">按原图层</td><td rowspan="5">同线路</td></tr>
<tr><td>station</td><td>车站</td></tr>
<tr><td>yx-dsgn</td><td>轨面线</td><td>0.4</td></tr>
<tr><td>grd</td><td>地面线</td><td>0.5</td></tr>
<tr><td>结构线</td><td>隧道结构顶、底板线</td><td>0.5</td></tr>
<tr><td>钻孔</td><td>钻孔编号、孔口高程、钻孔示意线</td><td>—</td><td>0.18</td><td></td></tr>
<tr><td>岩性花纹</td><td>岩性花纹,f、x、c、z 等符号</td><td>—</td><td>0.18</td><td></td></tr>
<tr><td>地层连线</td><td>地层之间的分界线,包括孔口连线</td><td>7</td><td>0.18</td><td></td></tr>
<tr><td>分层编号</td><td>地层分层编号</td><td>1</td><td>0.18</td><td></td></tr>
<tr><td>地质年代</td><td>地质年代与成因符号</td><td>1</td><td>0.18</td><td></td></tr>
<tr><td>分层标高</td><td>分层标高值</td><td>—</td><td>0.18</td><td></td></tr>
<tr><td>风化符号</td><td>风化程度符号</td><td>—</td><td>0.18</td><td></td></tr>
<tr><td>水位</td><td>水位线、钻孔静止水位高程</td><td>—</td><td>0.18</td><td></td></tr>
<tr><td>标贯</td><td>标贯图案、标贯击数</td><td>—</td><td>0.18</td><td></td></tr>
<tr><td>取样</td><td>取样图案</td><td>—</td><td>0.18</td><td></td></tr>
<tr><td>抗压强度</td><td>抗压强度符号、抗压强度值</td><td>—</td><td>0.18</td><td></td></tr>
<tr><td>标尺</td><td>竖直标尺</td><td>—</td><td>0.18</td><td></td></tr>
<tr><td>里程</td><td>围岩类别、简要地质说明、线路里程</td><td>—</td><td>0.18</td><td>②</td></tr>
<tr><td>图例</td><td>图例</td><td>—</td><td>0.18</td><td></td></tr>
<tr><td>说明</td><td>说明</td><td>—</td><td>0.18</td><td></td></tr>
<tr><td>图签</td><td>图签</td><td>—</td><td>0.18</td><td>②</td></tr>
<tr><td>封面</td><td>全图封面</td><td>—</td><td>0.18</td><td>③</td></tr>
</table>

注:①图框可单独成层,图签可与图框放置在一个图层;
②依照相关规定编制;
③依照相关规定,需要设置封面时,应有此图层。

②若需标注其他内容,图层名以中文形式表达,中文意义能表达相应图层的内容。

③岩土分层编号以半角英文尖括号表示,CAD 专业软件形成的冗余图层应删除。

④时代与成因代码应以图块的形式存在表示,以单独图元和字体(ST)保存在单独图层(地质年代)中。

⑤各图层线宽、图色可根据实际情况设置,应使图形简洁明了,钻孔易于识别。

⑥断面图文字大小适中,字与字之间不能重叠。

(3)工程地质断面图制图单位及出图比例尺

①计算机制图单位采用公制(米制)。

②电子文件中,初步勘察阶段,纵断面水平坐标 1 个制图单位代表实际距离 2m

(1∶2000),竖直坐标1个制图单位代表实际距离0.2m(1∶200);详细勘察阶段,车站纵断面和车辆段断面水平坐标1个制图单位代表实际距离0.5m(1∶500),区间纵断面水平坐标1个制图单位代表实际距离1m(1∶1000),车站、区间等横断面水平坐标1个制图单位代表实际距离0.2m(1∶200),竖直坐标1个制图单位代表实际距离0.2m(1∶200)。

③计算机出图比例为1∶1。

④工程地质断面图比例尺(纸质文件):初步勘察阶段,纵断面水平比例尺为1∶2000,竖直比例尺均为1∶200,岩性花纹宽度10mm;详细勘察阶段,车站纵断面和车辆段断面水平比例尺为1∶500,区间纵断面水平比例尺为1∶1000,车站、区间等横断面水平比例尺为1∶200,竖直比例尺均为1∶200,岩性花纹宽度10mm。

⑤车辆段工程地质填图断面比例尺(纸质文件):水平比例尺为1∶200,竖直比例尺为1∶200。

⑥工程地质断面图(纸质文件)中文字应能清晰辨识。

4)计算机制图坐标

(1)CAD制图坐标一律采用广州市城建坐标(其他城市另定)。

(2)计算机内的所有带平面坐标的图件,均不得做模型旋转和位移,以保证在电子文件平面图中可正确读出广州市城建坐标。

(3)为了读图方便,可以旋转CAD的坐标系,并保持模型的坐标不得发生改变。

(4)为了读图方便,可在CAD中设置图纸空间,该图纸空间可转变为未经旋转和位移的模型空间。

5)钻孔柱状图编制要求

(1)编制钻孔柱状图的具体要求,可参照执行《岩土工程勘察报告编制标准》(CECS 99)的各项规定。

(2)以钻孔编号作为钻孔柱状图的电子文件名。

6)其他

(1)视岩土工程勘察规模和报告篇幅大小,采用A3纸幅或A4纸幅。

(2)报告文字部分采用Word格式,表格采用Excel格式。

(3)报告封面所用背景图格式不限,但必须生成Word格式。

(4)抽水试验成果图与区域地质图采用AutoCAD R14或jpg格式。

(5)岩芯照片宜为jpg格式,宜形成Word格式文件。

(6)电子文件宜按“报告正文与表格”、“钻孔柱状图”、“平断面图”和“岩芯照片”四个文件夹分类保存。

7.2.5 岩土参数建议值表(格式)

岩土参数分为两类,一类是根据室内试验或原位测试结果的统计值,或按工程类比(工程经验)的方法而提供的岩土参数,如天然密度、含水量、孔隙比、直接快剪的黏聚力和内摩擦角、固结快剪的黏聚力和内摩擦角、压缩系数、压缩模量、变形模量、渗透系数、岩石的天然(饱和、干燥)单轴极限抗压强度、导温系数、导热系数、比热容和砂土的水上水下坡角。在可行性研究阶段岩土工程勘察报告中,可给出上述建议值的范围;在初步勘察阶段和详细勘察阶段岩土工程勘察报告中,应给出上述建议值的确定值。

另一类是根据勘察揭示的岩土特性,按工程类比(工程经验)的方法经过查阅有关规程、规范、手册或通过计算而提供的可用于设计的岩土参数,如地基承载力特征值、桩侧摩(端)阻力特征值、桩的极限侧(端)阻力标准值、土体(岩石)与锚固体极限摩阻力标准值、岩层或土层的地基系数(水平、垂直)、静止侧压力系数、土的泊松比、基底摩擦系数和边坡坡度高宽比允许值等。此类指标一般根据揭示到的岩土层物理力学性质和室内试验成果,结合国家标准《建筑地基基础设计规范》(GB 50007)、国家行业标准《建筑桩基技术规范》(JGJ 94)、广东省标准《建筑地基基础设计规范》(DBJ 15-31)、广州市标准《广州地区建筑基坑支护技术规定》(GJB 02)提供。

7.3 质 量 管 理

质量控制贯穿于勘察工作的整个过程,从开工前的准备到钻探、岩芯描述以及岩土和水样的采取、送样、原位测试、抽水试验、室内试验和成果整理,有效监督和管理每一个环节,才能保证勘察成果的准确性和可靠性。

7.3.1 开工前的准备

(1)审查勘察单位上报的勘察方案。重点检查方案是否满足技术要求、有关规范和合同的要求,审查通过后,附审查意见后报业主审批。

(2)勘察方案通过后,检查并落实勘察单位的设备和人员应符合招投标文件及合同的要求。

(3)在钻探施工前,要根据钻孔布置图及技术要求,负责现场核实孔位,察看地形、地物,了解地面、地下和上空有无影响施工的不安全因素或障碍物。如发现问题,要及时处理或向勘察单位提出孔位变动的意见。移孔应在技术要求规定的范围内,超出规定范围的需报设计总体部同意并报业主批准,否则勘察总体单位不予验收。

(4)督促勘察单位办理有关占道、开挖和封航许可证。

(5)负责协调提供相关资料。

(6)钻机及附属设备到位后应统一编号。

(7)必要时,组织召开技术交底会。

7.3.2 钻探质量控制

勘察总体按下述要求对勘察单位进行监督:

(1)钻孔开钻前,应由勘察单位通知勘察总体现场管理组人员参加开孔检查。检查内容包括:核实孔位,不符合要求者,不准开钻;检查钻机及其安装质量,安装不符合要求或安全措施无保证者,不能开钻;检查测试设备、仪器、取样器具、岩芯箱和班报表等是否齐全,未准备齐全不能开钻；检查地下管线是否进行了探测，文明施工措施是否到位，不具备条件的不能开钻。

(2)钻探工艺应根据地质条件、岩性成分和技术要求而定。要保证岩芯采取率，并满足进行标准贯入试验、采取土样(岩样或水样)和达到设计钻探深度等技术要求，综合考虑尽量采用先进的钻进工艺。

(3)钻孔的孔径。采取原状土样，取样段孔径不小于110mm；对采取岩样的孔径则不小于91mm；鉴别孔孔径不小于91mm；做孔内试验时，试验段的孔径应满足试验要求。

(4)钻进岩层时，勘察单位宜采用金刚石钻头，回次进尺不得超过岩芯管长度；对软质岩石及风化破碎带，应采用双层岩芯管钻头钻进，进尺不得超过2.0m。

(5)钻进过程中，机台要准确测量孔深，并按技术要求进行孔深验证。钻至基岩顶面、遇断层(破碎带)和软弱岩层换层时，要验证孔深。

(6)岩芯采取率的确定。岩芯采取率必须达到规范要求，即完整岩芯采取率不宜小于80%，破碎岩层的岩芯采取率不宜小于65%，在重点关注的部位，应力求提高采取率；对基岩的溶洞、裂隙、破碎带虽采取了各种措施，但仍不能到达上述要求时，可按下列办法补救：①搞清溶洞、裂隙和破碎带的上、下界线；②详细记录孔内情况，如钻具突然下落的位置、钻进中冲洗液颜色的变化、消耗量及水位的变化情况等；③每次提升钻具时，如取不上岩芯，应取一定数量的岩块或岩粉，供鉴定岩性和确定岩层界线作参考。

(7)在土层中钻进时，如连续1m取不上岩芯，必须采取措施，改进钻进方法；若连续2m取不上岩芯，要在距原孔1m以内补取芯。

(8)钻具提出地面时，提升高度不宜过大，以防岩芯脱落而搞乱岩芯上下方向或排列次序，岩芯应从岩芯管中按上下先后次序取出，基岩取出后要洗净，按次序放入岩芯箱中，并进行编号。

(9)钻进过程中，应认真做好班报表记录。班报表记录应按回次即时填写，不得事后追记。

(10)测定地下水位。地下水位以上应进行干钻，遇到地下水时应停钻，并观测初见水位，终孔后应观测稳定水位。

(11)封孔应用0.3~0.5MPa压力将水灰比为0.5~0.7的水泥浆从孔底往上回灌。灌满后观测10min，浆面稳定后可停止灌浆。

勘察单位未满足上述要求，勘察总体单位的现场管理人员不予验收，并及时报业主。

7.3.3 岩芯描述要求

勘察总体按下述要求对勘察单位进行监督：

(1)碎石土：名称、颜色、颗粒级配、颗粒形状、母岩成分、风化程度、充填物的性质和充填程度、密实度及层理特征等。

(2)砂土：名称、颜色、矿物成分、颗粒级配、颗粒形状、黏性土含量、湿度、密实度及层理特征等。密实度可根据标准贯入锤击数 N 划分为密实($N>30$)、中密($15<N\leq30$)、稍密($10<N\leq15$)、松散($N\leq10$)。湿度可根据土的饱和度 S_r 划分为稍湿($S_r\leq0.5$)、很湿($0.5<S_r\leq0.8$)、饱和($S_r>0.8$)三种。

(3)粉土:名称、颜色、颗粒级配、包含物、湿度、密实度及层理特征等。密实度应根据孔隙比 e 划分为稍密($e>0.9$)、中密($0.75\leqslant e\leqslant 0.9$)、密实($e<0.75$),其湿度应根据含水率 w(%)划分为稍湿($w<20$)、湿($20\leqslant w\leqslant 30$)、很湿($w>30$)。

(4)黏性土:名称、颜色、包含物、土层结构、层理特征和状态等。状态应根据液性指数 I_L 划分为坚硬($I_L\leqslant 10$)、硬塑($0<I_L\leqslant 0.25$)、可塑($0.25<I_L\leqslant 0.75$)、软塑($0.75<I_L\leqslant 1$)、流塑($I_L>1$)五种。

(5)特殊性土除描述上述相应土类规定的内容外,尚应描述反映其特殊成分、状态和结构的特征。

(6)岩石的描述应包括成因、年代、名称、颜色、主要矿物、结构、构造、风化程度、胶结物、岩石强度、裂隙特征、岩芯块度(长度)、质量指标、地下水活动痕迹和溶蚀情况等。

(7)岩芯按其形状和块度(长度)的大小,可划分为五个等级:长柱状为岩芯柱状长度大于20cm,短柱状为岩芯柱状长度10~20cm,扁柱状为岩芯柱状长度5~10cm,块状为岩芯柱状长度2~5cm,而岩芯粒径在2cm以下的为碎屑或土状物。

(8)岩体按岩石的质量指标(RQD)分为五类,见表7-4。

岩石的质量指标(RQD)与岩体质量状态 表7-4

RQD(%)值	岩体质量状态	RQD(%)值	岩体质量状态
>90	很好的	25~50	坏的
75~90	好的	<25	很坏的
50~75	中等的		

7.3.4 岩、土、水样的采取与送样

勘察总体按下述要求对勘察单位进行监督:

(1)岩样采取。采样之前应先进行工程地质分层,再在分层的基础上确定采样层位和样品采取数量。

(2)样品采取时应进行描述。描述的内容包括:岩石名称、颜色、结构、构造、节理裂隙发育情况、产状(岩芯应量层面与中轴夹角)、岩石破碎程度、风化程度、坚硬程度等。

(3)样品的数量根据试验项目确定。

(4)运送岩样时要严防振动,软质岩石及易风化岩石防止受压或撞击受损,并及时送交实验室进行试验。

(5)采取土样要根据测定土的物理、水理、力学性质和分析其化学成分的需要来确定。对测定物理化学性质的样品,所采取的样品为扰动土样;对测定物理力学性质的样品,需要采取原状土样。原状土样是具有天然结构和湿度的样品。采取原状土样的目的是为了准确地测定土的力学性质,以便用以评价地基土的容许承载力。因此,取样时应确保采取的是天然原状样品。

(6)机台在开钻前应准备好取土器、土样盒、胶布、石蜡和封蜡锅等器具。要检查孔底有

无残留土,如残留土超过10cm时,则应先清除再采样。

(7)取样之前,要检查取土器内的样盒安放是否到位,排气孔是否被堵塞,取土器的橡皮垫是否损坏等。经检查认为符合要求时,才可将取土器放入孔内。取样时要严格控制贯入深度(25cm)。

(8)取样方法。击入法宜用于硬土或砂土,用重锤少击快速取样;压入法宜用于黏性土,用手把加压或千斤顶和杠杆加压,采取快速均匀的压入土中的方法,可减少对土样的扰动。

(9)钻孔取土器按表7-5给出的配置使用,并注意以下事项:

取出器适用土样等级和土类　　表7-5

序　号	取土器名单	土 样 等 级	适 用 土 类
1	固定活塞或水压式固定活塞薄壁取土器	I	可塑~流塑的黏性土、粉砂、粉土
2	二(三)重管回转取土器(单动)		可塑~坚硬的黏性土、粉土、粉砂、细砂
3	二(三)重管回转取土器(双动)		硬塑~坚硬的黏性土、中砂、粗砂、砾砂、碎石土、软岩
4	自由活塞薄壁取土器	I~II	可塑~软塑的黏性土、粉砂、粉土
5	敞口薄壁取土器、束节式取土器		可塑~流塑的黏性土、粉砂、粉土

①土样经检查合格之后,应立即用石蜡将样盒接缝处密封防止水分蒸发,标明"上"、"下"方向,贴上标签,当日送往驻地。软质岩样应及时用胶布或塑料膜包裹,防止岩样失水开裂。

②采取的水样应是天然水。采取地表水不应是积存的"死水"或变质的水;在钻孔中取样时,应先将孔内水排出,使含水层中的水进入集水井后再取样。

③盛水用的器皿(玻璃瓶或塑料壶),在取样前应先用洗涤液认真清洗,再用蒸馏水冲洗一次才能使用或以预取之水冲洗几次,然后盛水取样。

④水样的取样体积:简分析水样取1000ml,全分析水样取3000ml,分析侵蚀性CO_2的水样取500ml,并加大理石粉2~3g。

7.3.5 原位测试质量控制

(1)标准贯入试验重点检查标贯头是否完整,对使用不合格的标贯头,当场予以登记并没收,已使用的钻孔不予验收。

(2)静力触探重点检查设备有无定期标定,勘察单位在试验前要提供探头传感器的应变值与贯入阻力之间的关系,否则不能进行试验。

(3)波速测试重点检查检波器是否紧靠孔壁,测点间距是否在1~3m范围。

(4)电阻率测井应重点检查设备的绝缘性能,达不到要求的,应停止工作,检查原因,进行处理。

(5)计量仪器必须通过计量检定并在有效期内,方可投入使用。

7.3.6 抽水试验质量控制

(1)勘察单位根据钻探资料,分析场地水文地质条件,选择抽水孔的位置,编制抽水试验方案报勘察总体部审批。

(2)分层抽水时要确保止水效果。

(3)下管填砾后,必须及时洗井,确保洗井效果。

(4)必要时制作测流堰箱。

(5)抽水试验结束前,应采取水样进行水质分析,分层抽水时应分别取样。

(6)抽水试验宜进行三次水位下降,其中最大水位下降值宜超过隧道或车站底板标高。稳定时间和稳定标准应满足规范要求。测量恢复水位,并进行渗透系数 k 值计算。

(7)钻孔深度范围内有两个以上含水层时,应分层量测静止水位,观测下一层水位时,应下置套管封闭上一含水层的地下水,如水头高出地表,则应接管观测承压水的水头高度及涌水量。

7.3.7 室内试验质量控制

(1)岩、土、水样品原则上送通过计量认证的实验室进行分析,试验报告须加盖中国计量认证 CMA 章,特殊样品除外。

(2)同一层岩土要控制试验数量,试验项目按技术要求进行,特别是热物理指标在详细勘察阶段一定要实测。软土中的富里酸含量测定要送有经验的实验室进行。

7.3.8 成果质量控制

(1)检查成果报告是否按《广州市轨道交通工程岩土工程勘察报告名称与目录编写指南》编制。

(2)检查岩土分层、可挖性分级和围岩分类是否合理。

(3)检查抽水试验结果计算及基坑、隧道涌水量计算模型是否合理。

(4)检查初勘阶段地质分区是否恰当。

(5)检查各种勘察方法得到的结果是否互相印证。

(6)检查有关参数统计表是否齐全,数据特别是建议值是否合理。

(7)检查平面图、剖面图和柱状图是否按技术要求规定制作。

(8)检查砂土液化判别和地下水腐蚀性评价是否合理。

(9)检查岩土工程评价和工程措施建议是否符合实际。

(10)检查完成果报告后,若存在问题,检查人填写“勘察成果检查表”,经勘察总体同意后发给勘察单位。

7.3.9 质量控制措施

1)旁站监督

技术人员在现场可以随时检查过程中的每个细节,包括勘察单位的质保体系与质量管理制度的运转情况和作用,及时通过口头或书面指令予以纠正勘察单位的不规范、不安全等行为。封孔时,由现场管理人员全过程旁站。

2)现场钻孔验收

钻孔终孔时,勘察单位填写"钻孔质量检查表",现场管理人员根据技术要求逐项检查,满足条件的予以验收,否则要求勘察单位返工。

3)发布指令性文件

现场技术人员的指示采用书面形式进行,如"勘察总体通知书"等,称为指令性文件。勘察单位必须严格执行勘察总体对勘察质量进行管理的指示,技术人员应充分利用指令性文件对勘察单位进行质量控制。

4)严格执行管理程序

在质量管理的过程中,严格执行管理程序,既是强化勘察单位的质量管理意识,又是保证勘察质量的有效手段。

5)工作例会

拟每周召开一次勘察工作例会,参加会议方包括业主代表、勘察单位项目负责人和技术负责人、勘察设计总体。通过例会通报勘察过程中碰到的具体问题和解决办法。

6)利用支付控制手段

业主或勘察合同赋予勘察总体的支付控制权,是进行质量控制的有效手段。

7.4 勘探费用控制

勘探费用控制的总目标是,在保证质量、工期和安全的前提下,尽最大可能节约勘探费用,确保工程总费用不超过合同总价。投资控制工作内容主要包括工程量审核、付款签证、协调处理工程投资调整和工程竣工决算等。

7.4.1 审核工程量和付款签证

(1)对实际完成的工程量进行准确的计量和审核,对勘察单位提交的工程进度付款申请审核并签发付款证明来控制合同价款。

(2)严格控制工程变更,按合同规定的控制程序和计量方法确定工程变更价款,及时分析工程变更对控制投资的影响。

(3)在勘察进展过程中进行投资跟踪和动态控制,对费用支出做好分析和预测,即将收集的实际支出数据整理后与勘探费用控制值比较,并预测尚需发生的支出,及时提出报告。

(4)做好勘察管理记录和收集保存有关资料,依据合同条款,处理勘察单位和业主提出的索赔事宜。

(5)在支付进度款的过程中,依据合同的规定按比例扣除预付款。

7.4.2 协调处理勘探费用的调整

勘探费用的调整有以下几个原因:

(1)工程变更;

(2)新增项目;

(3)索赔;

(4)合同中规定的价格调整(如果有)。

对于上述原因导致的投资调整,勘察总体必须以合同条款和事实为依据进行审核,并报业主批准。

7.4.3 工程竣工决算

(1)勘察单位的正式报告通过验收后,勘察单位应在合同规定时间内向勘察总体提交结账单,并提供有关资料作为结算依据。

(2)勘察总体应对勘察单位提交的结账单进行审查,主要审查实际完成工作量与工程决算内容是否一致。

7.5 进 度 控 制

进度控制的总目标是在保证质量和安全的前提下,采取强有力的措施,确保总工期和关键工期的实现。勘察总体的工作内容主要包括审核勘察单位的进度计划、进度计划的执行和监督以及进度计划的调整。

7.5.1 审核勘察单位的进度计划

(1)督促勘察单位按时提交进度计划。

(2)对进度计划进行审核。审核的主要内容:

①检查进度的安排在时间上是否符合规定的工期要求;

②检查进度安排的合理性;

③检查勘察单位的人员、机具设备计划,以确认进度计划能否实现;

④检查进度计划在顺序安排上是否符合逻辑。

7.5.2 进度计划的执行和监督

(1)勘察单位在收到经业主批准的勘察大纲后,进度计划即可执行。

(2)无论何时,如果勘察总体认为实际进度不符合经批准的进度计划时,勘察单位应根据勘察总体的要求,提出一份为保证按期完工而对原进度计划进行必要修改的进度计划。

(3)收集由勘察单位提供的有关报表资料。

(4)通过例会听取工程进度的汇报和讨论,并根据情况及时提出意见。

(5)对勘察中出现的问题及时协调、及时解决,减少对进度的不利影响。

(6)勘察单位应在每周一提交上周的统计报表。

7.5.3 进度计划的调整

(1)勘察总体根据勘察单位的进度报告及在现场跟踪检查掌握的资料,通过对进度的分析,确定工程实际进度与计划进度之间的偏差,并评价该偏差对关键工期及总工期目标的影响。

(2)当工程实际进度与计划进度出现偏差时,为保证进度控制目标的实现,勘察单位应向勘察总体提交调整后的进度计划,以供审批。

(3)由于合同中规定原因而导致的工期延误,经勘察总体批准后工期应相应顺延,进度计划亦相应推后。

(4)由于勘察单位原因而导致的工期延误,不给予工期顺延。

7.6 合同和信息管理

合同管理的目标是在保证业主和勘察单位合同中所承诺的权利和义务得到实现的前提下,保质、按期地完成合同任务。勘察总体合同管理的工作内容主要包括熟悉合同管理的法律依据和合同文件,掌握合同实施过程中业主和勘察单位的各自责任、合同的变更管理、合同的违法管理和合同的索赔管理。其中,合同索赔管理是合同管理的中心,是约束双方执行合同的最有力措施。

7.6.1 熟悉合同管理的法律依据、合同文件

(1)法律依据有《中华人民共和国经济合同法》和《建筑安装工程勘察合同条例》等。

(2)与勘察单位有关的合同文件有中标通知书、投标书、合同、技术规范、工程量清单、构成合同的其他文件等。

7.6.2 掌握业主、勘察单位各自责任

掌握合同实施过程中业主、勘察单位的各自责任,并能做出正确的判断。

1)业主的责任

(1)批准或认可工点的勘察工作计划和工程量,开具本合同勘察工作所需的证明文件,以利乙方开展工作;

(2)提供勘察工作开展所必需的批准勘察文书、技术要求、钻孔布置图、地形图、管线资料和测量资料等;

(3)对工期、质量、人员、设备和仪器进行监督检查,对不符合勘察技术要求的工作,有权要求责任方必须进行自费返工;

(4)有权根据设计工作的需要调整工作内容和工作计划,乙方不得对此有异议,因此而发生的费用按合同规定确定;

(5)根据本合同规定按时付款;

(6)组织对勘察成果的审查验收;

(7)维护知识产权,不得向与轨道交通工程无关的第三方提供技术成果的数据秘密。

2)勘察单位的责任

(1)按投标书承诺的工程技术人员组建项目部,编制勘察预算和勘察方案,并按勘察方案进行工作。

(2)开钻前办理有关施工许可证,如道路开挖许可证、珠江封航及青苗赔偿协议等。对孔位应进行管线探测,若损坏地下管线应承担全部责任。

(3)从合同签订之日起即接受业主和总体单位的所有指令和监督,并遵守业主制定的相关管理规定。

(4)按照国家现行的标准、规范、规程以及技术要求进行工作,按规定的进度交付成果资料,给总体单位审核的时间不少于3个工作日。

(5)在工作过程中,如因场地条件、钻探情况和设计方案的变更,需增减工作量或改变勘察手段,应及时报请总体单位进行审核,并取得业主批准后,方可办理变更手续。

(6)对钻探、物探的质量和试验数据的准确性负完全责任并承担由此所造成的全部损失。

(7)在市区的道路和街道上施工,乙方必须采取措施确保过路行人、车辆的安全,对自身的人员、设施及施工现场的安全负责,保持环境卫生。处理好与沿线单位和个人的关系,确保野外钻探按期进行。

(8)按时提交勘察报告,负责文整、打印、复印、装订和装箱等工作。资料装订规格必须符合档案归档规定。

(9)应总体单位要求,采取有效措施及时提供中间资料,以满足设计工作的需要。

(10)配合工程设计和施工的需要,提供相应的技术服务,如勘察成果的解释、现场实际问题的处理、基坑验收和施工过程的回访等,并应随叫随到。

(11)乙方应按业主要求把所有的岩芯保留到勘察报告完成,勘察报告完成后应保留一定数量的钻探岩芯。每个工点必须保留两个钻孔的完整岩芯;每个工点内不同地质单元均需保留钻孔岩芯;每500m长度区间内必须保留1个孔的岩芯;有特殊地质现象(断层、破碎带、溶洞等)的钻孔岩芯必须保留。岩芯保留期限至移交土建施工。

7.6.3 信息管理

(1)收发文本应该统一设置,按收发文日期顺序登记填写。

(2)收发文必须有签字手续。收文由收文人及保管人签字,发文由发往单位的有关人员签字。

(3)收发文本以目录表形式登记,包括信息名称、信息提供者、提供时间、信息交换者和信息的形式等内容。

(4)明确文件的处理流程,收文原件或发文底稿必须归档。收发文处理流程图7-2所示。

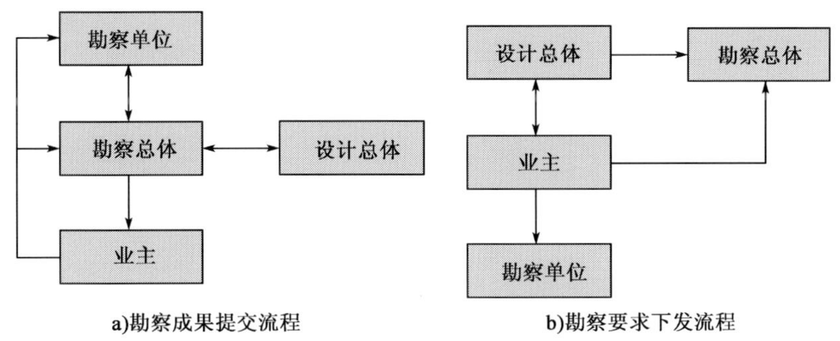

图 7-2　勘察工作收文和发文流程

附录Ⅰ 《设计技术要求》编制大纲

1 总则

2 行车组织、运营管理

2.1 一般要求

2.2 设计基础资料

2.3 运营管理

2.4 运营措施

3 线路、轨道、限界

3.1 线路定位

3.2 线路平面

3.3 线路纵断面

3.4 安全线

3.5 正线轨道

3.6 车辆段的轨道

3.7 限界

4 车站建筑

4.1 车站类型和一般要求

4.2 车站设计和设计标准

4.3 环境要求及设计标准

4.4 其他机电设备设计要求

4.5 车站管理、设备用房要素表

5 结构工程

5.1 地下结构

5.2 工程防水

5.3 结构钢筋连接与防杂散电流腐蚀

5.4 运营设备安装要求

5.5 高架结构

6 机电设备

6.1 一般规定

6.2 供电

6.3 通信

6.4 信号

6.5 供暖通风与空调

6.6 给排水及消防

6.7 动力配电和照明

6.8 屏蔽门/安全门

6.9 自动售检票

6.10 火灾自动报警

6.11 自动扶梯、电梯、楼梯牵引机

6.12 环境与设备监控

6.13 综合监控

6.14 门禁

6.15 防淹门

6.16 乘客信息服务

7 控制中心

7.1 一般要求

7.2 功能定位

7.3 设计原则

7.4 工艺设计

8 车辆

8.1 选型原则

8.2 环境条件

8.3 线路条件

8.4 供电系统

8.5 基本技术要求

8.6 安全装置

8.7 车辆载客量

8.8 车辆重量

8.9 车辆主要尺寸

8.10 列车牵引和制动性能

8.11 列车故障运行能力

8.12 列车噪声

8.13 主要部件和子系统要求

8.14 接口

9 车辆基地

9.1 一般规定

9.2 总平面布置原则

9.3 功能要求

9.4 线路、轨道和路基设计

9.5 房屋建筑、结构设计

9.6 给排水和消防设计

9.7 供电工程

9.8　供暖通风与空调

10　防灾

10.1　一般规定

10.2　车站建筑

10.3　区间疏散

10.4　车站设备

防排烟、水消防、灭火器的配置、消防设备供电、事故照明、疏散指示、电扶梯、屏蔽门/安全门、乘客信息服务。

10.5　系统设备

车辆、通信、信号、火灾自动报警、消防通信及广播、环境与设备监控、综合监控、自动灭火、自动售检票、门禁。

11　环境保护

11.1　一般要求

11.2　地面和高架线

11.3　地下线路(含车站)

11.4　车辆基地

11.5　施工期环境保护要求

11.6　运行期环境保护要求

12　人防工程

12.1　设计原则

12.2　建筑设计

12.3　结构设计

12.4　通风设计

12.5　给排水设计

12.6　电气设计

13　劳动安全与卫生

13.1　一般规定

13.2　劳动安全防护设计要求及卫生措施

14　概算

14.1　编制范围及总概算编制单元的划分

14.2　编制依据

14.3　采用定额

14.4　工、料、机单价,设备预算价及工器具购置费

14.5　其他直接费、间接费取费标准及费用种类划分

14.6　工程总投资的组成

14.7　前期准备工程费

14.8　其他费用取费标准

14.9　预备费

14.10 地铁车辆购置费

14.11 建设期贷款利息

14.12 运营铺底流动资金

14.13 特殊说明

14.14 概算统一表格(包括初步设计的综合概算表、前期工程费用统一指标表、各单项统一指标表等)

15 附录

各专业设计中应参照执行的规范、规程和标准目录。

附录II 《总体设计》编制大纲

第一册 总说明书

1 概述

1.1 序言

1.2 设计范围与设计标准

1.3 工程概况

1.4 车辆及机电设备国产化目标

2 主要技术标准

2.1 车辆

2.2 线路

2.3 限界

2.4 轨道

2.5 行车组织

2.6 建筑

2.7 结构

2.8 供电

2.9 通信

2.10 信号

2.11 供暖通风与空调

2.12 给排水及消防

2.13 综合监控

2.14 屏蔽门/安全门

2.15 自动扶梯、电梯、楼梯升降机

2.16 自动售检票

2.17 环境与设备监控

2.18 火灾自动报警

2.19 自动灭火

2.20 门禁

2.21 防淹门

2.22 乘客信息服务

2.23 防灾

2.24 人防

2.25 控制中心

2.26 车辆基地

3 行车组织

3.1 预测客流量

3.2 行车组织

3.2 运营管理

4 线路、限界、轨道

4.1 线路

4.2 限界

4.3 轨道

5 车辆

5.1 车辆选型

5.2 基本技术要求

5.3 基本技术条件

5.4 车辆配置

6 土建工程

6.1 车站建筑

6.2 车站结构

6.3 区间结构

7 机电设备

7.1 供电

7.2 通信

7.3 信号

7.4 供暖通风与空调

7.5 给排水及消防

7.6 综合监控

7.7 火灾自动报警

7.8 环境与设备监控

7.9 自动售检票

7.10 屏蔽门/安全门

7.11 自动扶梯、电梯、楼梯升降机

7.12 自动灭火

7.13 防淹门

7.14 门禁

7.15 乘客信息服务

8 防灾及人防

第二册 综 合 册

2.2 预测年限与范围

2.3 预测基础资料

2.4 城市社会经济现状

2.5 沿线客流特征

2.6 站点特征

2.7 沿线分区规划要点

2.8 预测过程与方法

2.9 客流预测结果

3 自然条件与工程地质

3.1 地形和地貌

3.2 气候概况

3.3 地质构造

3.4 抗震设防

3.5 地层与岩性

3.6 岩土分层

3.7 不良地质及特殊岩土

3.8 地下水

3.9 岩土工程评价与工程措施建议

4 行车组织与运营管理

4.1 主要设计原则

4.2 预测客流量

4.3 设计输送能力

4.4 行车计划与组织

4.5 运营计划与管理

4.6 列车运行组织

4.7 列车运营管理

4.8 组织结构及定员

5 限界

5.1 设计原则

5.2 主要设计标准

5.3 有关说明

5.4 附图

6 轨道

6.1 设计依据

6.2 主要技术标准

6.3 设计原则

10.4 功能定位

10.5 工艺设计

10.6 建筑工程

10.7 组织机构及定员

10.8 附图

11 防灾

11.1 概述

11.2 设计原则

11.3 设计标准

11.4 车站防灾

11.5 区间隧道紧急疏散

11.6 消防给水、排水、灭火器配置

11.7 自动灭火

11.8 防烟、排烟、事故通风

11.9 防灾供电

11.10 疏散指示

11.11 防灾通信

11.12 火灾自动报警

11.13 消防广播、通信

11.14 环境与设备监控

11.15 综合监控

11.16 屏蔽门/安全门

11.17 自动售检票

11.18 自动扶梯、电梯

11.19 防淹门

11.20 门禁

11.21 乘客信息服务

14 人防

14.1 设计原则

14.2 设计标准

14.3 平战功能转换及时间要求

14.4 各站点设防标准

14.5 全线人防分区示意图

13 节约措施

13.1 节能设计

13.1.1 线路敷设

13.1.2 建筑
13.1.3 供暖通风与空调
13.1.4 给排水(节水)
13.1.5 动力配电与照明
13.1.6 电扶梯(运营)
13.2 能耗状况及指标
13.3 用地规模及指标

12 环境保护

12.1 设计依据
12.2 主要污染源及环境评价标准
12.3 施工期减缓污染的措施及建议
12.4 营运期减缓污染的措施及建设
12.5 环境管理和环境监控措施
12.6 设计落实环评要求的方案

15 劳动安全卫生

15.1 劳动安全卫生执行标准
15.2 劳动安全
15.3 劳动卫生

16 工程筹划

16.1 工程概况
16.2 编制原则
16.3 工程施工特点
16.4 工程实施重点与难点
16.5 前期准备工作
16.6 组织准备
16.7 施工组织
16.8 工程监控
16.9 工程筹划

第三册 机 电 册

1 车辆

1.1 概述
1.2 车辆选型原则
1.3 车辆基本要求
1.4 客流预测
1.5 车辆基本技术条件

1.6 列车牵引和制动性能

1.7 列车故障运行能力

1.8 列车噪声

1.9 列车照明

1.10 运行安全性和运行质量

1.11 防火和安全装置

1.12 车辆限界

1.13 车辆主要尺寸

1.14 车体

1.15 转向架

1.16 电传动系统

1.17 辅助电源

1.18 制动

1.19 空调与通风

1.20 列车运行控制

1.21 列车控制技术

1.22 列车信息系统

1.23 故障诊断

1.24 接口

1.25 设备系统选型及国产化

1.26 附图

2 供电

2.1 概述

2.2 系统构成

2.3 供电系统

2.4 主变电所

2.5 牵引降压混合变电所和降压变电所

2.6 电力监控

2.7 接触网

2.8 杂散电流防护及接地

2.10 接口

2.11 设备材料国产化

2.12 主要设备材料表

2.13 附图

3 通信

3.1 概述

5.7 车站通风空调大系统

5.8 地下站通风空调小系统

5.9 高架及地面站小系统设计

5.10 空调水系统

5.11 系统设备监控

5.12 噪声治理

5.13 其他需要说明的问题

5.14 接口

5.15 设备材料国产化

5.16 主要设备材料表

5.17 附图

6 给排水及水消防

6.1 概述

6.2 设计原则

6.3 设计标准

6.4 给水工程

6.5 排水工程

6.6 市政接驳

6.7 水消防系统

6.8 灭火器配置

6.9 需要说明的问题

6.10 接口

6.10 设备材料国产化

6.12 主要设备材料表

6.13 附图

7 动力配电与照明

7.1 概述

7.2 设计原则

7.3 设计标准

7.4 系统方案

7.5 动力设备供电

7.6 照明设计

7.7 控制与信号

7.8 继电保护和测量

7.9 防雷与接地

7.10 需要说明的问题

10.6 票务管理
10.7 系统运作模式
10.8 维修模式
10.9 系统方案
10.10 系统功能
10.11 中央计算机方案
10.12 需要说明的问题
10.13 接口
10.14 设备材料国产化
10.15 主要设备材料表
10.16 附图

11 屏蔽门/安全门

11.1 概述
11.2 设计标准
11.3 设计原则
11.4 主要设计参数
11.5 系统方案
11.6 需要说明的问题
11.6 接口
11.7 设备材料国产化
11.8 主要设备材料表
11.9 附图

12 自动扶梯、电梯、楼梯升降机

12.1 概述
12.2 设计范围
12.3 设计标准
12.4 设计原则
12.5 主要技术参数
12.6 系统方案
12.7 需要说明的问题
12.8 接口
12.9 设备材料国产化
12.10 主要设备材料表
12.11 附图

13 自动灭火

13.1 概述

15.15 附图

16 门禁

16.1 概述

16.2 设计依据

16.3 设计标准

16.4 设计范围

16.5 设计原则

16.6 系统构成

16.7 系统功能

16.8 门禁卡

16.9 需要说明的问题

16.10 接口

16.11 设备材料国产化

16.12 主要设备材料表

16.13 附图

第四册 总估算书

1 编制范围及工程总投资组成

1.1 估算编制范围

1.2 工程总投资组成

2 编制依据

3 采用定额

4 工、料、机单价及设备概算价

5 其他直接费、间接费取费标准及费用种类划分

5.1 其他直接费及间接费取费标准

5.2 费用种类划分

6 前期准备工程费

7 其他费用取费标准

8 预备费

9 车辆购置费

10 建设期贷款利息

11 运营铺底流动资金

12 需要说明的问题

13 总投资及技术经济指标

14 主要工程数量及设备

15 总体设计估算表

15.1 总体设计投资总估算表

15.2 总体设计投资综合估算表

15.3 总体设计单项估算表

附录 III 专业代号和分项(册)代号

顺 号	项 目 名 称	专 业 代 号	分 项 名 称	分项(册)代号
1	总说明	SM	总说明	00
2	行车组织	XC	行车组织与运营管理	00
3	工程测量及工程地质	CD	工程测量	01
			工程地质及水文地质	02
4	线路	XL	线路平面	01
			线路纵断面	02
5	限界	XJ	限界	00
6	轨道	GD	扣件	01
			道床	02
			道岔	03
			车挡	04
			轨道绝缘及杂散电流防护	05
			其他	06
7	车站建筑	JZ	车站主体	01
			出入口通道、风道	02
			车站地面建筑	03
			车站装修	04
			报建图	05
			墙体孔洞	06
			导向系统	07
			人防	08
8	车站结构	JG	围护结构	01
			主体结构(含地面站)	02
			出入口通道、风道	03
			车站地面建筑	04
			墙体孔洞	05
			防水	06
			人防	07
			杂散电流防护	08

续上表

顺　号	项 目 名 称	专 业 代 号	分 项 名 称	分项（册）代号
9	区间	QJ	区间隧道	01
			联络线	02
			折返线	03
			防水	04
			路基区间	05
			区间联络通道	06
			中间风井	07
			高架区间	08
10	路基及桥涵	LQ	路基	01
			桥涵	02
11	防淹门	FY	门体	01
			控制系统	02
12	通风与空调	KT	车站通风与空调	01
			区间隧道通风	02
			环控工艺	03
			人防	04
13	给排水及消防	GS	车站给排水及消防	01
			区间给排水及消防	02
			人防给排水及消防	03
			自动灭火	04
14	供电	GDXT	供电系统	01
			牵引降压混合变电所	02
			降压变电所	03
			接触轨	04
			电力监控（SCADA）	05
			供电车间	06
			杂散电流防护及接地	07
15	低压配电及照明	PDZM	接地分册(土建部分)	01
			接地分册(机电部分)	02
			低压开关柜	03
			动力配电	04
			设备区照明及照明配电	05
			区间配电及照明	06
			动力设备控制原理及接线	07
			公共区、出入口通道配电及照明	08

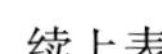

续上表

顺　号	项 目 名 称	专 业 代 号	分 项 名 称	分项（册）代号
15	低压配电及照明	PDZM	导向系统配电	09
			人防电气	10
			杂散电流防护	11
16	通信	TX	传输网络	01
			无线通信系统	02
			公务通信系统	03
			专用通信系统（含调度、站内电话、站间及轨旁电话）	04
			闭路电视监控系统	05
			广播系统	06
			时钟分配系统	07
			网络管理系统	08
			UPS 电源设备	09
			车站信息系统	10
			车载信息传输系统	11
		MYTX	传输系统	01
			移动电话引入系统	02
			网络管理系统	03
			电源系统	04
		GATX	传输系统	01
			治安监控系统	02
			警用集群无线通信指挥调度系统	03
			计算机网络	04
			公安电话	05
		PIDS	乘客信息服务系统	01
17	信号	XH	控制中心信号系统国内配套图	01
			设备集中区信号系统国内配套图	02
			车辆段计算机连锁系统	03
			车辆段微机监测系统	04
			试车线信号系统国内配套	05
			培训中心信号系统国内配套	06
15	环境与设备监控	JK	环境与设备监控系统（BAS）	00
19	火灾自动报警	FZ	防灾报警	00
20	自动售检票	SP	自动售检票系统（AFC）	00
21	电梯、自动扶梯、楼梯升降机	DT	电梯	01
			自动扶梯	02
			楼梯升降机	03

续上表

顺　号	项 目 名 称	专 业 代 号	分 项 名 称	分项（册）代号
22	屏蔽门/安全门	PB	屏蔽门系统(PSD)	00
23	综合管线	GX	综合管线	00
24	门禁	MJ	门禁	00
25	综合监控	ZKXT	主控系统	00
26	控制中心	KZX	工艺设计	01
			建筑	02
			结构	03
			通风空调	04
			给排水及消防	05
			低压配电	06
27	集中供冷	GL	建筑	01
			结构	02
			工艺	03
			给排水	04
			低压配电	05
28	其他房屋建筑	FJ	其他房屋建筑	00
29	车辆	CL	车辆	00
30	白蚁防治	BF	白蚁防治	00
31	环保	HB	环保	00
32	劳动安全与卫生	AW	劳动安全与卫生	00
33	基坑审查	JKSC	基坑审查	00
34	工程筹划	GC	工程筹划	00
35	项目立项	XM	项目立项	00
36	线网规划	XW	线网规划	00
37	客流	KL	客流	00
38	环评报告	HP	环评报告	00
39	资金	ZJ	资金	00
40	其他支持项目	ZC	其他支持项目	00
41	车辆基地	CWZC	站场	01,02,03,…
		CWGY	工艺	01,02,03,…
		CWJZ	建筑	01,02,03,…
		CWJG	结构	01,02,03,…
		CWKT	通风空调	01,02,03,…
		CWGS	给排水及消防	01,02,03,…
		CWDL	动力照明	01,02,03,…
		CWGX	管线	01,02,03,…

续上表

顺　号	项 目 名 称	专 业 代 号	分 项 名 称	分项（册）代号
42	主变电站	ZBTJ	土建	01,02,03,…
		ZBKT	通风空调	01,02,03,…
		ZBGS	给排水及消防	01,02,03,…
		ZBDY	电气一次接线	01,02,03,…
		ZBDE	电气二次接线	01,02,03,…
		ZBXL	线路	01,02,03,…
		ZBTX	通信	01,02,03,…
43	概预算	GYS	总说明	01
			轨道	02
			车站概算	03
			区间概算	04
			低压配电及照明	05
			主变电站	05
			变电所、环网电缆及电力监控	05
			接触网	05
			通信	06
			信号	06
			控制中心	07
			综合管理信息	07
			主控	08
			门禁	09
			通风空调	10
			屏蔽门	11
			车站设备监控	12
			火灾自动报警	12
			给排水及消防	13
			自动灭火	13
			自动扶梯、电梯、楼梯升降机	14
			自动售检票	15
			车辆基地	16
			人防	17
44	办公自动化	OA	办公自动化	00

注：表中编码（包括专业号、分册号等）只作为参考，具体工程应根据对应情况进行调整和增减。

附录Ⅳ 《设计文件组成与内容》各篇章的详细内容

第一篇 总说明书

1 概述

1.1 序言

城市概况、前期工作、专题研究等。

1.2 设计依据及范围

1.3 工程特点

1.4 设计分工

1.5 工程概况

工程水文地质、线路敷设、设计运输能力、土建方案、机电方案、防灾人防、工程筹划、工程量及建设规模等。

1.6 可研、规划、咨询、总体设计审查主要意见及执行情况

2 主要技术标准

3 行车客流

预测客流、设计运输能力、行车组织。

4 线路及土建方案

限界、线路、轨道、建筑、结构。

5 车辆

车辆选型、主要技术条件和参数。

6 机电设备方案

供电、通风与空调、屏蔽门/安全门、给排水及消防、自动灭火、通信、信号、综合监控、环境与设备监控、火灾自动报警、自动售检票、门禁、控制中心、电扶梯、防淹门等。

7 车辆基地

8 防灾及人防

9 征地、拆迁、施工用地

10 环境保护、劳动安全卫生

11 工程筹划

12 总工程量

13 总概算

14 附件

国家审批立项文件、总体设计审查文件、重要会议纪要、设计文件分册目录。

第二篇 设计基础资料

第一章 客 流

说明部分

1.1 客流预测的主要原则

1.2 客流预测依据的基础资料

1.3 客流预测结果

第二章 地 质

说明部分

2.1 概述

2.2 区域特征

地貌、构造、地层和侵入岩、河流水文、地震烈度、气候等。

2.3 岩土分层及其特征

岩土分区、岩土分层、岩土分界线、土石工程分级和隧道围岩分类等。

2.4 水文地质

地下水、地表水和地下水的侵蚀性评价等。

2.5 建筑场地类别与地震液化

2.6 岩土物理力学统计指标及其参数建议值

2.7 工程地质条件评价与工程措施建议

关于区域稳定性、不良工程地质条件、砂层液化、岩石软化,河流水位对防洪、排水、施工的影响等。

2.8 对下一阶段勘察工作的建议

附图部分

一、钻孔布置、线路平面图

二、工程地质纵断面图(与线路图合并)

第三章 车 辆

说明部分

3.1 设计依据、设计范围及设计年度

3.2 环境条件和工作条件

环境条件、线路条件、供电。

3.3 列车主要技术参数

编组、载客量、牵引和制动性能、构造及运行速度等。

3.4 车辆主要技术参数

车体长宽高、客室地板距轨面高度、转向架中心距、轴距、车轮直径、客室每侧边门对数、客室边门开度（宽、高）、载客量（定员/超员）、车辆自重（按车辆种类）、轴数、轴重等。

3.5 主要部件与系统

3.5.1 车体及其装置

车体结构与材质、通道及渡板的结构与材质、车钩与缓冲装置的形式与功能、车体内装、转向架。

3.5.2 牵引动力控制系统

电力传动方式、牵引逆变器控制方式、牵引电机型式和控制方式、牵引制动特性等。

3.5.3 辅助电源系统

辅助逆变器、直流变换器及蓄电池。

3.5.4 列车控制技术及诊断信息系统

列车通信网络、列车运行控制、故障诊断系统等。

3.5.5 制动系统

列车制动方案、机械制动特性、机械制动动力供给等。

3.5.6 通风空调

制冷要求、通风要求、紧急通风要求等。

3.5.7 乘客信息系统

有线广播、无线通信、视频信息系统、紧急通话等。

3.5.8 车辆国产化实施方案

3.5.9 其他需要说明的问题

附图部分

一、客室座位布置示意图

二、车辆侧正视图（驾驶室正视图）和侧视图

三、车辆横截面示意图（空调安装区、非空调安装区）

第三篇 行车组织与运营管理

说明部分

1 概述

1.1 工程概述

1.2 主要设计原则和依据

1.3 本线与线网其他线路的关系

1.4 可研、规划、咨询、总体设计审查意见及执行情况

2 设计基础

2.1 设计原则

2.2 预测客流量

2.3 全日列车运行计划

运行计划设置原则、居民出行规律、各设计年限全日列车运行计划等。

2.4 车站配线

设置原则、分类、配线设置等。

2.5 列车运行交路

正常列车运行交路、临时列车运行交路等。

2.6 设计运输能力

2.7 列车停站时间

因素分析、各设计年限计算停站时间等。

2.8 列车牵引计算

计算原则、基础数据、列车运行方式分析、列车牵引计算、计算结果数据统计和分析等。

2.9 折返能力计算

计算内容、技术条件和折返方式、折返能力计算等。

2.10 列车运行图

编制原则、列车编号和车次编号、各设计年限列车运行图、运行参数统计等。

3 列车运行组织

3.1 列车运行要求和驾驶模式

3.2 列车进路设置

进路分类、进路设置等。

3.3 列车运行调度指挥

列车运行调度指挥的分级、列车运行进路控制模式、列车运行的控制模式等。

3.4 非正常运行调度指挥

4 运营管理

4.1 站务人员的设置和管理

车站人员岗位及主要职责、车站人员管理等。

4.2 票务管理

线网票务系统现状、本线管理要求、本线票务管理模式(含车票种类)等。

5 组织机构与定员

5.1 组织机构设置

设置原则、组织机构划分和职责等。

5.2 组织机构定员

说明部分附件

一、预测客流量表

二、全日列车运行计划表

三、列车停站时间表

四、列车牵引计算成果表

五、列车运行时刻表

六、列车运行工作表

七、组织机构定员表

八、图纸目录

附图部分(单独成册)

一、全线车站配线图

二、列车牵引计算图

三、列车折返能力图

四、列车运行进路图

五、初、近、远期列车运行图

六、组织机构框图

第四篇 限　　界

说明部分

1 设计依据

2 制定限界的主要技术参数

3 设计原则

4 可研、咨询、总体设计审查意见及执行情况

5 需要说明的问题

6 图纸目录

附图部分(单独成册)

一、隧道内车辆轮廓线、车辆限界、设备限界图

二、区间曲线地段设备限界图

三、区间直线地段矩形隧道限界图

四、区间直线、曲线地段圆形隧道限界图

五、区间直线曲线段单线马蹄形隧道限界图

六、区间曲线地段单线马蹄形隧道限界图(联络线)

七、区间直线地段双线马蹄形隧道限界图

八、区间直线地段限界图(出入段线)

九、车站直线地段矩形隧道限界图

十、车站直线地段马蹄形隧道限界图(有暗挖的车站)

十一、车辆段车场线建筑限界图

十二、圆曲线地段内外侧建筑限界加宽量计算图

十三、道岔区车辆内外侧偏移量图

十四、高架线车辆轮廓线、车辆限界、设备限界图

十五、车站直线地段高架侧式站台建筑限界图

第五篇 线 路

说明部分

1 设计概况

设计依据、基础资料、线路概况。

2 可研、规划、咨询、总体设计审查意见及执行情况

3 自然特征

沿线地形地貌、地震基本烈度、气象等。

4 主要技术标准

线路平面、线路纵断面、钢轨与道岔、列车最高行车速度等。

5 线路平面与纵断面设计

沿线城市现状与发展概况、主要线路位置方案比选、线路平面设计、线路纵断面设计、辅助线设计等。

6 车站设置

车站分布、车站特征、车站站位方案比选、车站线路平面等。

7 与线网的关系

联络线平纵断面设计、与线网其他线路的换乘关系等。

8 与周边环境的关系

与道路红线的关系、对沿线文物的保护、与建筑物(含规划)的关系、与地下管线的关系等。

9 有待解决的问题与注意事项

说明部分附件

一、交点坐标及曲线要素表(右线、左线)

二、车站有效站台中心右线里程、三维坐标、方位角表

三、线路与建筑物距离一览表

四、侵入规划红线地段表

五、图纸目录

附图部分(单独成册)

一、线路平面图

二、线路纵断面图

第六篇 轨 道

说明部分

1 设计依据及设计范围

2 可研、规划、咨询、总体设计审查意见及执行情况

3 主要技术标准及设计原则

4 轨道类型的选择
5 钢轨类型的选择
6 扣件选型
7 正线及辅助线道床(含地下线、高架线、地面线)
8 过渡段及地面线、高架线的轨道形式
9 排水设计方案
10 无缝线路设计方案
11 道岔及其整体道床
12 减振降噪
13 车挡、线路及信号标志
14 工务维修设备及定员
15 施工组织方案

附图部分(单独成册)

一、扣件组装图
二、道岔转辙器扣件组装图
三、道岔辙叉及护轨扣件组装图
四、区间矩形隧道直、曲线地段道床横断面设计图
五、车站矩形隧道道床横断面设计图
六、区间马蹄形隧道直、曲线地段道床横断面设计图
七、车站马蹄形隧道道床横断面设计图
八、区间圆形隧道直、曲线地段道床横断面设计图
九、高架区间直、曲线地段道床横断面设计图
十、高架车站道床横断面设计图
十一、盾构过站车站矩形隧道道床横断面设计图
十二、车站矩形隧道一般减振整体道床横断面设计图
十三、区间圆形隧道直、曲线地段一般减振整体道床横断面设计图
十四、马蹄形隧道直、曲线地段一般减振整体道床横断面设计图
十五、特殊减振道床横断面设计图
十六、高架线一般减振整体道床横断面设计图
十七、高架线特殊减振整体道床横断面设计图
十八、挡车器布置图
十九、道岔整体道床布置图
二十、对称道岔整体道床布置图
二十一、交叉整体道床布置图
二十二、基标设计图

概算(单独成册)

第七篇 车　　站

第一章 土　　建

说明部分

1.1 概述

设计依据、设计范围、主要设计原则及标准。

1.2 可研、规划、咨询、总体设计审查意见及执行情况

1.3 建筑设计

车站总平面、车站规模、车站建筑布置、车站设备的数量及布置、防灾设计、装修设计、车站比较方案简要说明。

1.4 结构设计

地质概况、设计原则、结构方案的选择、结构计算、施工方法及技术措施、结构防水设计。

1.5 存在问题及建议

说明部分附件

一、工程数量表

二、车站主要特征表

三、车站设备与管理用房统计表

四、车站设备与管理用房装修做法表

五、图纸目录

附图部分(单独成册)

一、建筑

1. 车站总平面布置图
2. 站厅层、站台层、其他各层平面图
3. 车站建筑立面图(地面站、高架站)
4. 纵剖面图、代表性横剖面图(每站至少3个横剖面)
5. 出入口通、风道(亭)道平、立、剖面图
6. 比较方案总平面图、各层平面图、纵剖面图、主要横剖面图

二、结构

1. 结构施工总平面布置图
2. 地质纵剖面图
3. 围护结构平面布置图、剖面图
4. 支撑布置图
5. 各层结构平面布置图、纵剖面图、横剖面图
6. 标准断面配筋图
7. 通道、风道结构断面图

8. 车站结构施工方案图
9. 车站结构施工进度横道图
10. 地下综合管线迁改图
11. 施工期间地面交通组织、疏解图

三、综合管线
1. 站厅、站台层公共区及两端设备区平面图
2. 车站公共区横剖面图
3. 控制性管线区横剖面图

四、车站效果图（A4 图幅、订卷在扉页之后）
1. 车站站厅层透视效果图
2. 车站站台层透视效果图
3. 地面和高架车站外立面（结合环境）、局部站内透视效果图

概算（单独成册）

第二章　低压配电与照明

说明部分

2.1　概述
2.2　可研、咨询、总体设计审查意见及执行情况
2.3　设计依据、原则、规范、标准
2.4　设计范围及接口
2.5　变电所低压配电设计
2.6　动力设计
2.7　照明设计
2.8　主要设备选择
2.9　接地与防雷

说明部分附件

一、用电负荷统计表
二、主要设备表
三、主要材料表
四、图纸目录

附图部分（单独成册）

一、图例代号
二、变电所低压系统图
三、车站动力系统图
四、车站照明系统图
五、电气设备接地系统图

六、事故照明电源系统图
七、低压室电控柜系统图
八、低压室电气设备平面布置图
九、车站电气设备平面布置图
十、区间电气设备配电系统图
十一、区间电气设备平面布置示意图
十二、区间变电所低压系统图
十三、区间变电所平面布置图

概算（与土建合成一册）

第三章 供暖通风与空调

说明部分

3.1 概述
3.2 可研、咨询、总体设计审查意见及执行情况
3.3 设计依据、原则、规范、标准
3.4 设计参数
3.5 设计范围及接口
3.6 隧道通风、大系统、小系统、水系统、消声与减振、控制模式设计
3.7 通风空调系统设计汇总表及 I-D 图
3.8 主要设备、配件的编号说明

说明部分附件

一、主要设备表
二、主要材料表
三、图纸目录

附图部分（单独成册）

一、图纸目录
二、图例及符号
三、车站总平面图
四、隧道通风系统的系统图，站厅层、设备层、站台层平面图
五、大系统的系统图，站厅层、设备层、站台层、站台下层平面图
六、水系统的系统图，平面图、冷却塔布置图、制冷机房平面图
七、小系统的系统图，站厅层、设备层、站台层平面图
八、剖面图

车站剖面图、主要设备房的纵横剖面图。

概算（与土建合成一册）

第四章　车站给排水及消防

说明部分

4.1　概述

4.2　可研、咨询、总体设计审查意见及执行情况

4.3　设计依据、原则、标准、规范

4.4　设计参数

4.5　设计范围及接口

4.6　给水系统、排水系统、手提灭火器的配置、设备控制要求、管道材料及管道防杂散电流

4.7　存在问题及建议

说明部分附件

一、主要设备表

二、主要材料表

三、图纸目录

附图部分(单独成册)

一、图纸目录

二、图例与说明

三、室外给排水、消防设备平面图

四、站厅给排水、消防设备平面图

五、站台层给排水、消防设备平面图

六、其他各层给排水、消防设备平面图

七、人行通道给排水、消防设备平面图

八、生产、生活给水及消防给水系统图

九、废水泵房平面布置图

十、污水泵房平面布置图

概算(与土建合成一册)

第八篇　区　　间

第一章　区 间 隧 道

说明部分

1.1　概述

设计依据、设计范围、设计原则及标准。

1.2　可研、规划、咨询、总体设计审查意见及执行情况

1.3　隧道平剖面设计

工程地质与水文地质、区间隧道施工方案、与既有建筑的干扰及解决方案、施工方法、隧道

洞口的洞门塔及防淹措施。

1.4 盾构法施工的圆形隧道

1.5 矿山法施工的马蹄形隧道

1.6 明挖法施工的矩形隧道

1.7 结构设计

含围护结构、主体结构。

1.8 区间附属结构设计

包括盾构始发井和吊出井、轨排井、联络线、联络通道及泵房、中间风井及风机房。

1.9 施工组织设计

工程进度计划、施工组织措施、地表沉降控制标准及措施。

1.10 主要工程数量汇总表

1.11 存在的问题及下阶段注意事项

附图部分(区间隧道)

一、隧道总平面图

二、隧道(左、右线)纵剖面设计图

三、隧道横断面设计图

四、标准断面配筋图

五、明挖段围护结构布置及支撑系统设计图

六、泵房、联络通道设计图

七、管片外形尺寸图(适用于盾构法区间)

八、竖井及风机房结构设计图(适用于矿山法区间)

九、盾构始发井、吊出井、轨排井设计

十、隧道防水设计图

十一、隧道施工监测图

十二、隧道施工平面布置图

十三、隧道指导性施工进度图

第二章 高架区间

说明部分

2.1 概述

设计依据、工程概况、设计范围、设计原则及技术标准。

2.2 可研、规划、咨询、总体设计审查意见执行情况

2.3 工程地质与水文地质

2.4 高架区间平纵面布置

2.5 上部结构梁型比选

2.6 标准区间推荐梁型设计说明

2.7　标准区间墩柱结构说明
2.8　特殊地段梁型设计说明(道岔区、跨线桥)
2.9　特殊地段墩柱结构说明(道岔区、跨线桥)
2.10　基础设计说明
2.11　主要工程数量
2.12　施工组织及工期计划
2.13　存在的问题及下阶段注意事项

附图部分

一、桥梁总平面图
二、桥梁基础平面图
三、桥梁纵断面图
四、桥型布置图
五、标准梁一般构造设计图
六、标准梁钢筋布置图
七、标准梁预应力钢筋设计图
八、异型梁一般构造设计图
九、异型梁钢筋布置图
十、异型梁预应力钢筋设计图
十一、推荐方案盖梁、桥墩一般构造设计图
十二、推荐方案承台、基础一般构造设计图
十三、指导性施工进度图

第三章　路　　基

说明部分

3.1　可研、规划、咨询、总体设计审查意见执行情况
3.2　一般路基设计原则
3.3　个别设计工点路基的类型、分布及主要设计原则:过渡段、软土路基
3.4　路基排水
3.5　路基填料及用地

附图部分

一、过渡段路堑部分路基纵断面设计图
二、过渡段路堑部分路基代表性横断面设计图
三、区间路堤路基纵断面设计图

概算(单独成册)

第九篇 供　　电

第一章　供 电 系 统

说明部分

1.1　概述

1.2　可研、咨询、总体设计审查意见及执行情况

1.3　设计依据、设计规范、设计标准、设计原则

1.4　范围及接口

1.5　需用功率及年用电量

1.6　供电系统方案

1.7　牵引供电系统

牵引变电所布点、牵引整流机组接线方式及容量、牵引变电所运行方式、能量吸收系统方案及装置、牵引网电压水平、牵引能耗及电能损失计算。

1.8　供电系统运行方式

1.9　系统继电保护与自动装置

1.10　主变压器容量

1.11　33kV 电缆截面

1.12　供电系统短路电流

1.13　供电系统无功补偿及电压调整

1.14　系统谐波分析及抑制措施

1.15　系统防雷和限制过电压措施

1.16　接电系统

1.17　其他需要说明的问题

说明部分附件

一、“运行图”牵引供电仿真结果表(初期)

二、“运行图” 牵引供电仿真结果表(近期)

三、“运行图” 牵引供电仿真结果表(远期)

四、推荐方案技术指标一览表

五、环网电缆工程数量表

六、图纸目录

附图部分(单独成册)

一、交流供电系统图

二、牵引供电设施示意图

三、直流供电系统图

四、接地系统概念图

五、所间电缆联系图

概算(单独成册)

第二章　主 变 电 站

说明部分

2.1　概述

2.2　规划、咨询、总体设计审查意见及执行情况

2.3　设计依据、设计规范、设计标准、设计原则

2.4　设计范围及接口

2.5　本工程沿线电力系统现状及规划

2.6　主变电站选址

2.7　主变压器容量计算

2.8　主变电站主接线

2.9　主变电站运行方式

电压水平计算及调压手段、功率因数及补偿措施、短路电流计算。

2.10　生产房屋布置及平面布置

2.11　交、直流自用电系统

2.12　继电保护和自动装置

2.13　控制与信号方式

2.14　测量与计量

2.15　设备选择原则

环境条件、设备选择原则、设备技术性能、设备国产化。

2.16　防雷及过电压保护

2.17　接地

2.18　组织机构及定员

2.19　其他需要说明的问题

说明部分附件

一、主要工程数量表

二、主要设备材料表

附图部分(单独成册)

一、主变电站地理位置图

二、建筑平面布置总图

三、主接线图

四、建筑平面布置图

五、主要设备平面布置图

六、各层平面布置图

七、房屋结构平面图
八、110kV 电缆走向示意图
九、交流系统图
十、直流系统图
十一、动力配电系统图
十二、照明系统图
十三、防雷、接地系统图
十四、室外给排水、消防设备平面图
十五、主变电站给排水、消防设备平面图
十六、生产、生活给水及消防给水系统图
十七、通风空调系统原理图
十八、通风空调系统平面图

概算(单独成册)

第三章 牵引降压混合变电所和降压变电所

说明部分

3.1 概述
3.2 可研、咨询、总体设计审查意见及执行情况
3.3 设计依据、设计规范、设计标准、设计原则
3.4 设计范围及接口
3.5 负荷分类及供电原则
3.6 主接线及运行方式
3.7 生产房屋及设备平面布置
3.8 动力变压器容量选择
选择原则、负荷统计、容量选择。
3.9 无功补偿及电压调整
3.10 继电保护与自动装置
3.11 控制与信号方式
3.12 测量与计量
3.13 交、直流自用电系统
3.14 设备选择
3.15 雷与过电压保护
3.16 接地
3.17 组织机构及定员
3.18 其他需要说明的问题

说明部分附件

主要设备材料表

附图部分(单独成册)

一、主接线图

二、变电所生产房屋及设备平面布置图

三、33kV 高压开关柜排列图

四、直流开关柜排列图

五、保护和测量配置图

六、交流系统图

七、直流系统图

概算(单独成册)

第四章　电力监控

说明部分

4.1　概述

4.2　可研、咨询、总体审查意见及执行情况

4.3　设计依据、设计规范、设计标准、设计原则

4.4　设计范围及接口

4.5　系统构成

被控站变电所综合自动化构成、系统通讯通道构成、系统主要设备配置。

4.6　变电所综合自动化系统功能

4.7　控制中心主站及被控站控制、监视、测量范围及系统容量

4.8　主要技术指标

4.9　环境条件

4.10　设备选择原则及主要技术性能参数

系统软件要求、系统硬件要求。

4.11　设备国产化方案

4.12　值班方式

4.13　其他需要说明的问题

说明部分附件

主要设备材料表

附图部分(单独成册)

一、电力监控系统构成示意图

二、变电所监控网络构成示意图

概算(单独成册)

第五章 接 触 网

说明部分

5.1 概述

5.2 可研、咨询、总体设计审查意见及执行情况

5.3 设计依据、设计规范、设计标准、设计原则

5.4 设计范围及接口

5.5 接触网敷设范围

5.6 设计条件

隧道、高架桥、地面、车辆段及集电靴限界要求，气象条件与污染区划分、线路、车站、道床、轨道、车辆段。

5.7 技术数据

安装位置、安装方式等。

5.8 供电分段及电连接

供电分段原则、隔离开关设置、电连接设置。

5.9 防护措施

5.10 设备国产化分析

5.11 组织机构及定员

5.12 其他需要说明的问题

说明部分附件

主要设备材料表

附图部分(单独成册)

一、供电分段示意图

二、接触网安装示意图

概算(单独成册)

第六章 供 电 车 间

说明部分

6.1 概述

6.2 可研、咨询、总体设计审查意见及执行情况

6.3 设计依据、设计规范、设计标准、设计原则

6.4 设计范围、设计内容

6.5 主要任务

6.6 管理机构及定员

6.7 房屋设置及其他设备

6.8 检修设备配备

说明部分附件

主要设备材料表

附图部分

一、供电车间机构配置

二、供电车间房屋平面布置图

概算(单独成册)

第十篇　信　　号

说明部分

1　概述

2　可研、咨询、总体设计审查意见及执行情况

3　设计依据、设计规范、设计标准、设计原则及技术参数

4　设计范围及接口

5　设计条件

线路及轨道主要参数、列车编组及性能、车站、控制中心、车辆段及试车线、运营及行车组织。

6　信号系统的构成及主要功能

7　信号系统国产化

8　信号系统运营模式

控制中心调度指挥模式、车站现地控制模式、列车控制方式。

9　信号系统与其他系统和专业的接口

10　信号系统生产用房

11　信号系统设备维护及组织机构

12　信号系统设计方案比选

13　其他需要说明的问题

说明部分附件

主要设备材料表

附图部分(单独成册)

一、信号系统构成图

二、信号系统功能图

三、车站站台信号设备布置示意图

四、正线信号设备布置示意图

五、典型正线车站信号设备室内布置示意图

六、车辆段信号设备布置图

七、车辆段信号设备内设备布置示意图

概算(单独成册)

第十一篇 通 信

第一章 通信系统

说明部分

1.1 概述

1.2 可研、咨询、总体设计审查意见及执行情况

1.3 设计依据、设计规范、设计标准

1.4 设计范围及接口

1.5 通信网的构成及主要设备类型的选择

1.5.1 通信系统构成原则及主要功能

1.5.2 通信系统主要设计原则及技术标准

1.5.3 通信系统方案比选及主要设备类型的选择

传输网络、无线通信系统、公务通信系统、专用通信系统、闭路电视监视系统、乘客信息服务系统、广播系统、时钟分配系统、网络管理系统、通信电源设备。

1.5.4 通信电源设备的选择及接地

1.5.5 通信系统维护管理

1.6 通信线路

1.7 通信房屋及定员

1.8 存在问题及其他必要的说明

第二章 民用通信系统

说明部分

2.1 概述

2.2 咨询、总体设计审查意见及执行情况

2.3 设计依据、计规范、设计标准

2.4 设计范围及接口

2.5 民用通信系统的构成及主要设备类型的选择

移动通信系统构成、民用通信传输网络构成、电源及接地、民用通信线路。

2.6 民用通信设备选择

2.7 民用通信设备房屋要求

2.8 其他需要说明的问题

第三章 公安通信系统

说明部分

3.1 概述

3.2 咨询、总体设计审查意见及执行情况

3.3　设计依据、设计规范及标准

3.4　设计范围

3.5　公安通信系统构成

公安闭路电视监控系统构成、公安无线通信系统构成、公安计算机网络构成、公安电话系统构成、公安通信线路。

3.6　公安通信设备选择

3.7　公安通信设备房屋要求

3.8　其他需要说明的问题

说明部分附件

主要设备材料表

附图部分(单独成册)

一、传输网络

二、无线通信系统图

三、公务通信系统图

四、专用通信系统图

五、广播系统图

六、闭路电视系统图

七、车站信息显示系统图

八、时钟系统图

九、通信电源设备系统图

十、系统管理网图

十一、控制中心设备平面布置示意图

十二、车站设备平面布置示意图

十三、车辆段设备平面布置示意图

十四、典型站移动电话引入系统图

十五、民用通信传输网络图

十六、公安闭路电视监控系统图

十七、公安无线通信系统图

十八、公安计算机及电话网络图

概算(单独成册)

第十二篇　隧 道 通 风

说明部分

1　概述

2　可研、咨询、总体设计审查意见及执行情况

3　设计依据、设计规范、设计标准、设计原则

4 设计范围
5 隧道通风系统
6 运行模式
7 消声与减振
8 隧道风道和风亭设计
9 区间隧道通风设备编号说明
10 主要设备选择及主要设备表
11 设备国产化
12 房屋配置
13 其他需要说明的问题

说明部分附件

主要设备材料表

附图部分(单独成册)

一、区间隧道通风系统图
二、隧道风机布置方式
三、推力风机布置方式
四、各种运行模式气流组织

概算(包含在各车站概算内)

第十三篇 集中供冷

说明部分

1 概述
2 可研、规划、咨询、总体设计审查意见及执行情况
3 设计依据、设计规范、设计标准、设计原则
4 设计范围及接口
5 冷站建筑
6 冷站结构
7 供冷工艺

设计参数、系统构成、冷冻水系统设计、冷却水系统设计。

8 动力配电
9 设备监控系统
10 建筑风水电

通风与空调、给排水与消防、照明。

11 设备国产化
12 其他需要说明的问题及建议
13 组织机构及定员

说明部分附件

主要设备材料表

附图部分（按照专业单独成册）

一、建筑

总平面图、各层平面图、剖面图等。

二、结构

总平面图、结构平面图、施工步骤图、施工进度图等。

三、供冷工艺及通风空调

总平面图、冷站机房布置平面图、冷冻水干管总平面图、集中供冷工艺流程图、冷冻水干管在区间敷设断面图、取水头部平剖面图、集中冷站泵房布置平面图、水处理工艺流程图、冷站通风平面图、冷站通风系统图等。

四、动力配电

变电所高低压系统图、冷站动力系统图、冷站电气设备接地系统图、冷站电柜排列图、控制室电气设备平面布置图、电缆桥架平面布置图、冷站电气设备平面布置图等。

五、给排水及消防

室外给排水及消防平面图、冷站给排水及消防平面图、生产及生活给水给水系统图等。

概算（单独成册）

第十四篇　区间给排水及消防

说明部分

1　概述

2　可研、规划、咨询、总体设计审查意见及执行情况

3　设计依据、设计规范、设计标准、设计原则

4　设计范围及接口

5　设计参数

6　消火栓给水系统

7　排水系统

地下区间、高架区间。

8　排水设备控制要求、方式和显示

9　管道材料及管道防杂散电流

10　设备选择

环境条件、设备选择原则、主要设备技术性能、设备国产化。

11　其他需说明的问题

说明部分附件

主要设备材料表

附图部分（单独成册）

一、说明与图例
二、地下区间水消防及排水设计图
三、高架区间排水设计图
概算(单独成册)

第十五篇 自动灭火系统

说明部分

1 概述
2 咨询、总体设计审查意见及执行情况
3 设计依据、设计规范、设计标准、设计原则
4 设计范围及接口
5 主要设计参数
6 系统组成、原理
7 系统主要功能
8 设备选择
环境条件、设备选择原则、设备国产化。
9 存在问题及建议

说明部分附件

主要设备材料表

附图部分(单独成册)

一、图纸目录
二、说明与图例
三、系统管网平面图
四、系统电气平面图
五、系统管网原理图
六、系统电气原理图
概算(单独成册)

第十六篇 自动扶梯、电梯、楼梯升降机

说明部分

1 概述
2 可研、咨询、总体设计审查意见及执行情况
3 设计依据、设计规范、设计标准、设计原则
4 设计范围及接口
5 运营模式(包括乘客紧急疏散的模式)
6 技术要求

自动扶梯技术要求、液压电梯技术要求、楼梯升降机技术要求、设备国产化、组织机构及定员、房屋配置。

说明部分附件

一、主要设备表

二、设备数量规格表

附图部分（单独成册）

一、四面透明电梯主要结构参数图

二、一面透明电梯主要结构参数图

三、自动扶梯主要结构参数图（扶梯底下有三角形房间）

四、自动扶梯主要结构参数图（扶梯底下无三角形房间）

五、站台至站厅扶梯典型布置图之一（单台）

六、站台至站厅扶梯典型布置图之一（两台）

七、出入口扶梯典型布置之一（单台）

八、出入口扶梯典型布置之二（两台）

九、出入口扶梯典型布置之三（两台）

概算（单独成册）

第十七篇　自动售检票

说明部分

1　概述

2　可研、咨询、总体设计审查意见及执行情况

3　设计依据、设计规范、设计标准、设计原则

4　设计范围及接口

5　系统构成及功能

6　主要技术指标

7　设备选择

环境条件、设备选择原则、设备国产化。

8　组织、机构及定员

9　房屋配置

10　其他需要说明的问题（含与其他线的换乘方案）

说明部分附件

主要设备、材料表

附图部分（单独成册）

一、图纸目录

二、自动售检票系统图

三、自动售检票系统功能图

四、自动售检票系统票务流程图

五、车站设备的组网原理图

六、车站设备配电箱系统图

七、控制中心、清分中心、制票中心、AFC 系统(automatic fare collection,自动收费装置)维修基地设备平面布置图

八、车站设备平面布置图

概算(单独成册)

第十八篇 环境与设备监控

说明部分

1 概述

2 可研、咨询、总体设计审查意见及执行情况

3 设计依据、设计规范、设计标准、设计原则

4 设计范围及接口

5 系统构成

车站级(含集中冷站)监控系统构成、就地级设置组成。

6 系统功能

中央级功能、车站级(含集中冷站)功能、就地级功能。

7 监控对象和控制模式

8 通信通道和网络要求

9 主要技术指标

10 设备选型原则

环境条件、设备选择原则、设备国产化。

11 供电电源和接地要求

12 组织、机构及定员

13 房屋配置

14 其他需要说明的问题

说明部分附件

主要设备材料表

附图部分(单独成册)

一、图纸目录

二、中央级系统构成网络图

三、车站监控系统构成图

四、车站系统供电方式原理图

五、系统设备平面布置图

六、集中冷站系统构成图

七、集中冷站设备平面布置图

概算(单独成册)

第十九篇　火灾自动报警

说明部分

1　概述

2　可研、咨询、总体设计审查意见及执行情况

3　设计依据、设计规范、设计标准、设计原则

4　设计范围及接口

5　系统构成

软件配置、全线系统网络构成、中央级系统构成、车站级系统地。

6　系统主要功能

中央级功能、车站级功能、现场设备的功能。

7　主要技术指标

8　火灾报警的确认

9　消防联动控制系统

10　消防广播通信系统

火灾事故广播、有线调度电话灾害情况时的系统功能、无线调度电话灾害情况时的系统功能、闭路电视监视系统灾害情况时的系统功能。

11　设备选择

环境条件、设备选择原则、主要技术参数、设备国产化。

12　组织、机构及定员

13　房屋配置

14　其他需说明的问题

说明部分附件

主要设备材料表

附图部分(单独成册)

一、全线系统网络图

二、火灾报警流程

三、典型车站火灾自动报警与消防联动框图

四、典型车站 FAS 系统网络示意图

五、消防指挥中心布置图

六、各消防控制室布置图

七、各车站火灾报警系统系统图

八、各车站火灾报警系统平面图

概算(单独成册)

第二十篇 屏蔽门/安全门

说明部分

1 概述

2 可研、咨询、总体设计审查意见及执行情况

3 设计依据、设计规范、设计标准、设计原则

4 主要设计参数

5 屏蔽门系统的构成

门驱动系统、门体、配电系统、控制系统。

6 屏蔽门系统的功能

7 屏蔽门运行模式

8 设计范围及接口

9 屏蔽门布置与安装

10 屏蔽门系统接地和绝缘

11 设备、材料选择原则

12 设备国产化

13 组织、机构及定员

14 房屋配置

15 其他需要说明的问题

说明部分附件

主要设备材料表

附图部分(单独成册)

一、屏蔽门配置图

二、屏蔽门安装方案图

三、屏蔽门控制系统图

四、屏蔽门配电系统图

概算(单独成册)

第二十一篇 门 禁

说明部分

1 概述

2 可研、咨询、总体设计审查意见及执行情况

3 设计依据、设计规范、设计标准、设计原则

4 设计范围及接口

5 门禁系统组成及功能

中央授权工作站、车站计算机、主控制器、就地级设备、门禁卡。

6　与其他专业的接口

7　主要技术指标

8　设备选型

9　其他需要说明的问题

说明部分附件

主要设备材料表

附图部分

一、图纸目录

二、门禁系统图

三、车站设备组网原理图

四、车站设备配电系统图

五、控制中心、车辆段设备平面布置图

六、车站设备布置平面图

概算(单独成册)

第二十二篇　防　淹　门

说明部分

1　概述

2　可研、咨询、总体设计审查意见及执行情况

3　设计依据、设计规范、设计标准、设计原则

4　设计范围及接口

5　门禁系统组成及功能

中央授权工作站、就地级设备。

6　与其他专业的接口

7　主要技术指标

8　设备选型

9　其他需要说明的问题

说明部分附件

主要设备材料表

附图部分

一、图纸目录

二、控制系统图

三、门体总图

概算(单独成册)

第二十三篇 控 制 中 心

说明部分

1 概述

2 可研、咨询、总体设计审查意见及执行情况

3 设计依据、设计标准、设计原则

4 设计范围及接口

5 控制中心中央控制室工艺布置要求

6 控制中心设备配电

7 控制中心设备房工艺布置要求

8 控制中心定员配置

说明部分附件

主要设备材料表

附图部分

主控制室设备平面布置图

概算(单独成册)

第二十四篇 综 合 监 控

说明部分

1 概述

2 可研、咨询、总体设计审查意见及执行情况

3 系统集成、互联的内容

4 设计依据、设计规范、设计标准、设计原则

5 设计范围

6 系统构成

7 系统功能

中央级集成功能、中央级各相关子系统的功能、车站级集成功能、车站级各相关子系统的功能、车站的综合监控后备盘。

8 与其他专业的接口

9 主控制系统网络要求

10 主要技术指标

11 设备选型原则

12 设备国产化

13 供电电源和接地要求

14 设备用房及布置

中央设备用房布置、中央控制室设备布置、车站设备用房布置。

15 车站控制室设备布置

16 维修设施

17 机构及定员

运营机构、维修机构、定员。

说明部分附件

主要设备材料表

附图部分

一、系统方案

二、控制指挥中心设备平面布置图

三、控制指挥中心中央控制室平面布置图

四、典型车站控制室设备平面布置图

五、典型车站设备用房平面布置图

概算（单独成册）

第二十五篇 车辆基地

第一章 总说明书

说明部分

1.1 概述

设计依据、设计范围、设计年限。

1.2 可研、规划、咨询、总体设计审查意见及执行情况

1.3 车辆基地概况

1.3.1 城市轨道交通网络规划概况

1.3.2 车辆基地的地位和规划

1.3.3 车辆基地的地理环境

1.4 主要设计原则

1.5 设计概况

车辆段、综合维修中心、材料总库等。

1.6 相关专业主要技术标准和原则

站场、桥涵、房屋建筑、牵引供电、电力工程、环控通风、给排水及消防。

1.7 组织机构及定员

1.8 主要经济技术指标

1.9 工程筹划

说明部分附件

一、主要工程数量表

二、设计文件一览表

三、设计图纸目录(全部)

附图部分

一、车辆段及综合基地站段关系示意图

二、车辆段及综合基地总平面布置图(带地形)

第二章 工艺设计

说明部分

2.1 概述

2.2 可研、咨询、总体设计审查意见及执行情况

2.3 设计基础资料

线路基本情况、行车有关资料、车辆主要技术参数。

2.4 车辆基地的功能及任务

2.5 车辆段(停车场)

车辆检修修程及主要指标、车辆运用和检修主要作业流程、主要工作量及规模、总平面布置及方案比较、车辆段主要运用及检修设施、组织机构及定员。

2.6 综合维修中心

功能、任务、主要设计原则、主要检修设施、组织机构及定员。

2.7 材料总库

任务和规模、主要设计原则、主要检修设施、组织机构及定员。

2.8 存在问题及下阶段设计注意事项

说明部分附件

一、主要机械设备概数表(按各单项工程分列)

二、有关协议、纪要和公文

三、采用标准图、通用图一览表

四、图纸目录

附图部分

一、车辆段及综合基地总平面布置图

二、各生产车间设备平面布置图(必要时绘剖面图)

三、其他生产、生活办公房屋平面图(必要时绘制立面图)

第三章 站场与线路(含路基、轨道及桥涵)

说明部分

3.1 设计依据、设计范围及设计年限

3.2 可研、规划、咨询、总体设计审查意见及执行情况

3.3 段址概况

段址环境概述(含周边环境、交通、规划)、段址所在地气象资料、段址水文及工程地质情

况简述、段址及周围地上、地下管线情况。

3.4　主要技术要求及设计原则(含线路、路基、桥涵)

3.5　站场布置方案比较及推荐方案说明

出入段线方案比较、段内线路布置方案比较、推荐站场布置方案说明。

3.6　轨道

3.7　站场排水设计

3.8　桥涵设计

3.9　路基及其附属工程

3.10　施工组织设计

3.11　存在问题及下阶段设计注意事项

说明部分附件

一、平面曲线要素及控制交点坐标表

二、线路股道表

三、道岔表

四、既有房屋、构筑物和果林等拆迁数量及用地分类表

五、主要工程数量(包括铺轨、道岔、道床、路基土方及附属工程、车挡、拆迁用地等)及土石方调配表

六、有关协议、纪要及文件

七、采用标准图和通用图一览表

八、图纸目录

附图部分(单独成册)

一、车辆段及综合基地平面布置图(可与工艺设计合并)

二、车辆段出入段线纵断面图

三、站场主要横断面图

四、桥梁平、剖面图

第四章　房屋建筑

说明部分

4.1　设计依据、设计范围及设计年限

4.2　可研、规划、咨询、总体设计审查意见及执行情况

4.3　主要设计原则

4.4　房屋建筑标准、结构形式和建筑材料的选择

4.5　主厂房及运用库房结构方案比较

4.6　房屋总平面布置

4.7　采用新技术、新材料

4.8　建筑装修标准

4.9 主要建筑设备的选用

4.10 防火要求及措施

4.11 绿化布置的基本要求

4.12 特殊问题及处理意见

4.13 存在问题及下阶段设计注意事项

说明部分附件

一、房屋表

二、室外构筑物一览表

三、各种建筑设备表

四、组织机构表

五、组织机构及定员汇总表

六、有关协议、纪要和文件

七、采用通用图、标准图概要表

八、图纸目录

附图部分(单独成册)

一、房屋总平面布置图(可利用工艺设计的总平面布置图)

二、主要生产厂房平面、立面、剖面图及基础平面布置图

三、一般生产房屋平面图

四、办公生活房屋平面、立面及剖面图

第五章 电力工程

说明部分

5.1 设计依据、设计范围及设计年限

5.2 可研、咨询、总体设计审查意见及执行情况

5.3 变电所低压系统

5.4 动力供电设计

5.5 室内外照明设计

5.6 防雷及接地

5.7 存在问题及下阶段设计注意事项

说明部分附件

一、负荷计算表

二、主要工程数量表

三、主要设备、材料概数表

四、有关协议、纪要和公文

五、图纸目录

附图部分

一、室外电力线路平面图

二、主要生产厂房(车间)和其他基地配电干线及箱、柜平面布置图

第六章　通风与空调

说明部分

6.1　设计依据、设计范围及设计年限

6.2　可研、咨询、总体设计审查意见及执行情况

6.3　主要设计原则

6.4　设计参数选择和标准

6.5　通风空调系统构成

6.6　通风空调设备的选型

6.7　通风空调设备消声、减振措施

6.8　保温措施

6.9　环境保护措施

6.10　存在问题及下阶段设计注意事项

说明部分附件

主要设备材料表

附图部分

一、生产车间通风空调设备布置图

二、生活办公房屋通风空调设备布置图

三、集中空调系统原理图及平、剖面图

四、空调水系统图

五、有害气体、粉尘净化工艺流程图

第七章　给、排水及水消防

说明部分

7.1　设计依据、设计范围及设计年限

7.2　可研、规划、咨询、总体设计审查意见及执行情况

7.3　段址周围环境和给、排水条件概况

7.4　主要设计原则

7.5　给水系统

7.6　排水系统及设备

7.7　存在问题及下阶段设计注意事项

说明部分附件

主要设备材料概数表

附图部分

一、车辆段及其他基地的给排水总平面布置图

二、污水处理工艺流程图

三、污水处理平面布置图及高程示意图

四、给水所平面布置图

五、泵房设备平面布置图

六、各生产、生活房屋给水及消防设备布置图

车辆段概算（单独成册）

第二十六篇 防 灾

说明部分

1 概述

2 可研、咨询、总体设计审查意见及执行情况

3 设计依据、设计规范、设计标准、设计原则

4 设计范围

5 防灾设计

建筑防灾、防排烟、事故照明及疏散标志、水消防、紧急疏散及列车运行模式、防淹、防雷、防灾通信、其他设备系统防灾等。

6 报警方式

火灾报警、紧急疏散导向系统、防淹报警。

7 灾害处理过程

火灾处理、水灾处理、雷害处理、其他灾害处理。

8 自动控制系统动作流程

火灾报警及联动流程、灭火系统动作流程、排烟系统动作流程、屏蔽门控制系统动作流程、防淹门控制系统动作流程、区间防涝系统动作流程、防雷及过电压保护装置的动作原理及配合。

9 灾后恢复

火灾后恢复、水灾后恢复、雷害后的恢复。

附图部分

一、车站防灾（各车站独立成册）

1 建筑

总平面，各层平面，横剖面，出入口通道平、立、剖面。

2 排水及水消防

室外给排水、消防设备平面图，其他各层给排水、消防设备平面图，人行通道给排水、消防设备平面图，消防给水系统图。

3 防排烟

大系统平面及系统图，小系统平面及系统图。

4 动力配电与照明

动力配电系统图、照明系统图、事故照明电源系统图、环控室电控柜排列图。

二、车辆基地防灾

说明部分

1　概述

2　可研、规划、咨询、总体设计审查意见及执行情况

3　建筑防灾

4　水消防系统

5　自动灭火系统

6　防灾报警系统

7　电气设备防火

8　地铁车辆防火及防灾救援

说明部分附件

一、有关协议、纪要和公文

二、图纸目录

附图部分（单独成册）

一、给水及消防设备总平面布置图

二、运用库消防平面图

三、检修库消防平面图

四、综合办公楼消防系统图

五、食堂、公寓、浴室消防系统图

六、材料总库消防系统图

七、车辆段控制中心及设备、检修综合楼消防系统图

八、车辆段有关房屋自动灭火系统平面布置图

九、车辆段有关房屋自动灭火系统管路平面布置图

十、车辆段防灾报警系统框图

三、区间隧道防灾（图纸）

（1）区间隧道联络通道设置

（2）区间隧道防排烟系统

（3）区间给排水和消防系统

四、自动灭火系统（图纸）

五、防灾报警及消防联动系统（图纸）

六、防淹门（图纸）

七、防雷（图纸）

（1）车辆基地防雷

（2）车站及区间防雷

（3）冷站防雷

(4)主变电站防雷

第二十七篇 人防工程

说明部分

1 工程概况

2 设计原则、设计范围、主要设计依据、设计标准

3 可研、咨询、总体设计审查意见及执行情况

4 设防标准

建筑、结构、通风、给排水、电气标准。

5 平战功能转换及时间要求

说明部分附件

一、车站待蔽人员数汇总表

二、车站战时出入口数量及总净宽汇总表

三、车站战时饮用水箱汇总表

概算(纳入各土建工点概算编制,单需要单独成册,由总体部汇总)

第二十八篇 环境保护及劳动安全卫生

第一章 环境保护

说明部分

1.1 概述

设计依据及范围、沿线环境现状、主要污染源的分布和主要污染种类及其排放量应执行标准及治理的主要措施和预期效果、对自然环境和生态环境的主要影响、采取的主要措施预期效果。

1.2 规划、咨询、总体设计审查意见及执行情况

1.3 地面及高架线路

1.3.1 地面线对沿线自然环境的影响及采取的主要措施和预期效果

1.3.2 高架线对沿线自然资源的影响及采取的主要措施和预期效果

1.3.3 噪声振动执行标准及减振、降噪措施

1.3.4 桥涵位置、孔径对自然环境的影响及采取的措施

1.3.5 桥梁施工、运营可能造成的噪声、振动,施工弃土、临时场地占用对周围环境影响和采取的措施

1.3.6 桥梁建筑物与周围景观的协调情况

1.4 地下车站、区间隧道

1.4.1 隧道施工对周围环境的影响(如爆破震动、地面下沉、建筑物倾斜、地下水位等)和采取的措施

1.4.2　车站及区间隧道施工和运营中所产生的振动、噪声、排水等执行标准及其对周围环境的影响和采取的措施

1.4.3　车站及区间隧道弃渣对环境的影响和采取的措施

1.5　车辆基地

1.5.1　对社会环境及自然环境(人口迁移、建筑物拆迁、交通、商业、农田、土地等)的影响及采取的措施

1.5.2　废气及烟尘:生产车间废气、粉尘波度执行标准、热处理等消烟除尘方式及装置、生产车间有害气体的工艺处理措施、机械设备的除尘防护装置、处理后预期效果达到标准

1.5.3　噪声振动:生产车间噪声执行标准;行车所产生的噪声、振动对环境的影响和防治措施;空压机、通风机、鼓风机、引风机、气动、电动工具的消声和减振装置(包括施工工期);噪声振动防治处理后预期效果和达到标准

1.5.4　废水、废油、废渣:生活、生产废水排放对农田、鱼塘等造成的污染及工艺处理装置和防治措施,生产废油的废水处理工艺,机修金属切削废渣、生活垃圾等处理措施,处理后预期效果和达到标准

1.6　设计与监测

1.6.1　绿化设计概况及数量估计

1.6.2　环保定员及监测设备

1.7　敏感点防治措施

1.8　环境保护专项投资估算

说明部分附件

一、环境保护主要工程和机械设备数量表

二、有关协议、纪要和公文

第二章　劳动安全卫生

说明部分

2.1　概述

设计依据及设计范围,劳动安全卫生执行标准,沿线自然环境状况,选线(址)及总平面布置,工程地质条件、地理位置及特殊要求,主要工艺、设备及主要职业危险、危害概述。

2.2　规划、咨询、总体设计审查意见及执行情况

2.3　施工和生产过程中职业危险、危害因素的分析

2.4　劳动安全卫生设计中采用的主要防范措施

2.4.1　劳动安全:线路、车站、桥梁、隧道、供电、通信、信号、照明、机械、起重运输、高空作业等劳动安全防范措施

2.4.2　劳动卫生:防尘、防振动、防噪声、防暑、放射保护等治理措施

2.4.3　劳动安全卫生治理措施预期效果和达到标准

2.5　劳动安全卫生机构设置及人员配备情况

2.6 主要结论

2.7 存在的问题及建议

2.8 专用投资概算

说明部分附件

一、劳动安全卫生主要工程、机械设备数量表

二、有关协议、纪要和公文

第二十九篇 工 程 筹 划

说明部分

1 概述

工程规模、编制依据。

2 可研、咨询、总体设计审查意见及执行情况。

3 施工准备

三通一平及管线改移及防护、施工期间交通组织及交通疏解意见。

4 施工组织

总工期、主要施工方法、施工区段划分、进度计划、土石方开挖及弃运安排、主要材料供应方案、铺轨基地及大型设备运输方案、机电设备安装调试及系统联调安排意见、施工期间对周围环境影响治理措施及意见。

5 其他需要说明的问题

5.1 先期开通段开通方案及全线运营前的过渡方案

5.2 其他需要说明的问题

说明部分附件

一、全线工程数量表

二、全线设备数量表

三、全线劳动力及主要材料机具数量汇总表

附图部分

全线施工进度计划示意图

第三十篇 概 算

第一章 总 概 算

说明部分

1.1 概算编制范围及总概算编制单元的划分

1.2 编制依据

1.3 咨询、总体设计审查意见及执行情况

1.4 采用定额

1.5　工、料、机单价及设备预算价
1.6　其他直接费、间接费取费标准及费用种类划分
1.7　工程总投资的组成
1.8　前期准备工程费
1.9　其他费用取费标准
1.10　预备费
1.11　地铁车辆购置费
1.12　建设期贷款利息
1.13　运营铺底流动资金
1.14　其他说明
1.15　总概算及技术经济指标
1.16　总概算汇总表
1.17　综合概算汇总表

说明部分附件

一、总概算表
二、综合概算表
三、主要工程数量表
四、劳动力及主要材料表
五、主要设备表

第二章　各单元概算

说明部分

2.1　编制说明
　2.1.1　概算编制范围
　2.1.2　编制依据
　2.1.3　采用定额
　2.1.4　工、料、机单价及设备预算价
　2.1.5　其他直接费、间接费取费标准
　2.1.6　前期准备工程费
　2.1.7　其他费用取费标准
　2.1.8　预备费
　2.1.9　建设期贷款利息
　2.1.10　其他说明
　2.1.11　总概算及技术经济指标
2.2　总概算表
2.3　综合概算表

2.4 单项概算表(个别概算表)

说明部分附件

一、主要工程数量表

二、劳动力及主要材料表

三、主要设备表

四、补充单价分析表

附录Ⅴ 参 考 图

建筑专业参考图 表 V-1

序号	类 别	图 名
1	建筑构造通用参考图	图纸目录
2		总说明
3		站厅至站台扶梯周边装修及洞口尺寸(单台,一侧靠墙)
4		站厅至站台扶梯纵剖面图(单台,一侧靠墙)
5		站厅至站台扶梯横剖面图(单台,一侧靠墙)
6		站厅至站台扶梯周边装修及洞口尺寸(双台平行,周边不靠墙、柱)
7		站厅至站台扶梯纵剖面图(双台平行,周边不靠墙、柱)
8		站厅至站台扶梯横剖面图(双台平行,周边不靠墙、柱)
9		站厅至站台扶梯周边装修及洞口尺寸(双台平行,中间靠柱)
10		站厅至站台扶梯周边装修及洞口尺寸(双台交叉,周边不靠墙、柱)
11		站厅至站台扶梯纵剖面图(双台交叉,周边不靠墙、柱)
12		站厅至站台扶梯横剖面图(双台交叉,周边不靠墙、柱)
13		站厅至站台楼、扶梯纵剖面图(并行,周边不靠墙、柱)
14		站厅至站台楼、扶梯横剖面图(并行,周边不靠墙、柱)
15		站厅至站台楼梯与楼梯洞口/柱子间净空要求示意
16		站厅至站台扶梯与扶梯洞口/柱子间净空要求示意
17		排水沟、横截沟大样
18		检查孔盖板
19		车站排水管平面布置示意图
20		站厅横截沟平面图
21		站厅横截沟剖面图
22		站厅、站台楼梯栏杆示意图
23		付费区/非付费区分隔栏杆,轨行区股道边栏杆示意图
24		站厅、站台净空要求示意图
25		通道净空要求示意图
26	装修通用参考图(吊顶部分)	站厅/站台吊顶示意图
27		站厅吊顶标准段平面图
28		站台吊顶标准段平面图
29		站厅吊顶剖面图
30		站台吊顶剖面图

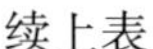

续上表

序号	类　别	图　名
31	装修通用参考图(吊顶部分)	站厅吊顶标准段 A 区平面图(标准柱距车站)
32		站厅吊顶标准段 A 区平面图(非标柱距车站)
33		站台吊顶标准段 A 区平面图(标准柱距车站)
34		站台吊顶标准段 A 区平面图(非标柱距车站)
35		站厅吊顶标准段 B 区平面图(标准柱距车站)
36		站厅吊顶标准段 B 区平面图(非标柱距车站)
37		站厅吊顶端部收口示意图
38		站台吊顶端部收口示意图
39		吊顶大样图(一)
40		吊顶大样图(二)
41	装修通用参考图(地面部分)	站厅铺地标准段平面图
42		站台铺地标准段平面图(有柱站台)
43		站台铺地标准段平面图(无柱站台)
44		通道铺地标准段平面图
45		站厅/站台地面做法
46		屏蔽门止步带详图
47		屏蔽门绝缘带详图
48		站厅踢脚/排水沟/横截沟平面示意图
49		站台踢脚平面示意图
50		踢脚/排水沟详图
51		踢脚及挂件大样图
52		横截沟详图
53		横截沟盖板
54		检修井
55		导盲带组合示意图
56		导盲带块材
57	装修通用参考图(墙面部分)	搪瓷钢板墙面示意图
58		搪瓷钢板墙面标准段立面、剖面图
59		墙面设备布置立面图
60		搪瓷钢板离壁墙平面、立面、剖面图
61		搪瓷钢板隔墙平面、立面、剖面图
62		搪瓷钢板面板
63		龙骨/龙骨盖片
64		龙骨固定件/挂钩固定件
65		挂钩一

续上表

序号	类　别	图　名
66	装修通用参考图(墙面部分)	挂钩二
67		搪瓷钢板墙面大样图(一)
68		搪瓷钢板墙面大样图(二)
69		搪瓷钢板墙面转角详图
70		搪瓷钢板墙面防火门大样图(一)
71		搪瓷钢板墙面防火门大样图(二)
72		搪瓷钢板墙面窗大样图
73		搪瓷钢板墙面设备箱门大样图
74		搪瓷钢板墙面广告灯箱接口大样图
75		花岗石墙面标准段立面图
76		花岗石干挂固定件分布立面图
77		花岗石墙面大样图
78	栏杆通用参考图	平面栏杆示意图
79		楼梯栏杆示意图
80		平面栏杆平面、立面图
81		平面栏杆立面详图、断面图
82		平面栏杆立杆/支座
83		T 形接头详图/T 形接头固定件
84		T 形接头
85		连接杆详图/连接杆固定件详图
86		连接杆/连接杆固定件
87		玻璃固定件
88		栏杆工作门
89		双跑直楼梯站厅层面图
90		双跑直楼梯站台层面图
91		双跑直楼梯立面图
92		双跑平行楼梯平面图
93		双跑平行楼梯剖面图
94		楼梯栏杆立面详图、断面图
95		止灰带
96		楼梯栏杆立杆/支座
97		楼梯栏杆连接杆/外包板预埋件/楼梯踏步

续上表

序号	类　别	图　名
98	商铺通用参考图	单跨商铺示意图
99		多跨商铺示意图
100		单跨商铺内部/顶面平面图
101		单跨商铺正立面/剖面图
102		单跨单元内部平面图
103		单跨单元顶面平面图
104		单跨单元正立面图
105		单跨单元侧立面图
106		单跨单元剖面图
107		多跨商铺内部平面图
108		多跨商铺顶面平面图
109		多跨商铺立面图
110		多跨商铺剖面图
111		多跨单元内部平面图
112		多跨单元顶面平面图
113		多跨单元正立面图
114		多跨单元侧立面图
115		多跨单元剖面图
116		卷闸及盖板安装示意图
117		下部详图(一)
118		下部详图(二)
119		下部详图(三)
120		上部详图(一)
121		上部详图(二)
122		上部详图(三)
123		墙面接口详图
124		固定铰支座
125		固定铰支座剖面图
126		固定支座
127		大样图
128		顶部防盗网/卷边槽钢
129		玻璃挂件大样图
130		招牌灯箱(一)
131		招牌灯箱(二)
132		投标实物样板

续上表

序号	类　别	图　名
133	无盖出入口通用参考图	无盖出入口周边装修及洞口尺寸(楼梯)
134		无盖出入口周边装修及洞口尺寸(楼梯、单台扶梯)
135		无盖出入口周边装修及洞口尺寸(楼梯、双台扶梯)
136		无盖出入口 A-A 剖面图(楼梯)
137		无盖出入口 C-C 剖面图(楼梯、单/双台扶梯)
138		无盖出入口通道排水示意图
139		站厅、站台净空要求示意图
140		通道净空要求示意图
141	有盖出入口通用参考图	有盖出入口控制尺寸及上盖立柱定位平面图(一)
142		有盖出入口控制尺寸及上盖立柱定位平面图(二)
143		弧形雨篷平面图
144		弧形雨篷天花图
145		A-A 剖面
146		B-B 剖面
147		C-C 剖面　D-D 剖面
148		立面图玻璃分隔示意图图
149		S 形工字钢梁曲线尺寸图/S 形屋面铝板分隔示意图/防水夹层平面示意图
150		大样图(一)
151		大样图(二)
152		大样图(三)
153		大样图(四)
154		钢结构设计总说明
155		钢构架详图一
156		钢构架详图二
157	票亭通用参考图	票亭示意图(一)
158		票亭示意图(二)
159		票亭基座示意图
160		工作台/灯具示意图
161		票亭内部平面图
162		票亭基座平面图
163		票亭顶面平面图
164		票亭正立面图
165		票亭背立面图
166		票亭侧立面图
167		票亭纵横剖面图

续上表

序号	类别	图名
168	票亭通用参考图	钢板立柱/连接件
169		铰节点
170		玻璃固定件
171		大样图
172		票亭编号示意图
173	防火门通用参考图	玻璃墙板墙面防火门示意图
174		玻璃墙板墙面防火门(一)
175		玻璃墙板墙面防火门(二)
176		玻璃墙板墙面防火门(三)

结构专业参考图

表Ⅴ-2

序号	类别	图名
1	盾构进站、出站、过站设计图分册	图纸目录
2		盾构进站、出站、过站设计说明
3		盾构始发对车站设计要求参考图
4		盾构过站对车站设计要求参考图
5		盾构吊出对车站设计要求参考图
6	防水设计图分册	图纸目录
7		盾构法隧道防水说明
8		盾构法隧道密封垫及遇水膨胀橡胶圈设计图
9		盾构法隧道接口防水设计图
10		矿山法隧道防水说明
11		矿山法隧道典型断面结构防水构造图
12		矿山法隧道连拱断面结构防水构造图
13		矿山法隧道永久竖井防水构造图
14		矿山法隧道隧道分区防水及注浆构造图
15		矿山法隧道分区注浆布置图
16		矿山法隧道 PVC 垫片固定示意图
17		矿山法隧道变形缝、施工缝防水构造图
18		矿山法隧道联络通道接口防水构造图
19		明挖区间、人行通道结构防水设计说明
20		明挖区间、人行通道复合式结构防水图
21		明挖区间、人行通道分离式结构防水图
22		明挖区间、人行通道防水构造详图
23		明挖车站主体结构防水设计说明

续上表

序号	类　别	图　名
24	防水设计图分册	明挖车站复合式结构防水图
25		明挖车站分离式结构防水图
26		明挖车站防水构造详图
27		明挖车站穿墙管及接地电极防水做法
28		明挖车站与人行道接口详图/柱头防水大样
29		明挖车站与矿山法区间接口防水图
30	车站与区间接口设计图分册	图纸目录
31		明挖车站与暗挖区间接口设计参考图
32		明挖车站与盾构区间接口设计参考图
33		明挖车站与明挖区间接口设计参考图
34	轨道风管设计图分册	
35	钢支撑设计图分册	
36	人防设计图分册	人防土建参考图目录
37		人防土建参考图设计说明
38		单扇钢筋混凝土防护密闭门选用表
39		单扇钢筋混凝土活门槛防护密闭门选用表
40		单扇钢结构活门槛防护密闭门选用表
41		双扇钢结构防护密闭门选用
42		双扇钢结构活门槛防护密闭门选用表
43		单扇钢筋混凝土密闭门选用表
44		单扇钢筋混凝土活门槛密闭门选用表
45		单扇钢结构密闭门选用表
46		单扇钢结构活门槛密闭门选用表
47		双扇钢结构密闭门选用
48		双扇钢结构活门槛密闭门选用表
49		单扇防护密闭门、带胶管活门的防护堵板门框墙配筋示意图,单扇活门槛防护密闭门门框墙配筋示意图
50		单扇防护密闭门、带密闭门的密闭堵板门框墙配筋示意图,单扇活门槛密闭门门框墙配筋示意图
51		双扇防护密闭门门框墙配筋示意图,双扇活门槛防护密闭门门框墙配筋示意图
52		双扇密闭门门框墙配筋示意图,双扇活门槛密闭门门框墙配筋示意图
53		防护密闭门门框墙配筋表
54		战时人员出入口防护布置图

续上表

序号	类别	图名
55	人防设计图分册	平时使用出入口临战封堵图
56		重要车站进风机室结构详图
57		次要车站进风机室结构详图
58		平时使用风口临战封堵图
59		平时使用风井口临战水平槽钢封堵图
60		沉降缝、伸缩缝防护密闭详图
61		临空墙槽钢封堵结构图
62		连通口布置图
63		防护密闭隔断门设置图
64		防护密闭隔断门门框墙配筋图
65		各专业管线穿越通道、风道人防门框墙示意图
66		建筑结构胶粘剂介绍
67		密封膏选用介绍
68		防水卷材规格及辅助材料选用
69	区间联络通道设计图分册	图纸目录
70		盾构法隧道联络通道设计参考图
71		矿山法隧道联络通道设计参考图
72		联络通道格栅钢架设计参考图
73		联络通道二衬配筋设计参考图

通风空调(含工艺图)专业参考图 表Ⅴ-3

序号	类别	图名
1	通用	图纸目录
2		通风空调专业对土建施工图的总体要求
3		总体部对工点通风空调专业施工图的总体要求
4		施工设计说明
5		通风空调图例与符号
6		设备材料表
7	原理图	隧道通风原理图
8		一次回风定风量空调原理图
9		一次回风变风量空调原理图
10		空气-水系统空调原理图
11		一次泵定流量空调水系统原理图
12		一次泵变流量空调水系统原理图
13		二次泵变频变流量空调水系统原理图

续上表

序号	类　别	图　名
14	原理图	加压送风系统原理图
15		设备管理用房防排烟原理图
16		气体保护房间通风原理图
17	风系统	组合空调机组安装图
18		柜式空调机安装图
19		隧道风机安装图
20		推力风机安装图
21		射流风机安装图
22		轴流式风机安装图
23		离心式风机安装图
24		屋顶风机安装图
25		旋风除尘器安装图
26		组合风阀安装图
27		轨顶、站台下风口安装图
28		防火阀、排烟口、加压送风口安装图
29		风管、风阀保温做法
30		风管支吊架做法(保温、非保温,水平管、立管)
31	水系统	水冷式冷水机组安装图
32		风冷式冷水机组安装图
33		分水器、集水器安装图
34		膨胀水箱(补水箱)做法
35		水管、水阀保温做法
36		水管支吊架做法(保温、非保温,水平管、立管)
37		温度计、压力表安装
38	人防通风	人防通风设计说明
39		图例与符号
40		车站人防总平面图
41		人防通风系统图(含重要、次要车站)
42		人防通风机房平剖面图
43		人防通风站厅、站台平面布置图
44		人防通风预埋管道/管件大样图
45	通风空调工艺图	通风空调工艺图设计说明
46		图例与符号
47		车站传感器位置示意图及一览表
48		车站传感器位置平面图

续上表

序号	类　别	图　名
49	通风空调工艺图	车站隧道通风系统图
50		车站隧道通风系统控制量、显示量表
51		车站通风空调大系统图
52		车站通风空调大系统控制量、显示量表
53		车站通风空调大系统操作模式
54		车站通风空调小系统图(多张)
55		车站通风空调小系统控制量、显示量表
56		车站通风空调小系统操作模式
57		车站通风空调水系统图
58		车站通风空调水系统控制量、显示量表
59		车站通风空调水系统操作模式

给排水及水消防专业参考图　表Ⅴ-4

序号	类　别	图　名
1	地下车站及区间	设计说明
2		图例与符号
3		双栓消火栓箱设计图
4		单栓消火栓箱设计图
5		消防器材箱设计图
6		灭火器箱设计图
7		冲洗栓设计图
8		站厅、站台地漏安装示意图
9		横截沟地漏安装示意图
10		给水及消防系统示意图
11		穿墙套管安装示意图
12		管道支架设计图
13		阻火圈安装示意图
14		废水泵房设备布置图
15		污水泵房设备布置图
16		道床侧沟废水汇入废水池设计图
17		化粪池大样图
18	人防给排水	人防给排水设计说明
19		图例与符号
20		重要站进风机房排水布置示意图
21		洗消间排水布置示意图

续上表

序号	类　别	图　名
22	人防给排水	给排水密闭套管安装示意图
23		洗消防爆排水口安装示意图
24		给排水管穿墙安装示意图
25	自动灭火系统	图纸目录
26		施工设计说明
27		气体灭火系统图例与符号
28		组合分配原理图
29		专用气瓶气启动方式原理图
30		储存气瓶气启动方式原理图
31		背压方式气启动原理图
32		单区域控制原理图
33		多区域控制原理图
34		惰性气体系统气瓶室布置参考图
35		卤代烃气体系统气瓶室布置参考图
36	高架车站及区间	施工设计说明
37		站厅、站台地漏安装示意图
38		双栓消火栓设计图
39		单栓消火栓设计图
40		灭火器箱设计图
41		冲洗栓设计图
42		公共厕所排水示意图
43		高架区间排水横断面图

动力配电与照明专业参考图　　表 V-5

序号	类　别	图　名
1	控制原理图	风机控制原理图(一)
2		风机控制设备端子排接线图(一)
3		风机控制原理图(二)
4		风机控制设备端子排接线图(二)
5		风机控制原理图(三)
6		风机控制设备端子排接线图(三)
7		风机控制原理图(四)
8		风机控制设备端子排接线图(四)
9		风机控制原理图(五)
10		风机控制设备端子排接线图(五)
11		风阀控制原理图(一)

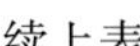

续上表

序号	类别	图名
12	控制原理图	风阀控制设备端子排接线图(一)
13		电动碟阀控制原理图(一)
14		电动碟阀控制设备端子排接线图(一)
15		电动碟阀控制原理图(二)
16		电动碟阀控制设备端子排接线图(二)
17		冷冻(却)水泵控制原理图
18		冷冻(却)水泵控制设备端子排接线图
19		冷却塔风机控制原理图
20		冷却塔风机控制设备端子排接线图
21		变频控制原理图(一)
22		变频控制设备端子排接线图(一)
23		变频控制原理图(二)
24		变频控制设备端子排接线图(二)
25	低压配电与照明参考图	站台总照明配电箱控制原理及系统图
26		站厅总照明配电箱控制原理及系统图
27		广告照明配电箱控制原理及系统图
28		站台板下照明配电箱系统图
29		通信电源切换箱系统图
30		民用通信电源切换箱系统图
31		信号电源切换箱系统图
32		车控室电源切换箱系统图
33		综合控制室电源切换箱系统图
34		防淹门电源切换箱系统图
35		气体灭火系统电源切换箱系统图
36		屏蔽门电源切换箱系统图
37		车站废水泵电源切换箱系统图
38		区间废水泵电源切换箱系统图
39		二、三级负荷小动力配电箱系统图
40		无机房电梯及出入口配电箱系统图
41		BAS、区间维修电源箱系统图
42		售票 AFC 电源切换箱系统图
43		票务 AFC 电源切换箱系统图
44		门禁(AFC 维修室)电源切换箱系统图
45		门禁(照明配电室)电源切换箱系统图
46		商铺配电箱系统图

续上表

序号	类　别	图　名
47	低压配电与照明参考图	二、三、四类导向灯箱配电箱控制原理及系统图
48		一类导向灯箱配电箱系统图
49		警务室电源切换箱系统图
50		商用通信机房电源切换箱系统图
51		电源切换箱系统图

机电专业参考图

表 V-6

序号	类　别	图　名
1	电扶梯	电、扶梯系统参考图目录
2		四面透明无机房电梯井道主要结构参数图
3		普通土建结构无机房电梯井道主要结构参数图
4		自动扶梯主要结构参数图（扶梯底下有三角机房时）$H \leqslant 15$m
5		自动扶梯主要结构参数图（站内扶梯底下无三角机房时）$H \leqslant 15$m
6		自动扶梯主要结构参数图（出入口扶梯底下无三角机房时）$H \leqslant 15$m
7		自动扶梯主要结构参数图（扶梯提升高度 15 ~ 22m）
8		站台至站厅扶梯典型布置图之一（单台）
9		站台至站厅扶梯典型布置图之二（两台）
10		出入口扶梯典型布置图之一（单台）
11		出入口扶梯典型布置图之二（两台）
12		出入口扶梯典型布置图之三（两台）
13		楼梯升降机布置参考图
14	防淹门	启闭机基础预埋件图
15		防淹闸门布置总图
16		门槽预埋件通用图
17		过防淹门门框预埋件管线图
18	屏蔽门	典型车站屏蔽门布置图
19		屏蔽门标准单元布置图
20		屏蔽门非标准单元布置图
21		屏蔽门 1 号门和应急门单元布置图
22		屏蔽门站台顶梁预埋件布置图
23		屏蔽门站台边缘预留孔洞图
24		屏蔽门系统配电系统原理图
25		屏蔽门系统控制系统原理图

续上表

序号	类　别	图　名
26	环境与设备监控系统	设计说明及编号原则
27		网络系统图
28		供电接地系统图
29		监控设备一览表
30		传感器安装标准图
31		电缆清册标准图
32	自动售检票系统	AFC 系统图纸说明
33		AFC 系统图
34		AFC 系统票务流程图
35		AFC 系统功能图
36		AFC 系统车站设备组网原理图
37		进站流程图
38		出站流程图
39		典型车站票务处 AFC 设备平面布置示意图
40	综合监控系统	车站控制室平面布置图
41		主控设备房平面布置图
42		主控系统供电系统图
43		主控系统接地系统图
44		IBP 盘台结构示意图
45		IBP 盘台底座支架结构示意图
46		UPS 底座支架结构示意图
47		服务器柜和网络柜底座支架结构示意图
48		接线箱接线端子图
49		IBP 盘台接线端子图
50	火灾自动报警系统	图例符号
51		施工安装说明
52		车站报警系统流程图
53		区间报警系统流程图
54		报警原理图

附录 VI　轨道交通建设工程设计变更审批流程(Ⅰ、Ⅱ类)

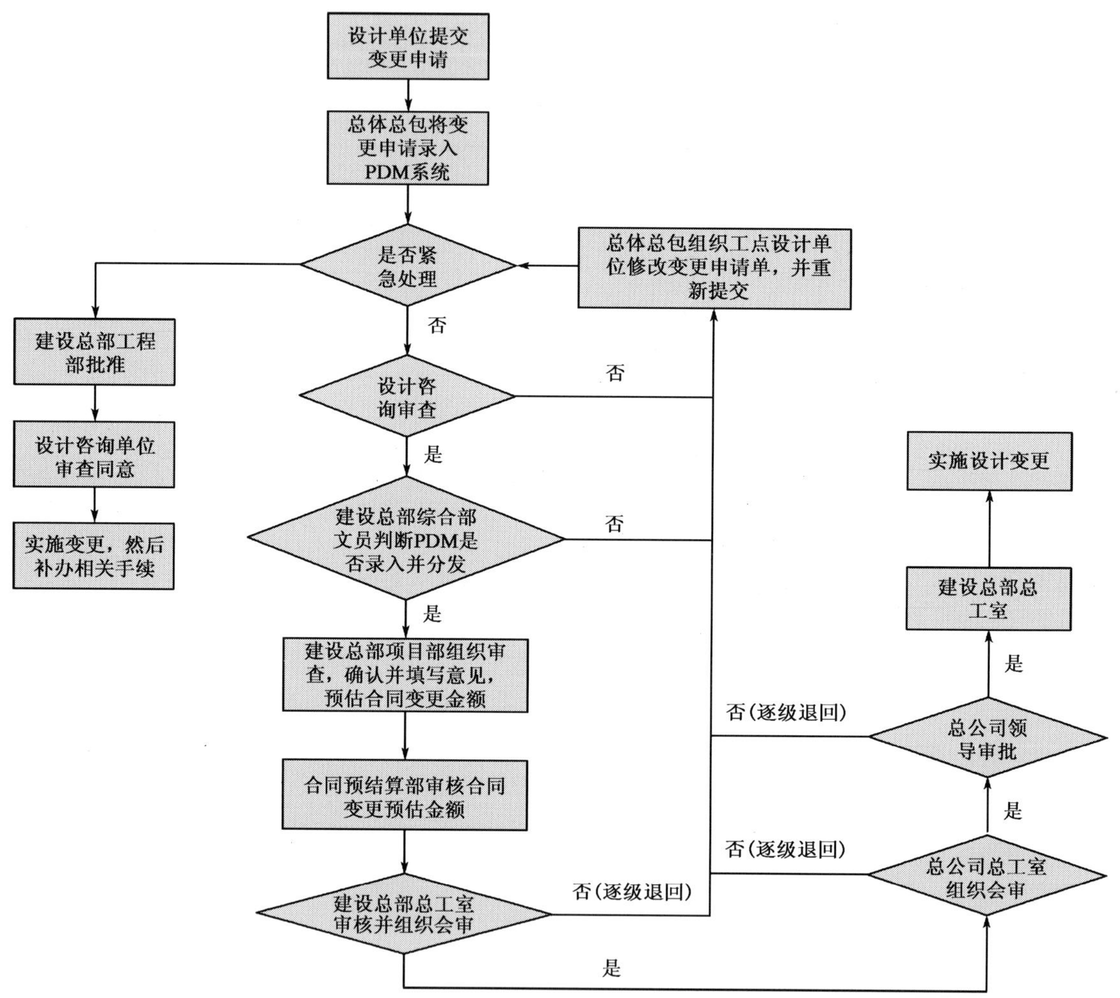

附录VII　轨道交通建设工程设计变更审批流程(III类)

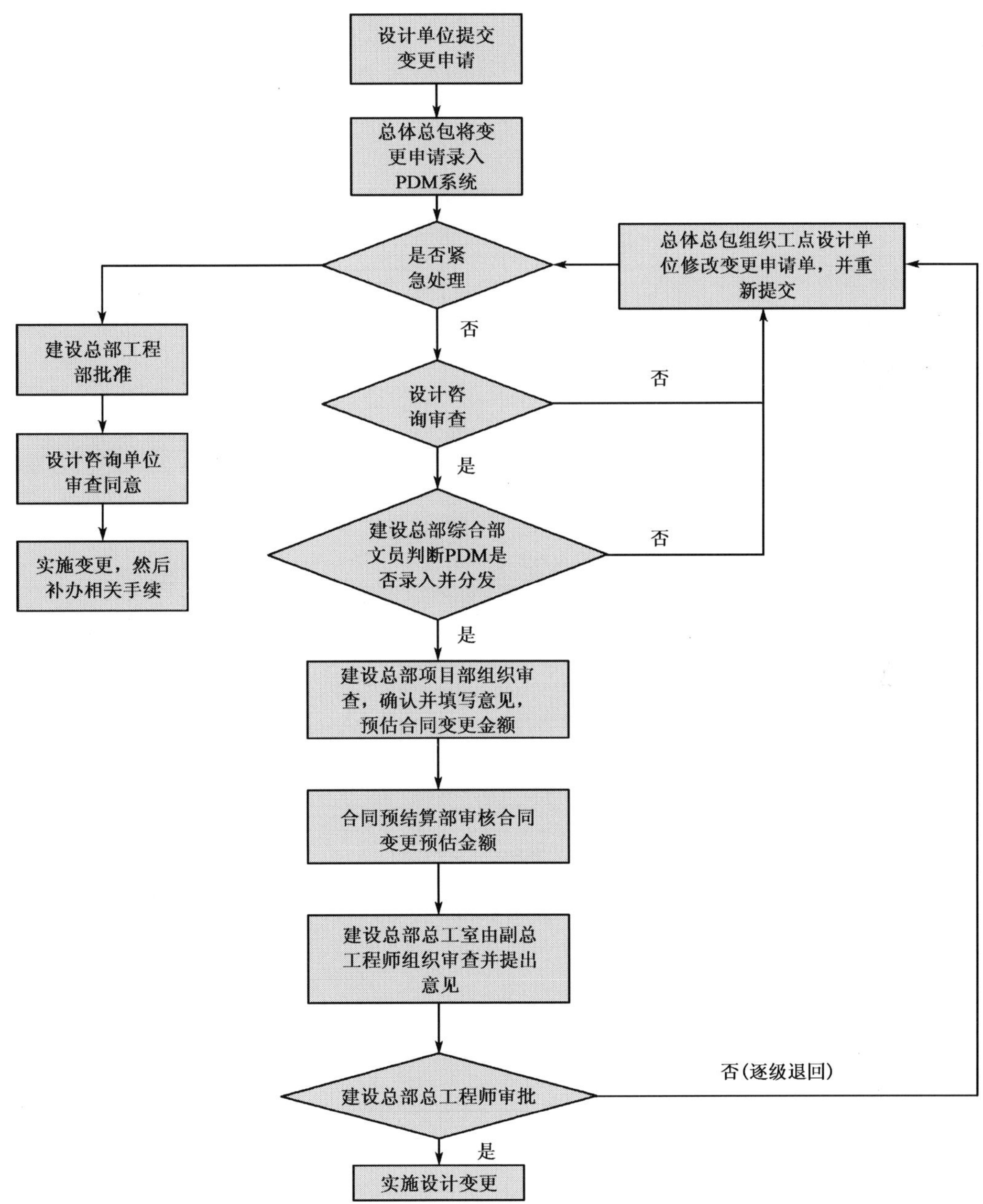

附录 VIII 轨道交通建设工程设计变更审批流程(IV 类)

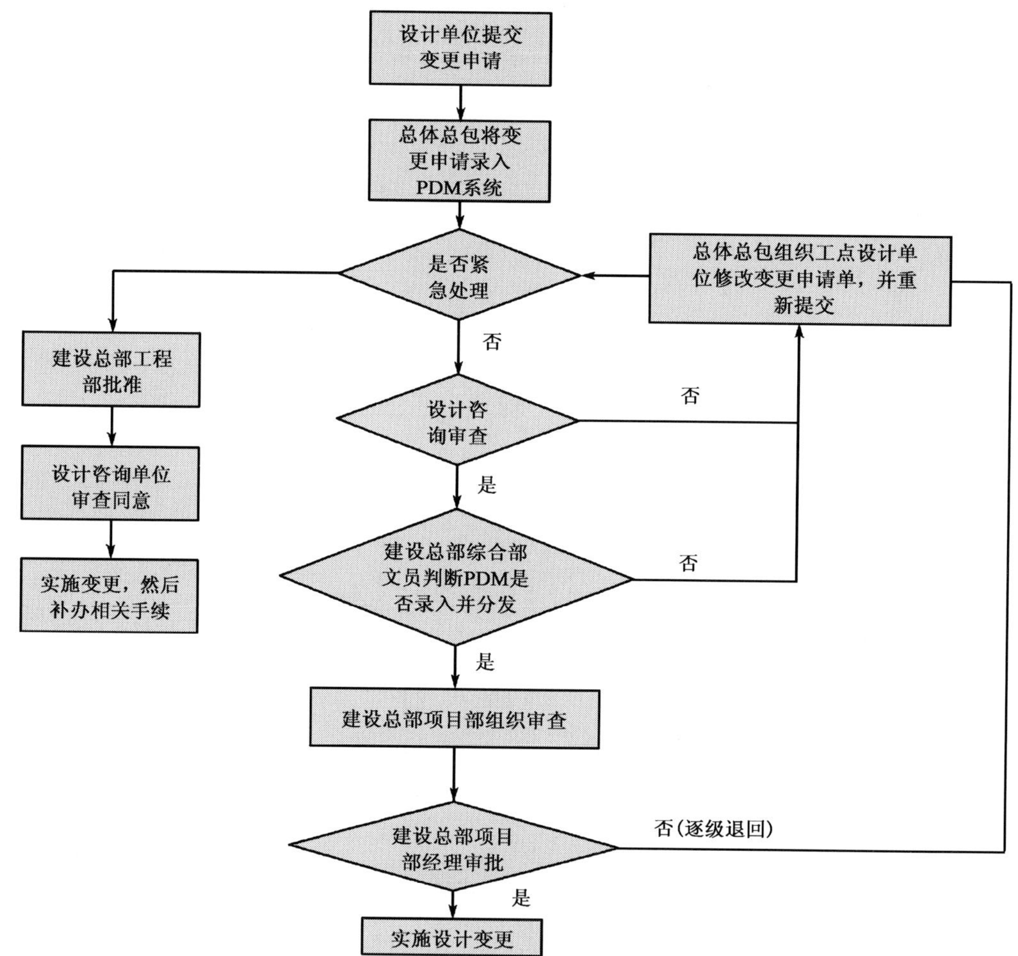